MARZI

KOSTBARKEITEN FÜR DEN WEIHNACHTSTISCH

KOSTBARKEITEN

für den Weihnachtstisch

Gerlinde und Hans-Dietrich Marzi

REZEPTE VON GERLINDE UND HANS-DIETRICH MARZI. HANS-DIETRICH MARZI IST KÜCHENCHEF IM HOTEL SCHLOSS HUGENPOET, ESSEN.

DIE ABGEBILDETEN SPEISEN WURDEN VOM FOTOSTUDIO LIESL BIBER, BISAMBERG, UND VOM FOTOSTUDIO TEUBNER, FÜSSEN, AUFGENOMMEN.

Bereits in der ab 1998 gültigen Rechtschreibung gesetzt.

Idee und Konzept: Julius P. Breitschopf

INHALTSVERZEICHNIS

WEIHNACHTEN UND SILVESTER MIT DER FAMILIE

Die Adventszeit und das Weihnachtsfest mit dem Jahresende war schon immer eine besondere Zeit, in der gutes Essen und Trinken eine große Bedeutung hatten und haben. Viele Geschichten erzählen davon. Schon Anfang Dezember wird der Dresdner Christstollen und der Früchtekuchen gebacken, damit sie zu Weihnachten gut durchgezogen sind. Besondere Freude, aber auch viel Arbeit für die Hausfrau, macht in der Adventszeit das Plätzchenbacken mit Kindern.
In vielen Familien und Gegenden wird schon am Heiligen Abend besonders üppig gegessen – in vielen Familien aber auch einfach, um der Hausfrau an diesem Abend weniger Arbeit zu machen.
Am 1. Weihnachtstag aber wird dann alles nachgeholt. Der 2. Feiertag gehört dann oft wieder der Hausfrau. Reste werden verwertet und es wird schnell und einfach gekocht.
Auch in der Adventszeit wird vielerorts üppiger und mehr gegessen, um sich auf Weihnachten einzustimmen. Die Restaurantküchen bereiten sich besonders auf diese Jahreszeit vor und präsentieren sich durch besondere Menü-Angebote und kleine Aufmerksamkeiten am Nachmittag oder Abend. Der krönende Abschluss kommt zu Silvester. Der Anfang des Jahres beginnt dann mit Karpfen und nicht zu schweren Gerichten.
Waren in früherer Zeit fast ausschließlich Gans und Puter der Festbraten für die Weihnachtstage – so findet man heute viel Wild, Kaninchen, Rind-, Kalb- und Lammfleisch und auch Fisch in den Menüs. Dieses Buch bietet eine Vielzahl von köstlichen Anregungen.

Viel Spaß beim Nachkochen!

EINKAUF FÜR DIE ADVENTS- UND WEIHNACHTSZEIT

Fisch:
Fisch sollte nur frisch im Fachhandel gekauft werden. Merkmale von frischem Fisch sind: klare Augen, feste Schuppen, rote Kiemen und ein angenehmer Geruch. Fisch, der zu stark riecht, ist alt.

Fleisch und Geflügel:
Möglichst frisch kaufen, im Fachgeschäft oder in der Fachabteilung von Lebensmittelmärkten und Kaufhäusern, die oft ein großes Angebot aus aller Welt im Sortiment haben.
Geflügel sollte gut gerupft sein, bei Wassergeflügel wie Ente, Gans, Wildente und Flugente sollten keine Stoppeln zu sehen sein. Viele Bauern in ihrer nächster Umgebung verkaufen gerade zur Weihnachtszeit hervorragend vorbereitetes Geflügel aus eigener Zucht.

Gemüse:
Möglichst frische Ware kaufen, inzwischen gibt es gute Möglichkeiten, beim Erzeuger in der Umgebung direkt zu kaufen. Konserven sind oft zu weich und salzhaltig, gefrorenes Gemüse ist manchmal wasserhart.

Gewürze:
Kleine Mengen kaufen – trocken, dunkel und fest verschlossen lagern.

Salate:
Frischen Salat kaufen, ohne welke Blätter und nur nach Bedarf, nicht auf Vorrat. Vorwiegend Wintersalate wie Feldsalat, Chicorée, Endivien, außerdem für Rohkostsalate Weiß- und Rotkohl, Knollensellerie und Möhren

Südfrüchte:
Zwergorangen, Limonen und Blutorangen sind in der Regel naturrein. Zitronen gibt es sowohl naturrein als auch behandelt auf dem Markt. Will man die Schalen von Zitrusfrüchten verarbeiten, sollte man diese im Naturkostladen oder Reformhaus kaufen.

FACHAUSDRÜCKE

Aachener Printen	– Lebkuchenspezialität aus Aachen
Abgänge, Parüren	– Abschnitte beim Zurichten von Fleisch (Haut, Sehnen, Fett)
Apfelkonfit	– Apfelkompott
Barberie Ente	– Flugente
Beifuß	– getrocknete Blüten vom Beifuß
blanchieren	– kurz aufkochen und kalt abspülen

KRAFTBRÜHE VOM HIRSCHKALB

ZUTATEN: 150 g Hirschfleisch vom Nacken oder Schulter, 150 g gehacktes Rindfleisch (Tatar), 1 kl. Möhre, 1 kl. Stück Sellerie, 1 Zwiebel, 3 Eiweiß, 8 cl Portwein, 10 Wacholderbeeren, 2 Lorbeerblätter, 2 Nelken, 1 l brauner Wildfond (Rezept S. 32)
ZUTATEN für die Einlage: 150 g Hirschfilet, 2 Möhren, 1 kl. Stück Brokkoli, 1 kl. Stück Blumenkohl

VORBEREITUNG für die Einlage: Das Hirschfilet mit Salz und Pfeffer würzen und rosa braten. Den Brokkoli und Blumenkohl in kleine Röschen schneiden und in Salzwasser bissfest kochen. Die Möhre schälen und in ca. 4 cm lange, dünne Streifen schneiden und weich kochen.
ZUBEREITUNG: Das Fleisch und das geputzte Gemüse durch den Fleischwolf drehen (oder mit der Küchenmaschine zerkleinern) und mit dem Eiweiß vermischen. Die Gewürze dazugeben, mit dem Wildfond auffüllen und unter vorsichtigem Rühren zum Kochen bringen. 30 Minuten ziehen lassen. Durch ein Sieb oder Tuch passieren. Die so geklärte Kraftbrühe mit Salz, Pfeffer und dem Rotwein abschmecken. Die Einlage auf die Teller verteilen und mit der heißen Brühe übergießen.

Blockschokolade	– Schokolade zum Kochen und Backen mit weniger Fettgehalt als Kuvertüre
Braisière	– Bratentopf mit Deckel, Bräter
Bratensatz	– angerösteter Fleischsaft auf dem Boden der Pfanne oder Bräter
Bündner Fleisch	– luftgetrocknetes Rindfleisch aus der Schweiz
Buntmesser	– mit Riefen versehenes Garniermesser
Cocotte	– feuerfeste Auflaufform oder Näpfchen
Coquilles St. Jacques	– Pilger- oder Jakobsmuscheln
Corail	– Rogensack der Jakobsmuschel
Cornichons	– kleine Gewürzgurken
Crottin de Chavignol	– französischer Ziegenkäse
Duxelles	– feingehackte Pilze
entbarten	– die behaarten Kiemen der Auster entfernen
Essenz	– reduzierte Kraftbrühe
Farce	– feine Masse von Fisch und Fleisch
Farinzucker	– brauner Rohrzucker
Fondant	– weiße Masse aus Zucker und Wasser 3:1 unter Zusatz von Glukosesirup. Kann beim Konditor bezogen werden.
Förmchen	– kleine Ausstecher für Feingebäck
Frankfurter grüne Soße	– Frankfurter Spezialität aus 7 verschiedenen frischen Kräutern
Frikassee	– weißes Geflügel- oder Kalbfleischragout
Frisée	– krause Endivie
frittieren	– im Fettbad ausbacken
Gemüsezwiebel	– große Zwiebel (200 g) mit süß-würzigem Geschmack
gratinieren	– bei starker Oberhitze überkrusten
Hagelzucker	– hagelkornähnlicher Zucker, aus Raffinade hergestellt zum Bestreuen von Backwaren
Hirschhornsalz	– Triebmittel für die Weihnachtsbäckerei
Julienne	– feine Streifen
Jus, Jüs	– Saft
Kaiserschoten	– unreif geerntete Erbsenschoten, Zuckererbse, Kefe, Kiefelerbse
Kaki	– chinesische Dattelpflaume, Kakifeige, Frucht des bis zu 8 m hohen Kaki-Baumes
Kalbsbries	– Wachstumsdrüse beim Kalb
Kardamom	– Gewürz für die Weihnachtsbäckerei

Karkasse	– Knochengerüst
Kasserolle	– Topf mit Deckel und langem Stiel
Kassler	– gepökelter und geräucherter Schweinerücken
kross	– knusprig
Kuchenrost	– Kuchengitter (zum Abkühlen)
Languste	– langschwänzige Bodenkrebse ohne Scheren
Langustine	– Kaisergranat, Tiefseekrebse, die kleiner und weniger stark gepanzert sind als Langusten
Leckerlimodels	– geschnitzte Holzformen für die Weihnachtsbäckerei
Loup de Mer	– Seewolf
marinieren, beizen	– in einer aromatischen Flüssigkeit einlegen
Maronen	– Esskastanien
Milchner	– Samensack vom männl. Fisch
Models	– geschnitzte Holzformen für die Weihnachtsbäckerei
montieren	– Butterflocken vorsichtig unter eine Soße rühren
Moutarde de Meaux	– französischer Senf aus Meaux
Näpfchen	– Auflaufformen für eine Portion
Navetten	– Herbstrüben
Ossobuco	– geschnittene Kalbshaxe
Pampelmusen	– Grapefruits
parieren	– Haut und Sehnen abschneiden
Parüren	– Abgänge wie Haut und Sehnen beim Herrichten von Fleisch
Pastinaken	– Pasterna, Moorwurzel (Wurzelgemüse)
passieren	– durch ein Tuch oder feines Sieb seihen oder streichen
Pecorino	– italienischer Hartkäse
Pellkartoffeln	– mit Schale gekochte Kartoffeln
Pekannüsse	– Nüsse vom Hickorybaum (Indianernüsse)
pellen	– schälen
Plätzchen	– Kleingebäck, auch kleine Pfannkuchen
Portionsformen	– kleine feuerfeste Auflaufförmchen für eine Portion
Portulak	– Winterportulak, Tellerkraut, Gemüse- und Salatpflanze
Pottasche	– Triebmittel der Weihnachtsbäckerei
Poularde	– junges Masthuhn
Pumpernickel	– westfälische Schwarzbrot-Spezialität

reduzieren – einkochen
Reibekuchen – Kartoffelpuffer
Röstgemüse – 1 Teil Zwiebel in walnussgroßen Würfeln
1 Teil Möhren in walnussgroßen Würfeln
$^1/_2$ Teil Sellerie in walnussgroßen Würfeln
Romanesko – kleine, grüne Blumenkohlart
Rucola – Rauke
sautieren – anschwenken
Schalotten – kleine, milde Zwiebelsorte
schmoren – anbraten und in siedender Flüssigkeit fertig kochen
Schneekessel – halbkugelförmige Metallschüssel
Schweinemett – bereits gewürztes Schweinegehacktes
Schweinenetz – feines Fettgewebe vom Schwein
Semmelmehl – Paniermehl aus alten Brötchen
Shiitake Pilze – würzige Speisepilze
Sorbetière – elektrische Eismaschine
Sternanis – sternförmiges, nach Anis schmeckendes Gewürz für die Weihnachtsbäckerei
Sterntülle – sternförmiger Einsatz für den Spritzbeutel
Sülze – Fleisch oder Gemüse in Gelee
Timbale – becherförmige Pasteten oder Sülzen
Tomatencoulis – passierte, verkochte Tomaten
tournieren – zurechtschneiden
Traubenkernöl – Öl aus Kernen der Weintraube
Stubenküken – einige Tage alte Hühnerküken
Wasserbiskuit – engl. Gebäck aus Mehl, Salz und Wasser (zum Käse)
Wetzstahl – Stab zum Abziehen von Messern
Winterrettich – schwarzer Rettich oder Radi
Wirsing – Kohlsorte mit krausen Blättern
Zesten – dünne Streifen von Zitrusfruchtschalen

KÜCHENGERÄTE

Aufschnittmaschine
Buntmesser
Elektromesser
Fettspritze, zum gefahrlosen Übergießen im Backofen
Fleischgabel
Fleischthermometer/Kerntemperaturmesser

Fleischwolf
Fritteuse
Holzrahmensieb zum Durchstreichen von Massen
Kleine und große Schneidemesser guter Qualität
Kleine Speiseeismaschine
Küchenmaschinen mit Mixer
Leinentuch zum Passieren
Nudelmaschine
Pariser Ausstecher für kleine und große Kugeln
Pastetenformen, Backformen
Puddingform mit verschließbarem Deckel
Schneekessel, kleiner Anschlagkessel
Spritzbeutel, Spritztüllen
Stabmixer, Handrührgerät
Timbaleförmchen, becherförmige Metall- oder feuerfeste Porzellanförmchen

GROSSE FREUDE MIT KLEINEN GESCHENKEN AUS DER KÜCHE

Sicher haben auch Sie sich schon einmal über selbst gemachte Geschenke aus der Küche oder dem Garten Ihrer Freunde gefreut. Diese Freude können auch Sie anderen bereiten. Fangen sie schon im Januar mit der Vorbereitung an:
In den Monaten Januar und Februar ist die Qualität der Zitrusfrüchte für Marmeladen am besten. Gerade unbehandelte Früchte sind dann am ehesten auf dem Markt. Im Frühjahr kommen die Kräuter und Blüten für die Essig- und Ölzubereitungen dran. Mit der Erdbeerzeit beginnt die Zubereitung des Rumtopfs und später im Sommer die der Gelees, der Quitten in Cognac und des Pflaumenmuses. Im Herbst können Sie evtl. selbst gesuchte Pilze einlegen. Kurz vor Weihnachten können Sie dann Gänseschmalz, Weihnachtsgebäck und Konfekt zubereiten.
Wir wünschen Ihnen viel Erfolg dabei.

Essigzubereitungen

BLÜTENESSIG

ZUTATEN: 1 l Weinessig 5–6%, Blüten nach Wahl (Holunder, Salbei, Thymian, Kapuzinerkresse, Borretsch, Rosen und Veilchen).

VORBEREITUNG: Blüten waschen, trockentupfen und von den Stielen befreien.
ZUBEREITUNG: Um das feine Aroma der Blüten zu erhalten, nur eine Sorte Blüten nehmen. Locker in eine Flasche geben (mindestens halb voll) und mit dem Essig auffüllen. Bis zu 4 Wochen an einen sonnigen Platz stellen. Durch ein Haarsieb oder Filter abseihen, in hübsche Flaschen füllen und beschriften. Kühl aufbewahren.

FRUCHTESSIG

ZUTATEN:1 l Weinessig 5–6%, 4 Tassen Himbeeren oder Brombeeren

VORBEREITUNG: Nur einwandfreie Früchte nehmen, waschen und auf Küchenpapier oder Tuch abtrocknen lassen.
ZUBEREITUNG: In saubere Flaschen füllen und mit Essig auffüllen. 14 Tage an einem sonnigen Platz ziehen lassen. Durch ein Haarsieb oder Filter abseihen, in hübsche Flaschen füllen und beschriften. Kühl aufbewahren.

KRÄUTERESSIG

ZUTATEN:1 l Weinessig 5–6%, Kräuter nach Wahl (Basilikum, Bohnenkraut, Borretsch, Dill, Salbei, Thymian, Rosmarin und Zitronenmelisse)

VORBEREITUNG: Frische Kräuter verlesen, waschen und trockentupfen. Gegebenenfalls nur die Blättchen abzupfen.
ZUBEREITUNG: Es genügen vier bis sechs Kräuterzweige pro Liter Essig, es können auch Knoblauch, Peperoni, Senf-, Koriander- oder Pfefferkörner dazugegeben werden.
Einzelne Kräuter oder beliebige Mischung in saubere Flaschen geben, mit Essig auffüllen und bis zu 4 Wochen an einen sonnigen Platz stellen. Durch ein Haarsieb oder Filter abseihen, in hübsche Flaschen füllen und beschriften. Kühl aufbewahren.

Ölzubereitungen

Alle Kräuter müssen ganz mit Öl bedeckt sein, da sie sonst schimmeln. Deshalb die Kräuterstiele immer so kurz schneiden, dass sie unter dem Flaschenhals bleiben.

KNOBLAUCHÖL

ZUTATEN: 1/2 l kaltgepresstes Olivenöl, 8–10 Knoblauchzehen

VORBEREITUNG: Knoblauch schälen.
ZUBEREITUNG: Geschälten Knoblauch in saubere Flasche geben und mit Olivenöl auffüllen. Zwei bis drei Wochen an einem hellen Ort ziehen lassen und durch ein Haarsieb in eine frische Flasche füllen. Kühl aufbewahren.

KRÄUTERÖL

ZUTATEN: 1/2 l kaltgepresstes Olivenöl, je 1 Stiel Basilikum, Majoran, Salbei, Rosmarin, Thymian, 1 frische Peperoni, 2 Knoblauchzehen

ZUBEREITUNG: Kräuter waschen und trockentupfen, in eine saubere Flasche geben, Peperoni und geschälten Knoblauch dazugeben und mit dem Öl auffüllen. Zwei bis drei Wochen an einem hellen Ort ziehen lassen. Durch ein Haarsieb in eine frische Flasche gießen und kühl aufbewahren.

ROSMARINÖL

ZUTATEN: 1/2 l Olivenöl, 3 Stiele Rosmarin

VORBEREITUNG: Rosmarin waschen und trockentupfen.

ZUBEREITUNG: Blättchen abzupfen und in eine saubere Flasche geben, mit dem Öl auffüllen und zwei bis drei Wochen an einem hellen Ort ziehen lassen. Durch ein Haarsieb in eine frische Flasche füllen und kühl lagern. Eignet sich hervorragend zur Zubereitung von Bratkartoffeln.

Pikante Beilagen

EINGELEGTE STEINPILZE

ZUTATEN: 1 kg Steinpilze fest und klein (große Steinpilze in gleich große Stücke schneiden), 1 l Wasser, 1 Zweig Estragon, 1 gespickte Zwiebel (1 Zwiebel, auf die mit zwei Nelken ein Lorbeerblatt gespickt ist), 1 TL Salz, 1/4 l Essig mind. 7% Säure, 1/2–3/4 l kaltgepresstes Olivenöl

VORBEREITUNG: Steinpilze putzen und waschen, gegebenenfalls in gleich große Stücke schneiden.
ZUBEREITUNG: Pilze 10 Minuten im Wasser mit Salz, Essig, Estragon und Spickzwiebel kochen und abkühlen lassen. Pilze einen Tag im Fond aufbewahren und danach noch einmal darin aufkochen – auf ein Sieb schütten, abtropfen lassen und die gespickte Zwiebel entfernen. Die noch heißen Steinpilze in Gläser geben und mit heißem Olivenöl übergießen. Die Pilze müssen vollkommen bedeckt sein, abkühlen lassen und mit Zellophan oder passendem Schraubdeckel verschließen. Gekühlt 4 Monate haltbar.
Gleiche Herstellung ist mit kleinen festen Champignons möglich.

KÜRBIS SÜSS-SAUER

ZUTATEN: 3,5 kg Kürbis, 2 l Weinessig, 2,5 l Wasser, 1 Zimtstange, 10 Nelken, 10–15 Pfefferkörner, 1250 g Zucker, etwas geriebener Ingwer

VORBEREITUNG: Kürbis schälen und mit Pariser Ausstecher kleine Kugeln ausstechen, die Reste in Würfel schneiden. Kugeln und Würfel in zwei Schüsseln geben.
ZUBEREITUNG: 1 l Essig und 1 1/2 l Wasser vermischen und über den Kürbis gießen. Falls der Kürbis nicht ganz bedeckt ist, zusätzliches Essigwasser im Verhältnis 1 zu 1 1/2 darüber gießen. Das Ganze bis zum nächsten Tag stehen lassen, die Flüssigkeit abgießen, aufkochen und wieder über den Kürbis gießen. Eine Nacht stehen lassen und dann die Flüssigkeit weggießen. Jeweils einen Liter Essig und Wasser, Gewürze (in ein Säckchen geben), geriebenen Ingwer und Zucker in einem großen Topf fünf Minuten aufkochen. Kürbisstücke

und -kugeln getrennt in kleinen Portionen in den Sud geben und kochen, bis sie glasig sind. Mit einem Schaumlöffel aus dem Sud nehmen und in Schraubgläser geben, mit der Flüssigkeit aufgießen und verschließen.

Herzhafter Brotaufstrich

GÄNSESCHMALZ

ZUTATEN: 400 g Gänsefett (auch helles Bratfett), 200 g Schweineschmalz (für die Festigkeit), 1 Apfel, 2 Zwiebeln

VORBEREITUNG: Das Gänsefett mit etwas Wasser angießen, auslassen und durch ein Sieb gießen. (Wenn das Wasser verdampft ist, ist das Gänsefett fertig.) Apfel und Zwiebeln in kleine Würfel schneiden. Bratfett kann direkt weiterverarbeitet werden.
ZUBEREITUNG: Apfel- und Zwiebelwürfel zum Gänsefett geben und so lange im Fett braten, bis die Zwiebeln anfangen braun zu werden. Jetzt sofort das Schweineschmalz dazugeben, damit das Fett abkühlt und die Zwiebeln nicht zu dunkel werden. In Gläser füllen und kalt verschließen. Damit sich der Apfel und die Zwiebeln besser im Fett verteilen, beim Erkalten ab und zu umrühren.
TIPP: Als Geschenk Gläser mit einem bunten Tuch über dem Schraubdeckel zubinden.

Süße Zubereitungen

HOLUNDERBEERGELEE

ZUTATEN: 5 l Holunderbeeren, 1–2 Zitronen, 1 kg Gelierzucker

VORBEREITUNG: Ungefähr einen 5-l-Eimer voll Holunderbeerdolden pflücken. Waschen und die Beeren abzupfen. Mit etwas Wasser kochen und durch ein Sieb streichen.
ZUBEREITUNG: $^3/_4$ l Saft mit dem Saft von 1–2 Zitronen und 1 kg Gelierzucker nach Anweisung des Herstellers kochen und in Schraubgläser füllen. Mit einem in Alkohol getränkten Zellophanpapier bedecken und verschließen. Holunder gilt als fiebersenkend.

ORANGENMARMELADE

ZUTATEN: 1 kg naturreine spanische Orangen, 1 naturreine Zitrone, 2 l Wasser, 2 kg Zucker

VORBEREITUNG: Früchte mit warmem Wasser gründlich waschen, halbieren und den Saft auspressen. Die Kerne und das Innere aus der

Schale entweder in einem Mullsäckchen mitkochen oder in einem kleinen Topf mit einem Teil des Wassers kochen und durch ein Sieb in den Saft gießen. Orangen- und Zitronenschale in feine Streifen schneiden.
ZUBEREITUNG: Wasser mit dem Saft und den fein geschnittenen Schalen in einen großen Topf geben und die Höhe des Inhalts am Kochlöffel markieren. 2 Stunden kochen, bis der Inhalt um mindestens ein Drittel reduziert ist. Mullsäckchen mit den Kernen etc. entfernen. Zucker einrühren und so lange unter ständigem Rühren kochen, bis er sich aufgelöst hat. Bei kleiner Hitze $1^1/_2$ Std. köcheln lassen, bis die Farbe dunkler und die Marmelade beim Abkühlen fest wird. In Gläser füllen, mit in Alkohol getränktem Zellophan abdecken und verschließen.

PFLAUMENMUS OHNE ZUCKER

ZUTATEN: 5 kg reife Pflaumen, $^1/_2$ TL gemahlener Zimt, 1 Prise gemahlener Ingwer, einige Holunderbeerdolden oder 2 cl Holunderbeersaft (gibt eine schönere Farbe)

VORBEREITUNG: In einem kleinen Topf einige Holunderbeerdolden mit wenig Wasser aufkochen und durch ein Sieb drücken. Pflaumen entsteinen.
ZUBEREITUNG: Pflaumen in eine feuerfeste Auflaufform oder Bräter geben. Zimt, Ingwer und Holundersaft dazugeben und bei 180° im Backofen einkochen (mehrere Stunden). Von Zeit zu Zeit umrühren und vom Rand lösen. Auf fast 50% des Volumens reduzieren. Das Pflaumenmus muss so fest sein, dass es aus einem damit gefüllten Löffel, wenn man ihn umdreht, nicht herausrinnt. In Schraubgläser füllen und im Wasserbad im Backofen $^1/_2$ Std. sterilisieren oder die gefüllten Gläser mit einem in Rum oder Cognac getränkten Zellophanpapier abdecken und mit dem Schraubdeckel verschließen.
TIPP: Sollten die Pflaumen nicht süß genug sein, einige eingeweichte Backpflaumen mitkochen.

QUITTENGELEE

ZUTATEN: $^3/_4$ l Quittensaft (aus 1,5 kg Quitten), 1 kg Gelierzucker

VORBEREITUNG: siehe Quittenkonfekt
ZUBEREITUNG: $^3/_4$ l Saft mit dem Gelierzucker nach Herstelleranleitung kochen. Schaum abschöpfen, heiß in Gläser füllen und verschließen.

QUITTENKONFEKT

ZUTATEN: 10 Quitten, 500 g Zucker

VORBEREITUNG: Quitten gründlich abreiben und waschen, Stiele und Blütenansatz entfernen und mit Schale und Kerngehäuse in Stücke schneiden.
ZUBEREITUNG: Quitten in einen Topf geben, mit Wasser bedecken und mit dem Saft 1 Zitrone bei mittlerer Hitze weich kochen. Die Quittenmasse durch ein Tuch abtropfen lassen und den Saft auffangen. Danach Quittenmasse durch ein Sieb streichen. Gleiche Menge Quittenmus und Zucker zusammen zu einem dicken Mus einkochen und etwa fingerdick auf ein geöltes Blech schütten. Auskühlen lassen und drei bis vier Tage an einem kühlen Ort stehen lassen. Die feste Masse vom Blech stürzen und in beliebige Stücke schneiden oder ausstechen. In grobem Zucker wälzen oder mit Schokolade überziehen.
In Zellophanbeuteln oder hübschen Dosen als Geschenk verpacken.
TIPP: Den Saft, der übrig bleibt, zu Quittengelee verarbeiten.

WEISSER HOLUNDERSIRUP

ZUTATEN: 10 Dolden Holunderblüten, 1 kg Zucker, 1 naturreine Orange, 1/2 naturreine Zitrone, 1/2 l Wasser, 12 g kristallisierte Zitronensäure (Apotheke)

VORBEREITUNG: Orange und Zitrone ungeschält in Scheiben schneiden.
ZUBEREITUNG: Alle Zutaten mit den Dolden vermischen und 5–6 Tage bei Zimmertemperatur stehen lassen. Damit der Zucker sich auflöst, von Zeit zu Zeit umrühren, passieren und kurz aufkochen. In Flaschen füllen und gut verschließen. 5 Monate haltbar.
Eignet sich gut als Cocktail mit Sekt oder Champagner aufgefüllt.

Früchte in Alkohol

QUITTEN IN COGNAC

ZUTATEN: 2 kg Quitten, Saft einer Zitrone, 5 EL Rotweinessig, 5 EL Wasser, 1 Stange Zimt, 500 g Zucker, 500 g Bienenhonig, 1/4 l Cognac

VORBEREITUNG: Quitten waschen, schälen, entkernen und in dünne Scheiben schneiden. Mit Zitronensaft beträufeln.
ZUBEREITUNG: Rotweinessig, Wasser, in Stücke zerkleinerte Zimtstange, Zucker und Bienenhonig zum Kochen bringen. Quitten portionsweise dazugeben und gar ziehen lassen. Die Quitten herausnehmen und in kleine Marmeladengläser schichten. Den Saft köchelnd

einreduzieren, bis er dick zu werden beginnt. Abkühlen lassen. Cognac dazugeben und über die Quitten gießen. Inhalt mit in Cognac getränktem Zellophanpapier abdecken und mit Schraubdeckel oder Zellophan verschließen. Kühl aufbewahren.
PASST ZU: Braten und als Dessert mit Schlagsahne und zu Eis.

RUMTOPF

ZUTATEN: 1 Flasche Jamaika Rum (mind. 54% besser 74%), 250 g Zucker für 500 g Früchte je Saison.

VORBEREITUNG: Nur reife, feste Früchte ohne Makel verwenden. Früchte waschen und auf Küchenpapier oder Tuch trocknen lassen.
ZUBEREITUNG: Die Früchte mit dem Zucker vermischen und 1 Std. ziehen lassen. Es können auch kleinere Mengen genommen werden, aber das Verhältnis 1 Teil Früchte und $^1/_2$ Teil Zucker muss immer stimmen. Früchte in einen großen Steinguttopf mit Deckel geben und gut mit Rum bedecken. Mit Zellophanpapier abdecken und den Deckel darüber legen. Man fängt mit Erdbeeren im Mai/Juni an (ein besonderes Aroma geben Walderdbeeren), dann kommen im Juni/Juli Sauerkirschen mit Stein, im Juli/Aug. halbierte oder geviertelte Aprikosen und Pfirsiche, im Aug./Sept. entsteinte und halbierte Reineclauden und Mirabellen und im Sept./Okt. geschälte, vom Kerngehäuse befreite, geachtelte Birnen, frische Ananas, halbierte und entkernte Weintrauben und entsteinte, halbierte Pflaumen. Die Früchte müssen immer mit Rum bedeckt sein, auf keinen Fall Wasser zufügen. 4 Wochen nach Zugabe der letzten Früchte nochmals $^1/_4$ l Rum darüber gießen und 14 Tage stehen lassen. Portionsweise entnehmen und immer gut verschließen. Als Geschenk kann der Rumtopf in kleinere Gläser gefüllt werden.
Eignet sich als Cocktail mit Sekt oder Champagner aufgefüllt. Spieße für die Früchte dazugeben.
Als Dessert mit Vanilleeis und Schlagsahne oder zu einer Bayrischen Creme zu empfehlen.

WICHTIGE ZUBEREITUNGSARTEN

SCHLACHTFLEISCH UND WILD

Braten von Fleisch

Kleine Fleischstücke wie Medaillons, Filetsteaks oder Schnitzel in einer guten Pfanne auf dem Ofen braten. Bratgut immer in heißes Fett legen.
Große Fleischstücke möglichst in der Fettpfanne, Braisière oder auf dem Bratrost im Backofen braten; immer heiß anbraten und danach den Ofen zurückschalten.
Beim Langzeitbraten von großen Bratstücken einen Fleischthermometer (Kerntemperaturmesser) benutzen. Das Bratstück würzen, in der Pfanne auf dem Ofen scharf rundherum anbraten und dann auf dem Bratrost in den Ofen schieben. Vorteil: Das Fleisch wird durch langsames Garen besonders zart – der Fleischsaft läuft beim Schneiden nicht mehr aus, dadurch ist das Fleisch wesentlich saftiger.

Bratgrade zum Langzeitbraten/Niedrigtemperaturgaren

Bratgut	Ofentemperatur	Kerntemperatur	Zeit
Rinderfilet:	75°	56°	1 Std.
Roastbeef:	75°	57°	1 Std.
Kalbsrücken ausgelöst:	75°	60°	1 Std.
Kalbsfilet:	75°	60°	1 Std.
Lammrücken:	70°	56°	3/4 Std.
Lammkeule:	85°	58°	1 1/2 Std.
Schweinerücken:	80°	60°	1 Std.
Schweinelendchen:	75°	58°	1 Std.
Rehrücken:	70°	58°	3/4 Std.
Rehkeule:	75°	60°	1 Std.
Hirschrücken:	75°	58°	1 Std.
Hirschkeule:	75°	60°	1 Std.
Poulardenbrust:	70°	60°	1 Std.
Perlhuhnbrust:	70°	60°	1 Std.
Entenbrust:	65°	58°	1 Std.

Die Zeiten der Langzeitgarung können nur ungefähre Zeitangaben sein. Beim Schlachtfleisch (Rind, Kalb, Schwein, Lamm) können die Zeiten 30–40 Minuten überschritten werden. Kurz vor dem Servieren den Ofen noch einmal für einige Minuten auf 200° stellen, damit das Fleisch schön heiß wird. Beim Wild sollten die Zeiten nicht überschritten werden, sonst wird es zu mürbe.
Der Vorteil dieser Garmethode: Man kann das Bratenstück vor Beginn des Essens in die Bratröhre schieben, es gart während des Essens, kann aber durch die niedrige Temperatur nicht durchbraten und verbrennen. Es bedarf aber etwas Übung und Experimentierfreudigkeit.

Schmoren von Fleisch

Schmorbraten von Rindfleisch, Schweinenacken, Wildkeulen, Wildschultern. Die Fleischstücke würzen und immer rundherum in einer Braisiere anbraten und herausnehmen. Parüren, evtl. fein gehackt, und Knochen in den Bratensatz geben und gut anbraten. Etwas Röstgemüse dazugeben und ebenfalls anrösten. Gewürze dazugeben, bei Rinder- und Schweinebraten etwas Tomatenmark oder frische Tomaten zusetzen, mit Wein oder Wasser ablöschen und 2–3-mal einkochen lassen, bis sich das Fett wieder am Boden absetzt. Jetzt mit dem jeweiligen Fond aufgießen, das Fleisch dazugeben und gar kochen lassen, entweder mit Deckel auf dem Ofen oder in der Bratröhre ohne Deckel. Das Fleischstück ab und zu umdrehen. Zum Zeitpunkt, da das Fleisch gar ist, sollte die Soße so weit eingekocht sein, dass sie nur noch abgeschmeckt und gegebenenfalls mit etwas Mehlbutter oder Stärkemehl abgebunden werden muss.

GEFLÜGEL

Braten von Geflügel

Gänse und Enten werden mit etwas Wasser in der Fettpfanne gebraten. Sie haben selbst genug Fett. Das ausgetretene Fett zum Übergießen nehmen, und falls zu viel Fett austritt, dieses abschöpfen.
Poularden, Perlhühner, Rebhühner, Tauben, Wachteln und junge Fasane werden im heißen Ofen kurz gebraten.
Kleine und große Puten werden im Ofen gebraten, ebenso Puten- und Geflügelteile, mit oder ohne Füllung.
Dem Bratensatz immer Röstgemüse zusetzen und dann die Soße mit

braunem Geflügelfond herstellen. Binden mit Sahne, Mehlbutter oder Stärkemehl.

FISCH

Braten von ganzen Fischen

Lachs, Lachsforelle, Loup de Mer und Saibling eignen sich sehr gut zum Braten in einem Stück. Sie werden am besten im heißen Backofen (größte Hitze) in der Fettpfanne mit Olivenöl gebraten. Gewürzt mit Salz, Pfeffer, Zitrone und gefüllt mit Kräutern und Knoblauch. In Mehl wenden und in die Fettpfanne legen. Möglichst nur einmal wenden, damit die Haut nicht an der Pfanne kleben bleibt.

Kochen von ganzen Fischen oder großen Fischstücken

Große Fische wie Lachs, Lachsforelle, Schellfisch und Kabeljau immer mit kaltem Fischfond oder Wasser ansetzen, damit sie von innen heraus garen können und auch an den Gräten fertig sind.

FONDS, BRÜHEN, FARCEN, FÜLLUNGEN UND BUTTERMISCHUNGEN

Fonds und Brühen

Gute Fonds und Brühen sind die Grundlage für gute Suppen und Soßen. Alle Fonds und Brühen kann man mit Alkohol herstellen, das heißt mit Weinen und Spirituosen. Man kann im Hinblick auf Kranke und Kinder auch darauf verzichten. Alle Fonds sollten mit wenig Salz gekocht werden, da bei starker Reduzierung die Suppen und Soßen sonst zu salzig werden.
TIPP: Beim Braten von Geflügel, Steaks etc. immer den Bratensatz in der Pfanne mit etwas Wasser, Rotwein oder Weißwein ablöschen und etwas einkochen. Danach passieren. Falls der Bratensatz nicht sofort für die Soße benötigt wird, in kleine Gefäße füllen, beschriften und einfrieren. So haben Sie immer etwas Bratensaft (Fond) zum Anreichern von Soßen zur Hand.
Wenn die Herstellung der Grundfonds zu großen Aufwand bedeutet, es gibt heute sehr gute Fonds und Grundbrühen in Gläsern, als Konserven und als Fleisch- oder Gemüseextrakt im Handel.

BRAUNER GEFLÜGELFOND

ZUTATEN für 1 l Fond: 500 g Geflügelknochen oder Geflügelreste möglichst klein gehackt, 50 g Fett (Butterschmalz, Öl), 1/4 l Rotwein, 100 g Röstgemüse, 1 Kräutersträußchen mit Petersilie, Kerbel, 1 Thymianzweig, 1 Lorbeerblatt und 1 Knoblauchzehe

VORBEREITUNG: Geflügel kalt abwaschen, Gemüse putzen und waschen.
ZUBEREITUNG: Geflügelknochen mit Fett in einer Braisière anrösten, das Röstgemüse dazugeben und rösten lassen, bis die Zwiebeln braun sind.
Mit dem Rotwein ablöschen, das Kräutersträußchen dazugeben und mit 1,5 l Wasser auffüllen. Bis auf 1 l Fond bei leichter Hitze einkochen lassen und passieren.

BRAUNER KALBSFOND

ZUTATEN: 500 g klein gehackte Kalbsknochen, 50 g Fett (Butterschmalz oder Öl), 1/4 l Rotwein, 100 g Röstgemüse, 1 Kräutersträuß-

chen mit Petersilie, Kerbel, 1 Thymianzweig, 1 Knoblauchzehe, 1 Lorbeerblatt

ZUBEREITUNG: Wird wie brauner Geflügelfond hergestellt.

BRAUNER WILDFOND

ZUTATEN für 1 l Wildfond: 500 g Wildparüren oder Wildknochen, 100 g Röstgemüse, 15 Wacholderbeeren, 50 g Fett (Butterschmalz oder Öl), 2 Lorbeerblätter, 2 Nelken, 1 Zweig Rosmarin, 6 Pimentkörner, 10 schwarze Pfefferkörner, 1/2 l Rotwein

VORBEREITUNG: Röstgemüse waschen und klein schneiden.
ZUBEREITUNG: Die Wildparüren mit dem Fett in einer Braisière anrösten, das Röstgemüse dazugeben und bis zum Braunwerden der Zwiebeln weiterrösten, mit dem Rotwein ablöschen und die Gewürze dazugeben. Mit 1,5 l Wasser auffüllen, bis auf 1 l Fond einkochen lassen und durch ein feines Sieb passieren.
ANMERKUNG: Durch den starken Eigengeschmack von Wildschwein und Hase sollte man einen neutralen Fond von Reh oder Hirsch herstellen, der sich dann zum Auffüllen verschiedener Soßen und Suppen eignet.

FISCHFOND

ZUTATEN für 1 l Fischfond: 500 g Fischgräten von Steinbutt, Zander, Hecht oder Seezunge, 1 Stück Porree (unterer weißer Teil), 1 kl. Zwiebel, 3 Pfefferkörner, 1 Lorbeerblatt, 1/4 l Weißwein, 50 g Fett (Butterschmalz oder Öl)

VORBEREITUNG: Fischgräten in große Stücke, Zwiebel in große Würfel und Porree in dickere Ringe schneiden.
ZUBEREITUNG: Die Fischgräten im Fett anrösten (ohne Farbe zu nehmen), den Porree und die Zwiebel dazugeben, mit dem Weißwein ablöschen und mit 1 l Wasser auffüllen. Maximal 30 Minuten leicht köcheln lassen und passieren.

GEMÜSEFOND

ZUTATEN: Gemüse (Möhren, Porree, Sellerie) und rohe Gemüsereste je nach Saison

ZUBEREITUNG: Gemüseabschnitte und rohe Reste gerade bedeckt mit Wasser auffüllen, etwas Salz zugeben und langsam kochen lassen. So entsteht ein Gemüsefond, der zum Auffüllen und Verlängern von Soßen und Suppen benutzt werden kann.

KARPFEN AUF SENFRAHMSOSSE MIT ZUCHTCHAMPIGNONS

ZUTATEN: 1 Karpfen ca. 1,5–2 kg, Salz, Pfeffer aus der Mühle, 6 EL Essig, 100 g Butter, 30 g Mehl, $^{1}/_{8}$ l Weißwein, $^{1}/_{8}$ l Fischfond (Rezept S. 32), 2 EL mittelscharfer Senf, $^{1}/_{4}$ l süße Sahne, 600 g kleine Champignons

VORBEREITUNG: Den Karpfen ausnehmen und waschen. Die Champignons putzen, waschen und in dünne Scheiben schneiden.
ZUBEREITUNG: Den Karpfen mit kaltem Wasser bedecken, dann Essig und Salz dazugeben und aufkochen lassen. Ca. 30 Minuten unter dem Siedepunkt ziehen lassen. Die Champignons in einem kleinen Teil Butter anschwenken und mit Salz abschmecken.
60 g Butter zergehen lassen, mit dem Mehl verrühren, aber nicht bräunen, mit dem Fischfond oder mit Fond vom Karpfen und der Sahne auffüllen und verkochen lassen. Den Senf dazugeben und mit Salz und Pfeffer würzen. Die Soße durch ein Sieb passieren. Den Karpfen aus dem Fond nehmen, die Champignons darüber geben und mit etwas Soße angießen. Restliche Soße extra reichen.
BEILAGE: Petersilienkartoffeln

HELLER GEFLÜGELFOND

ZUTATEN für 1 l Geflügelfond: $^1/_2$ Suppenhuhn oder 500 g Geflügelklein oder Hähnchenkeulen, 1 Stange Porree, 1 Möhre, 1 kl. Stück Sellerie, 1 Kräutersträußchen mit Kerbel, Petersilie, 1 Thymianzweig, 1 Lorbeerblatt und 1 Knoblauchzehe, 1,5 l Wasser, $^1/_4$ l Weißwein, 1 Prise Salz

VORBEREITUNG: Geflügel kalt abwaschen, Gemüse putzen und waschen.

ZUBEREITUNG: Geflügel mit dem Wasser und Weißwein kalt aufsetzen, das Gemüse und die Kräuter dazugeben und 1–2 Std. kochen lassen. Den Eiweißschaum zwischendurch abschöpfen, damit die Brühe klar bleibt.

TIPP: Wenn $^1/_2$ Suppenhuhn oder Hähnchenkeulen verwendet werden, kann man aus dem Fleisch einen Geflügelsalat oder Frikassee herstellen.

HELLER KALBSFOND

ZUTATEN: 500 g Kalbsknochen, möglichst von Kalbsbrust, Kalbsnacken oder Kalbsrücken, 100 g Röstgemüse, $^1/_4$ l Weißwein, 50 g Fett (Butterschmalz oder Öl), 1 Lorbeerblatt, 2 Nelken, etwas Rosmarin, 1 Knoblauchzehe

VORBEREITUNG: Knochen vom Metzger so klein hacken lassen, dass sie gut in den Suppentopf passen. Röstgemüse waschen und klein schneiden.

ZUBEREITUNG: Das Röstgemüse im Fett in einem Suppentopf, ohne Farbe zu nehmen, angehen lassen, Knochen dazugeben, mit dem Weißwein ablöschen. Lorbeerblatt, Nelken, Rosmarin und Knoblauch dazugeben, mit 1,5 l Wasser auffüllen und 1–2 Std. kochen lassen. Durch ein feines Sieb passieren.

KLARE BRÜHE

ZUTATEN: 1 l Grundfond (Wild-, Geflügelfond, Rinderbrühe), 300 g mageres Rindfleisch grob gehackt (Tatar), 50 g Möhren, 50 g Porree, 50 g Sellerie (fein geschnitten), 3 Eiweiß,

ZUBEREITUNG: 2 EL Wasser, 1 Prise Salz mit dem Eiweiß vermischen, das Fleisch und das Gemüse mit dem jeweiligen kalten Fond auffüllen und unter vorsichtigem Rühren aufkochen. 30 Minuten ziehen lassen, dann durch ein mit einem Tuch ausgelegtes Sieb passieren. Bei Wild- oder Geflügelbrühen das Rindfleisch zur Hälfte durch das jeweilige Fleisch austauschen. Dieses muss dann durch den Fleischwolf gedreht werden.

KRUSTENTIERFOND

ZUTATEN für 1 l Fond: 300 g Krustentierschalen von Hummer, Krebsen, Langusten oder Taschenkrebsen, 100 g Röstgemüse. 50 g frischer Fenchel, 1 Knoblauchzehe, 1 Lorbeerblatt, 1 Pfefferschote (oder 1 Messerspitze Cayennepfeffer) 1 TL Rosenpaprika, 1 TL Tomatenmark, 60 g Olivenöl, 1/2 l Weißwein, 3/4 l Fischfond

VORBEREITUNG: Die Krustentierschalen bei 60° im Backofen einen halben Tag trocknen lassen und danach in möglichst kleine Stücke zerdrücken (oder im Mörser zerkleinern).

ZUBEREITUNG: Die Schalen jetzt in Olivenöl ohne Farbe zu nehmen anschwitzen, das Röstgemüse, den Fenchel, Paprika, Pfefferschote und Tomatenmark dazugeben. Kurz anschwitzen, mit Weißwein ablöschen und mit dem Fischfond auffüllen. 1 Stunde leicht köcheln lassen und passieren.

TIPP: Alle Fonds lassen sich in kleinen Behältern gut einfrieren. Bei Bedarf sind sie sehr schnell griffbereit.

RINDERBRÜHE

ZUTATEN: 200 g Kochfleisch vom Rind, 200 g Rinderknochen, 1 Bund Suppengemüse bestehend aus 1 Stück Porree, 2 Karotten, 1 Stück Sellerie, 1 gespickte Zwiebel

VORBEREITUNG: Suppengemüse waschen und putzen.

ZUBEREITUNG: Das Fleisch und die Knochen mit 1,5 l kaltem Wasser aufsetzen, wenig salzen und nach dem Kochen abschäumen. Die gespickte Zwiebel und das Gemüse dazugeben und langsam kochen lassen, bis das Fleisch gar ist. Danach passieren und kalt stellen.

TIPP: Das gekochte Rindfleisch ist, außer als Suppeneinlage, auch sehr gut für Salat oder als Zwiebelfleisch zu verwenden.

Farcen

FARCE AUS PUTEN- ODER KALBFLEISCH

ZUTATEN: 500 g Putenbrust ohne Haut oder Kalbfleisch von der Schulter, 150 g Sahne, 10 g Salz, Pfeffer aus der Mühle, 3 Eiweiß

VORBEREITUNG: Fleisch von allen Sehnen befreien, in Stücke schneiden und durch den Fleischwolf drehen. Eiweiß vom Eigelb trennen.

ZUBEREITUNG: Fleischmasse mit allen Zutaten in einer Küchenmaschine fein pürieren und mit Salz und Pfeffer abschmecken. Danach

durch ein Haarsieb streichen, um eine homogene, feine Masse zu bekommen.
Diese Farce eignet sich für viele Füllungen und Massen.

FISCHFARCE

ZUTATEN: 500 g Zander- oder Hechtfilet, 150 g Sahne, 3 Eiweiß, 10 g Salz, ein paar Tropfen Tabasco, etwas Cognac oder Pernod

VORBEREITUNG: Mit einer kleinen Zange die etwaigen Gräten aus dem Filet entfernen und durch einen Fleischwolf drehen. Eiweiß vom Eigelb trennen.
ZUBEREITUNG: Fischmasse in einer Küchenmaschine fein pürieren, Eiweiß und die Sahne dazugeben. Mit Salz, Tabasco, Cognac oder Pernod abschmecken. Danach durch ein Haarsieb streichen, um eine homogene, feine Masse zu bekommen.
Diese Farce eignet sich als Grundfarce für alle Fischklößchen, Pasteten und Fischfüllungen.

WILDFARCE

ZUTATEN: 500 g sehnenfreies Wildfleisch von der Keule oder Schulter, 200 g Sahne, 1 Ei, 10 g Salz, Pfeffer aus der Mühle, 1 EL Öl, 0,2 l Rotwein, 1 Lorbeerblatt, 2 Nelken, 2 Pimentkörner

VORBEREITUNG: Das Fleisch gut von Sehnen und Haut befreien. Die Hautstücke und Sehnen in Öl etwas anbraten, mit dem Rotwein ablöschen und die Gewürze, außer Salz und Pfeffer, dazugeben. Diesen Sud bis auf 2 EL Sud reduzieren und durch ein Sieb passieren.
ZUBEREITUNG: Das Fleisch durch einen Fleischwolf drehen, danach salzen und pfeffern und in einer Küchenmaschine fein pürieren. Sahne, das Ei und den Gewürzsud dazugeben. Alles gut verrühren und durch ein feines Sieb streichen.
Diese Farce ist Grundlage für Füllungen, Klößchen und Pasteten.

Füllungen

BROTFÜLLUNG

ZUTATEN: 10 Scheiben Toastbrot, 0,2 l Milch, 2 Eier, Salz

ZUBEREITUNG: Toastbrot in Würfel schneiden, mit der heißen Milch übergießen und die Eier dazugeben. Alles gut verrühren und mit Salz abschmecken.
Diese Masse ist als Grundlage für Füllungen für gefüllte Taube, Wildente und Wachtel gedacht.

MARONENFÜLLUNG

ZUTATEN: 500 g Maronen, 1/4 l Brühe oder Milch, 50 g Schinken, 100 g Paniermehl, 2 TL gehackte Petersilie, 25 g Butter, etwas naturreine Zitronenschale, Salz, Pfeffer, etwas Zucker, 1 Ei

VORBEREITUNG: Falls frische Maronen verwendet werden, diese einritzen, im Wasser 3 Minuten kochen und noch heiß schälen. Geschälte Maronen in Brühe oder Milch weich kochen. Falls zu viel Flüssigkeit im Topf ist, diese etwas abgießen. Schinken klein schneiden und Petersilie fein hacken. Zitronenschale reiben oder fein hacken.

ZUBEREITUNG: Maronen zerstampfen oder mit dem Stabmixer zerkleinern. Mit allen Zutaten verrühren. Die Masse darf nicht zu weich sein. Gegebenenfalls etwas Paniermehl zusetzen. Es ist eine spezielle Füllung für Puten, kann aber auch für alle hellen Fleischsorten verwendet werden.

SALBEI- UND ZWIEBELFÜLLUNG

ZUTATEN: 2 große Zwiebeln, 25 g Butter, 100 g Paniermehl, 4–5 frische Salbeiblätter oder 2 TL getrockneter Salbei, 1 TL Salz, 1/2 TL Pfeffer

VORBEREITUNG: Zwiebeln schälen und in kaltem Wasser zum Kochen bringen. 5 Minuten kochen, abschütten und mit frischem, kochendem Wasser übergießen und weich kochen. Die gekochten Zwiebeln und den Salbei klein hacken.

ZUBEREITUNG: Alle Zutaten mischen. Eignet sich für alle Geflügel und für helle Fleischarten.

Buttermischungen

CAFÉ-DE-PARIS-BUTTER

ZUTATEN: 200 g Butter, 2 TL Cognac, 2 TL Madeira, 2 Spritzer Worcester, 2 Spritzer Tomatenketchup, 2 TL Senf, 2 Sardellenfilets, 6 Kapern, etwas Cayennepfeffer, etwas Paprika, etwas Curry, 2 Schalotten, 2 Knoblauchzehen, 20 g Petersilie, 4 Estragonblätter, weißer Pfeffer, wenig Majoran, Thymian, Rosmarin, Dill, je 1 kl. Stück Orangen- und Zitronenschale

ZUBEREITUNG: Die Kräuter klein hacken und alle Zutaten zu einer Kräuterbutter verarbeiten. Eine Rolle formen und in Folie verpackt in den Kühlschrank legen. Was nicht benötigt wird, kann man portionsweise einfrieren.

MARONENBUTTER

ZUTATEN: 100 g Maronenmus, 50 g Paniermehl, 100 g weiche Butter, Salz, Pfeffer aus der Mühle, je 1 EL gehackte Petersilie und Kerbel

VORBEREITUNG: Petersilie und Kerbel fein hacken.
ZUBEREITUNG: Alle Zutaten gut vermischen, in 5 cm dicke Rollen formen und in Folie eingerollt kalt stellen.
Die Buttermischung wird zum Überbacken von Wild-, Kalb- oder Schweinefleisch benötigt.

MEHLBUTTER

ZUTATEN: 1 Teil Butter, 1 Teil Mehl

ZUBEREITUNG: Butter zerlassen, das Mehl darunter rühren und in eine kleine Backform oder feuerfeste Form geben und im Backofen bei 100° eine Stunde ohne Umrühren stehen lassen. Erkalten lassen.
ANMERKUNG: Diese Mehlbutter eignet sich gut zum Binden von hellen Soßen und Suppen, da der Mehlgeschmack ausgeröstet ist. Außerdem ist sie im Kühlschrank lange haltbar, ohne ranzig zu werden.
TIPP: In Eiswürfelschalen frieren, herausnehmen und in Gefriertüten einfrieren.

DRESSINGS

Warme Dressings

Bei bitteren Salatsorten neutralisiert ein warmes Dressing etwas die Bitterstoffe.

ESSIG-ÖL-DRESSING

ZUTATEN: 30 g Zwiebel, 30 g Speck, 2 EL Weinessig, 3 EL Öl, Salz, Pfeffer, 1 kl. Bund Petersilie oder Schnittlauch

VORBEREITUNG: Zwiebel und Speck in feine Würfel schneiden, Petersilie hacken oder Schnittlauch in feine Ringe schneiden.
ZUBEREITUNG: Die Zwiebel- und Speckwürfel in Öl anbraten, mit dem Essig ablöschen und Öl, Salz und Pfeffer zufügen. Die Kräuter erst kurz vor der Salatzubereitung dazugeben.
Eignet sich gut zu Feldsalat, Spinat, Chicorée, Treviso und Radicchio.

KARTOFFELDRESSING

ZUTATEN: 100 g frisch gekochte Kartoffeln, 30 g Zwiebel, 30 g Speck, 2 EL Pflanzenöl, 1 EL Weinessig, 1/2 Tasse Rinderbrühe, 1 kl. Bund Schnittlauch, Salz, Pfeffer

VORBEREITUNG: Zwiebel und Speck in feine Würfel schneiden. Den Schnittlauch in feine Ringe schneiden.
ZUBEREITUNG: Speck- und Zwiebelwürfel in Öl anbraten, dazu die durch eine Püreepresse gedrückten (oder mit der Gabel zerdrückten) warmen Kartoffeln geben. Diese Masse mit der warmen Rinderbrühe verdünnen und mit Essig, Salz und Pfeffer abschmecken. Die Schnittlauchringe kurz vor der Salatzubereitung dazugeben.
Eignet sich besonders für Feld- und Spinatsalat.

Kalte Dressings

FRENCHDRESSING

ZUTATEN: 1 Eigelb, 100 ml Rinderbrühe, 100 ml Pflanzenöl, knapp 1/2 TL Senf, 50 ml Essig, Salz, Pfeffer, 1 kl. Knoblauchzehe

VORBEREITUNG: Knoblauchzehe klein schneiden und durch die Knoblauchpresse drücken oder mit etwas Salz mit dem Messer zerreiben.
ZUBEREITUNG: Das Eigelb mit dem Öl aufschlagen und dann die

anderen Zutaten dazugeben. Dressings mit rohem Eigelb nicht auf Vorrat herstellen.

MOUTARDE-DE-MEAUX-DRESSING

ZUTATEN: Wie für das Frenchdressing, statt des 1/2 TL Senf 100 g Moutarde de Meaux

ZUBEREITUNG: Wie Frenchdressing.

ORANGENDRESSING

ZUTATEN: 1 Eigelb, 125 ml Olivenöl, 125 ml Orangensaft, 1/2 Limone, Salz, Himbeeressig, Pfeffer aus der Mühle

ZUBEREITUNG: Das Eigelb mit dem Öl mit dem Stabmixer aufrühren, dann den Saft, Essig, Gewürze und Limone dazugeben.

SALATDRESSING MIT HIMBEERESSIG

ZUTATEN: 25 g mittelscharfer Senf, 25 ml Himbeeressig, 50 ml Rotwein, 25 ml Nussöl, 100 ml Olivenöl, 50 ml Salatöl (Sonnenblumenöl), Salz, Pfeffer

ZUBEREITUNG: Alles zusammen mit dem Stabmixer aufrühren und mit Salz und Pfeffer nachschmecken.
TIPP: Salz und Gewürze immer zuerst mit dem Essig aufrühren, damit sich das Salz besser auflösen kann.

SPEZIALDRESSING FÜR HUMMER- UND KREBSSALAT

ZUTATEN: 1 TL Pernod, 1 TL Sojasoße, 1 TL Zitronensaft, 1 TL Weißweinessig, 100 ml Traubenkernöl (Kürbiskernöl), 50 ml Walnussöl, Salz, Pfeffer, 60 ml Rinderbrühe

ZUBEREITUNG: Alle Zutaten gut verrühren.

VINAIGRETTE

ZUTATEN: knapp 1/2 TL Senf, 150 ml Rinderbrühe, 100 ml Distelöl, 50 ml Essig, Salz, Pfeffer, Kräuter

VORBEREITUNG: Kräuter waschen, trockentupfen und klein hacken.
ZUBEREITUNG: Alle Zutaten mischen. In einem verschließbaren Gefäß kann das Grunddressing ohne Kräuter einige Zeit aufbewahrt werden. Kräuter dann jeweils frisch hinzufügen.

WALNUSSDRESSING

ZUTATEN: 3 EL Walnussöl, 1 EL Pflanzenöl, 2 EL Himbeeressig, Salz, Pfeffer

ZUBEREITUNG: Alle Zutaten gut verrühren.

SOSSEN

Kalte Soßen

COCKTAILSOSSE

ZUTATEN: $^{1}/_{4}$ l Mayonnaise, 1 EL Tomatenketchup, 2 cl Cognac, 1 EL geriebener Meerrettich, Salz, Pfeffer, 1 Messerspitze Cayennepfeffer

ZUBEREITUNG: Die vorher zubereitete Mayonnaise mit allen Zutaten vermischen, mit Salz und Pfeffer abschmecken. Cocktailsoße mit selbst gemachter Mayonnaise sollte wie diese am gleichen Tag verzehrt werden.

FRANKFURTER GRÜNE SOSSE

ZUTATEN: 1 Paket Grüne Soße (Petersilie, Schnittlauch, Borretsch, Sauerampfer, Kerbel, Pimpernelle, Kresse), 1 kl. Gewürzgurke, 2 Becher saure Sahne, 1 EL Mayonnaise, 1–2 Eier, Salz und Pfeffer

VORBEREITUNG: Kräuter waschen, Stiele entfernen und trockentupfen. Eier hart kochen (8 Minuten).
ZUBEREITUNG: Kräuter und Gewürzgurke fein hacken, saure Sahne und Mayonnaise unterrühren, mit Salz und Pfeffer abschmecken. Zuletzt die in kleine Würfel geschnitten Eier untermischen.
Passt zu jedem kalten Fleisch, Fisch und gekochten Eiern.

MAYONNAISE

ZUTATEN: 3 Eigelb, 1 TL Senf, 1 TL Essig, $^{1}/_{4}$ l Pflanzenöl, Salz, etwas Tabasco

ZUBEREITUNG: Das Eigelb mit dem Senf und Essig verrühren. Das Öl unter ständigem Rühren vorsichtig unterziehen, mit Salz und wenig Tabasco abschmecken. Dabei beachten, dass Mayonnaise neutral abgeschmeckt wird, da sie fast immer als Grundsoße für andere Soßen verwendet wird. Öl und Eigelb sollten Zimmertemperatur haben. Selbst gemachte Mayonnaise sollte noch am gleichen Tag aufgebraucht werden, da sie keine Konservierungsmittel enthält.

PESTO

ZUTATEN: 60 g Pinienkerne, 60 g kaltgepresstes Olivenöl, 150 g Basilikumblätter, 10 g Knoblauchzehe

ZUBEREITUNG: Pinienkerne und Knoblauch werden ganz fein gehackt, (entweder auf dem Brett oder mit dem Mixer) und mit dem

Olivenöl verrührt. Erst zum Schluss gehacktes Basilikum dazugeben, um die Masse schön grün zu erhalten.
TIPP: Mit etwas Butter und geriebenem Käse vermischt, ist es eine gute Masse zum Gratinieren von Schweine- und Lammfleisch.
Wenn die Herstellung von Pesto zu aufwendig ist, kann man es fertig im Glas kaufen.

SOSSE CUMBERLAND

ZUTATEN: 200 g Johannisbeergelee von roten Johannisbeeren, 2 EL Preiselbeeren, 1 TL engl. Senfpulver, 1 Spur Cayennepfeffer, 2 naturreine Orangen, 1 naturreine Zitrone, etwas geriebener Meerrettich, $^1/_8$ l Rotwein

VORBEREITUNG: Orangen und Zitronen ganz dünn schälen. Die Schalen in feine Streifen schneiden und kurz blanchieren. Den Saft auspressen.
ZUBEREITUNG: Die blanchierten Orangen- und Zitronenschalen im Rotwein und dem ausgepressten Saft weich kochen. Das engl. Senfpulver darin auflösen. Johannisbeergelee und Preiselbeeren durch ein Sieb drücken und glatt rühren. Mit den gekochten Zitrusstreifen und dem Fond vermischen und mit einer Spur Cayenne und etwas geriebenem Meerrettich abschmecken.
TIPP: Passt zu vielen kalten Fleisch- und Geflügelgerichten. Auch zu gebackenem Käse.

SOSSE REMOULADE

ZUTATEN: $^1/_4$ l Mayonnaise, 1 TL Kapern, 4 Sardellenfilets, 4 Stängel Petersilie, 2 Stängel Kerbel, 2 Cornichons

VORBEREITUNG: Kapern, Sardellenfilets, Cornichons und Kräuter fein hacken. Mayonnaise zubereiten.
ZUBEREITUNG: Alle Zutaten vermischen und mit etwas Gurkenessig, Salz und Pfeffer abschmecken. Salz erst ganz zum Schluss dazugeben, da Kapern, Sardellen und Gurken bereits gesalzen sind. Falls nötig, kann die Soße mit Gurkenessig etwas verdünnt werden.

SÜSSE SENFSOSSE

ZUTATEN: 4 EL französischer Senf, 1 TL engl. Senfpulver, 3 EL brauner Zucker, 2 EL Weinessig, $^1/_3$ l Olivenöl, 1 EL Honig, 1 kl. Bund Dill

ZUBEREITUNG: Alle Zutaten zusammen vermischen und rühren, bis der Zucker sich aufgelöst hat. Den Dill fein hacken und dazugeben.
TIPP: Lässt sich leicht für einige Tage auf Vorrat zubereiten. Passt

auch zu gebeiztem Lachs, geräuchertem Stör, Forellenfilet, Sülzen und kaltem Schweinebraten.

SÜSSSAURE SOSSE

ZUTATEN: 10 g Ingwer, 10 g Schalotten, 2 EL Orangensaft, 2 EL Brühe (evtl. Extrakt), 15 g Tomatenketchup, 1/2 Chilischote, 1/4 roter Paprika, 1 Zwiebel mit Grün (Lauchzwiebel), 1 TL Honig, 2 Cornichons, 1 EL Gurkenfond, 1 kl. Knoblauchzehe, 30 g Ananas, 30 g Mango, 1 Aprikose, Salz, Pfeffer, etwas Sojasoße

ZUBEREITUNG: Alle festen Zutaten für die Soße in Olivenöl leicht anrösten. Alle flüssigen Zutaten dazugeben und aufkochen lassen. Mit dem Stabmixer fein pürieren. Mit Salz, Pfeffer und Sojasoße abschmecken.
PASST ZU: Krustentieren und hellem Geflügelfleisch.

Warme Soßen

SENFSOSSE

ZUTATEN: 1/2 Grundrezept Soße Hollandaise, 2 EL frz. Senf

ZUBEREITUNG: Den Senf unter die fertige Grundsoße rühren.
PASST ZU: gebratenem Geflügel und gebratenem Fisch.

SOSSE BÉARNAISE

ZUTATEN: 1/2 Grundrezept Soße Hollandaise, Einige Stängel Estragon, Kerbel und Petersilie

ZUBEREITUNG: Alle Kräuter waschen, trockentupfen, von den Stielen fein zupfen und fein hacken. Unter die fertige Soße Hollandaise rühren.
PASST ZU: gebratenem Fleisch und Fisch.

SOSSE CHORON

ZUTATEN: 1/2 Grundrezept Soße Hollandaise, 1 EL Tomatenketchup, 1 Tomate, einige Stängel Kerbel

ZUBEREITUNG: Kerbel waschen, trockentupfen und fein hacken. Tomate blanchieren, schälen und die Kerne entfernen. In kleine Würfel schneiden und mit dem Tomatenketchup und dem Kerbel unter die Grundsoße rühren.
PASST ZU: Fleisch-und Fischgerichten, Spargel und gebackenem Gemüse.

SOSSE HOLLANDAISE

ZUTATEN: 6 Eigelb, 500 g Butter, 2 EL Essig, 1 Schalotte, 8 Pfefferkörner, 8 EL Wasser, Salz, etwas Zitronensaft

VORBEREITUNG: Schalotten würfeln und mit Essig, Pfeffer und Wasser aufkochen und auf $^1/_3$ der Menge reduzieren. Durch ein Sieb schütten und Reduktion auffangen. Butter zerlaufen lassen (auf 40° erhitzen)
ZUBEREITUNG: Zu den 6 Eigelb 3 EL der Reduktion dazugeben und im Wasserbad aufschlagen, bis eine cremige Masse entsteht. Jetzt langsam die zerlassene Butter unterschlagen. Butter und Eimasse dürfen nicht zu heiß werden, sonst gerinnt die Soße. Mit Salz und einigen Tropfen Zitronensaft abschmecken.
PASST ZU: Fleischgerichten, Spargel, Blumenkohl.

SOSSE MALTAISE

ZUTATEN: $^1/_2$ Grundrezept Soße Hollandaise, Saft und Zesten von 1 Blutorange (naturrein)

ZUBEREITUNG: Den Saft und die Zesten (feine Schalenstreifen) bis auf 1 EL einkochen. Unter die fertige Grundsoße rühren.
PASST ZU: Fleischgerichten und gebackenem Gemüse.

EIN WORT ZU DEN REZEPTEN

Alle Rezepte, mit wenigen Ausnahmen (große Geflügel wie Gans und Pute), sind für vier Personen gedacht. Viele Fischgerichte, bei den Vorspeisen oder Zwischengerichten, sind auch als Hauptgang mit passenden Beilagen zu verwenden. Die Portionen müssen dann etwas größer zubereitet werden. Ebenso ist bei den warmen Zwischengerichten aus Fleisch oder Gemüse zu verfahren. Die hier beschriebenen Portionsgrößen sind auf ein Menü mit 3–4 Gängen ausgerichtet. Je länger das Menü desto kleiner die Portionen!
Da wir fast ausschließlich von frischen Produkten ausgehen, denken Sie daran, unterschiedliche Qualität kann auch unterschiedliche Ergebnisse zur Folge haben. Brat- und Kochzeiten können sich verändern. Experimentieren ist angesagt.

VORSPEISEN

Salate

CHICORÉESALAT MIT ZWERGORANGEN

ZUTATEN: 4 schöne Chicorée, 100 g Zwergorangen (Kumquats), Saft 1 Orange, 2 EL Sonnenblumenöl, 100 g Joghurt, Salz, Pfeffer aus der Mühle, 1 Prise Zucker, 5–6 Pekannüsse

VORBEREITUNG: Chicorée waschen, halbieren, den Strunk entfernen und in fingerdicke Streifen schneiden. Joghurt mit den anderen Zutaten verrühren und mit Salz, Pfeffer und Zucker abschmecken. Pekannüsse in dünne Scheiben schneiden. Zwergorangen mit der Schale in dünne Scheiben schneiden (Kerne entfernen).
ZUBEREITUNG: Chicorée und Zwergorangen mit dem Dressing vermischen und Pekannüsse darüber streuen.

FELDSALAT MIT KARTOFFELDRESSING UND BROTCROÛTONS

ZUTATEN: 250 g Feldsalat, 4 Scheiben Toastbrot, 50 g Butter, $^1/_8$ l Kartoffeldressing (Rezept S. 38)

VORBEREITUNG: Feldsalat putzen, waschen und trockenschleudern oder -tupfen. Das Toastbrot in Würfel schneiden und in der Butter goldgelb rösten.
ZUBEREITUNG: Den Feldsalat in das noch warme Dressing geben, gut vermischen.
ANRICHTEN: Den Salat auf den Teller geben und mit den Brotcroûtons bestreuen.
Der Feldsalat sollte sehr trocken und fest sein und sofort nach dem Anrichten serviert werden, da er durch das warme Dressing schnell zusammenfällt.
TIPP: Kann sehr gut mit dünn geschnittener, geräucherter Gänsebrust serviert werden.

GEMÜSESPROSSEN IN SESAMDRESSING

ZUTATEN: 300 g Gemüsekeime (Linsen, Radieschen, Rettich, Kichererbsen, Kresse, Gerste)
ZUTATEN Sesamdressing: 30 g Sesamsamen, 2 EL Sesamöl, 1 EL Olivenöl, 1 EL Himbeeressig, 1 TL Balsamico, Salz, Pfeffer aus der Mühle

VORBEREITUNG: Alle Keime bis auf Kichererbsen können roh verwendet werden. Kichererbsen kurz in Olivenöl anrösten.
ZUBEREITUNG: Alle Zutaten vermischen und mit Salz und Pfeffer abschmecken. Die Keime darin marinieren und zum Schluss den Sesamsamen dazugeben.
ANRICHTEN: Auf grünem Salat anrichten. Diesen Salat auch mit dem Dressing beträufeln.
TIPP: Radieschen- und Rettichsprossen sparsam verwenden, sie sind sehr scharf.

Salate mit Fleisch, Fisch und Krustentieren

ARTISCHOCKENSALAT MIT GÄNSELEBERPARFAIT

ZUTATEN: 8 mittelgroße Artischocken, 120 g Gänseleberparfait, 20 g Trüffel, 6 EL Nussöl, 3 EL Essig, Salz, Pfeffer

VORBEREITUNG: Die Artischocken werden in Salzwasser gekocht, wobei 4 Artischocken für den Salat sehr knackig bleiben müssen. Die anderen 4 Böden werden weich gekocht. Die Artischockenböden werden von den Blättern befreit (einige Blätter als Garnitur aufheben). Die festeren Artischockenböden werden in feine Streifen geschnitten.
ZUBEREITUNG: Die weich gekochten Artischockenböden werden gleichmäßig groß tourniert und mit Nussöl, Essig, Salz und Pfeffer mariniert. Die in feine Streifen geschnitten Artischockenböden werden ebenfalls mariniert.
ANRICHTEN: Den Artischockenboden in die Mitte des Tellers legen und die Blätter sternförmig rundherum legen. Auf den Boden kommt jetzt das Gänseleberparfait (sauber in dicke Stücke geschnitten), darauf der fein geschnittene Artischockensalat. Als Garnitur die in Julienne geschnittene Trüffel.

EXOTISCHE FRÜCHTE MIT RIESENGARNELEN UND COCKTAILSOSSE

ZUTATEN: 8 Riesengarnelen, ca. 200 g Cocktailsoße (Rezept S. 41) oder Fertigware, 1 reife Mango, 1 reife Papaya, 1 große rote Grapefruit, etwas Olivenöl, Portulak, Herzblatt- oder Feldsalat als Garnitur

VORBEREITUNG: Die Riesengarnelen salzen und pfeffern und in Olivenöl nicht zu lange braten. Aus der Schale lösen. Die Früchte schälen und in gleich große Scheiben schneiden. Die Grapefruit schälen und filetieren.

ZUBEREITUNG: Die Früchte fächerartig auf dem Teller anrichten und mit den kleinen grünen Salaten garnieren. Rechts und links je 1 Löffel Cocktailsoße geben und die Garnelen lauwarm darauf legen.

FELDSALAT IN SELLERIEDRESSING MIT LACHSSCHINKEN

ZUTATEN: 250 g Feldsalat, 1/4 Sellerieknolle, 2 Schalotten, 4 Scheiben magerer Speck, Salz, Pfeffer, 2 EL Essig, 4 EL Distelöl, 250 g Lachsschinken

VORBEREITUNG: Den Feldsalat putzen und gut waschen, schleudern oder in ein Tuch legen, damit er gut abtropft. Den Sellerie schälen und gut weich kochen. Schalotten und Speck in kleine Würfel schneiden und goldgelb anbraten.
ZUBEREITUNG: Den Sellerie pürieren, Schalotten, Speck, Essig und Öl dazugeben und mit Salz und Pfeffer abschmecken. Die Marinade sollte nicht kalt sein, den Salat kurz vor dem Servieren anmachen.
ANRICHTEN: Den Lachsschinken kreisförmig auf den Teller legen und den Salat in die Mitte geben.
Anstelle von Lachsschinken kann man auch geräucherte Gänsebrust, Westfälischen Schinken oder Wildschweinschinken nehmen.

FELDSALAT MIT GEBRATENER ENTENBRUST

ZUTATEN: 250 g Feldsalat, 2 kleine Barberie Entenbrüste, 1/4 l Portwein, 50 g Walnusskerne, 1/8 l Walnussdressing (Rezept S. 40)

VORBEREITUNG: Feldsalat putzen, waschen und trockenschleudern oder -tupfen, Walnüsse in große Stücke schneiden.
ZUBEREITUNG: Die Entenbrüste auf der Hautseite anbraten, danach auf die andere Seite legen und bei schwacher Hitze ca. 5–6 Min. fertig braten und im warmen Backofen (100°) ruhen lassen. Den Bratensatz mit Portwein ablöschen und auf 4 EL Soße einkochen und durch ein Sieb gießen. Den Feldsalat mit dem Dressing vermischen.
ANRICHTEN: Den angemachten Feldsalat auf Teller geben und mit den Walnusskernen bestreuen. Die Entenbrust in dünne Scheiben schneiden und fächerartig vor den Salat legen. Mit der Soße leicht übergießen und warm servieren.
VARIATION: Dieser Salat kann auch mit gebratener Geflügelleber oder kaltem Bratenaufschnitt serviert werden.

LAMMKARREE MIT PAPRIKA UND ZUCCHINI

ZUTATEN: 1 kg Lammkarree, je 1 grüne, rote und gelbe Paprikaschote, 2 Zucchini, 1 kl. Bund Thymian, 1 kl. Bund Petersilie, etwas Olivenöl, $^1/_2$ l brauner Lammfond (Zubereitung wie brauner Kalbsfond, S. 31), $^1/_8$ l Rotwein, 1 Möhre, 1 kl. Stück Sellerie, 1 TL Tomatenmark, 80 g Butterschmalz, 500 g mehlige Kartoffeln, Fett zum Frittieren

VORBEREITUNG: Die Paprikaschoten halbieren, Kerne und Rippen entfernen und in Würfel schneiden. Die Zucchini der Länge nach vierteln und in 1,5 cm lange Stücke schneiden. Die Kartoffeln schälen und in Streifen schneiden. Den Thymian von den Stielen zupfen und die Petersilie hacken. Möhre und Sellerie in Würfel schneiden. Die Knochen des Karrees von Fett und Fleisch befreien, so dass nur das Rückenfilet am Knochen überbleibt.

ZUBEREITUNG Lammkarree: Das Lammkarree mit Salz, Pfeffer und einem Teil des Thymians bestreuen und in Butterschmalz anbraten. Die Möhren- und Selleriewürfel dazugeben, ebenso die Fleischreste vom Knochen. Alles in den auf 200° vorgeheizten Backofen geben und ca. 15 Minuten braten. Das Fleisch herausnehmen und bei 70° heiß stellen. Dem Bratensatz das Tomatenmark zugeben, mit Rotwein ablöschen und mit braunem Fond auffüllen. Etwas einreduzieren, passieren und den restlichen Thymian dazugeben. Mit Salz und Pfeffer abschmecken.

ZUBEREITUNG Gemüse: Das Gemüse in Olivenöl angehen lassen, mit einem Deckel abdecken und weich dünsten. Mit Salz und Pfeffer abschmecken und die Petersilie dazugeben. Die Kartoffeln in der Zwischenzeit in einer Fritteuse hell ausbacken.

GEFLÜGELSALAT MIT EXOTISCHEN FRÜCHTEN

ZUTATEN: 1 Suppenhuhn, 1 Bund Suppengrün, 1 Papaya, 1 Mango, 1 Avocado, 4 EL Mayonnaise, 2 EL Ketchup, etwas geriebener Meerrettich, 2 EL Crème fraîche, 2 cl Cognac, 1 Messerspitze Cayennepfeffer

VORBEREITUNG: Das Suppenhuhn in Wasser mit dem Suppengrün und etwas Salz aufsetzen und schön weich kochen. Übrig bleibt ein Geflügelfond, der in kleinen Portionen zur Weiterverarbeitung eingefroren werden kann (siehe auch Fonds und Brühen S. 31). Das weiche Huhn in kaltem Salzwasser abkühlen. Es ist wichtig, das gekochte Fleisch ins Salzwasser zu legen, damit es nicht trocken und dunkel wird. Das Hühnerfleisch von den Knochen lösen und ohne Haut in 1 cm große Würfel schneiden. Die Papaya, Mango und Avocado schälen und in ebenfalls 1 cm große Würfel schneiden.

ZUBEREITUNG: Die Früchte mit Mayonnaise, Ketchup, Crème fraîche, etwas geriebenem Meerrettich und dem Cognac vermischen. 1 Messerspitze Cayennepfeffer dazugeben und mit Salz und Pfeffer abschmecken. Zuletzt das Hühnerfleisch vorsichtig unterheben. 1–2 Stunden ziehen lassen und dann nochmals nachschmecken.

TIPP: Lässt sich auch gut aus gebratenen Geflügelresten zubereiten, z. B. Pute und Gans, oft bleiben Reste zurück, vor allem, wenn man eine Gans oder Pute nur für 2–4 Personen zubereitet.

GRÜNE SALATE MIT GERÄUCHERTEM WELS UND GERÄUCHERTEM AAL

ZUTATEN: 800 g geräucherter Wels, 400 g geräucherter Aal, 1 Kopfsalat, 100 g Feldsalat, 1 Friséesalat, Kresse, Salatdressing (Rezept S. 39)

VORBEREITUNG: Salate putzen, waschen und trockenschleudern.

ZUBEREITUNG: Den Wels und den Aal filetieren, in Stücke schneiden und im Backofen leicht anwärmen. Den gemischten Salat mit dem Dressing vermischen und auf den Teller geben. Darauf den warmen Fisch legen und sofort servieren.

HERINGSSALAT MIT WALNÜSSEN

ZUTATEN: 8 gesalzene Heringsfilets, 4 gekochte Kartoffeln, 3 Gewürzgurken, 2 Stk. gekochte Rote Beete, 2 herbe Äpfel, 50 g Walnüsse, 100 g Mayonnaise (fertige Handelsware, da hier bei der Aufbewahrung keine Probleme entstehen).

VORBEREITUNG: Die Heringsfilets wässern – mit Küchenpapier abtrocknen und in $^{1}/_{2}$ cm große Würfel schneiden. Die Kartoffeln und die Rote Beete kochen und pellen. Die Äpfel und Gewürzgurken schälen. Alle Zutaten in gleich große Würfel wie die Heringsfilets schneiden. Der Hering, die Kartoffeln, Rote Beete, Äpfel und Gurken sollten etwa je einen Teil ausmachen.
ZUBEREITUNG: Alle Zutaten zusammengeben, mit Pfeffer würzen, die Mayonnaise dazugeben und 2–3 Stunden gekühlt stehen lassen. Erst jetzt mit Salz abschmecken, da die Heringsfilets evtl. genug Salz abgeben. Mit den gehackten Walnüssen bestreuen.
Sollten Matjesfilets verwendet werden, diese nur abwaschen, aber nicht wässern. Sie sind nur leicht gesalzen.
VARIATION: Die Rote Beete weglassen und dafür gekochtes Fleisch, ebenso gewürfelt, in den Salat geben.
TIPP: Schöner Salat für den Heiligen Abend. Der Salat kann vorbereitet werden, so dass keine Arbeit mehr entsteht. Oder zum Katerfrühstück am Neujahrsmorgen.

LAMMTATAR MIT WEISSKOHL

ZUTATEN: 400 g Tatar von Lammfleisch (frisch vom Metzger durchgedreht, ersatzweise Rindertatar oder auch Schweinemett), 2 Schalotten, Salz, Pfeffer, etwas Senf, 2 Sardellenfilets, 10 Kapern
ZUTATEN Salat: 1 kl. Weißkohl, 2 EL Essig, 4 EL Öl, Kümmel, 2 feste Tomaten

VORBEREITUNG: Den Weißkohl in ganz feine Streifen schneiden, mit Salz, Pfeffer, Essig, Öl und wenig Kümmel anmachen. Die Tomaten kurz in heißem Wasser blanchieren, in Eiswasser abschrecken und abziehen. Die Kerne entfernen und in Würfel schneiden. Schalotten und Sardellenfilets in Würfel hacken.
ZUBEREITUNG: Das Tatar mit den fein gehackten Schalotten, Salz, Pfeffer, etwas Senf, Sardellenfilets und Kapern anmachen. Einen Tropfen Olivenöl dazugeben.
ANRICHTEN: Den Salat kreisförmig auf dem Teller anrichten, das Tatar in vier gleichmäßig geformten Portionen in die Mitte geben. Mit Tomatenwürfeln bestreuen.

LANGUSTE AUF FRISÈESALAT MIT ROSA GRAPEFRUIT

ZUTATEN: 4 Langustenschwänze ca. 200 g (ersatzweise große Garnelen), $^{1}/_{4}$ l Salatdressing mit Gapefruitsaft hergestellt (Rezept wie Orangendressing, S. 39), 2 rosa Grapefruits, rote Pfefferkörner (ein-

gelegt oder getrocknet), 1 großer Friséesalat, etwas Brunnenkresse zum Garnieren, Olivenöl zum Braten

VORBEREITUNG: Die Langustenschwänze mit Schale in Olivenöl braten und abkühlen lassen. Danach ausbrechen, den Darm herausziehen und in gleich große, dicke Scheiben schneiden. Den Salat putzen, waschen und gut trockentupfen. Die Grapefruit schälen und filetieren.
ZUBEREITUNG: Den Salat mit dem Grapefruitdressing anmachen und auf den Teller geben. Die Langustenscheiben darauf geben und mit den Grapefruitfilets und der Kresse garnieren. Die Languste mit etwas Dressing übergießen und mit rotem Pfeffer bestreuen. (Getrockneten roten Pfeffer mit wenig Wasser aufkochen und 1 Tag vorher in Essig einlegen. Der eingelegte Pfeffer ist gebrauchsfertig.)

LÖWENZAHNSALAT NACH „ALTEM SCHLOSSREZEPT" MIT BÜNDNER FLEISCH

ZUTATEN: 200 g Bündner Fleisch, 2 Stück Löwenzahnsalat, 40 g Speck, 1/2 Zwiebel, 2 EL Essig, 4 EL Öl, Salz, Pfeffer, 6 EL heller Geflügelfond (Rezept S. 33)

VORBEREITUNG: Den Löwenzahn waschen und putzen, indem man die etwas braunen Stiele und die Blätter entfernt, die zu bitter sind. Jetzt werden die Stiele in 2 cm dicke Stücke geschnitten. Speck und Zwiebel in kleine Würfel schneiden.
ZUBEREITUNG: Speck- und Zwiebelwürfel goldgelb ausbraten, mit dem Essig ablöschen. Brühe dazugeben, mit Salz und Pfeffer abschmecken und das Öl dazugeben. Das fertige, noch heiße Dressing über den Löwenzahn geben, alles gut vermischen und mit dem Bündner Fleisch auf dem Teller anrichten. Sofort servieren, damit der Salat noch warm ist.
Anstelle von Bündner Fleisch kann auch roher Schinken genommen werden.

SALAT VOM HUMMER MIT ORANGEN

ZUTATEN: 2 Hummer ca. 600 g oder 250 g Hummerfleisch, etwas Kümmel, 1/4 l Orangendressing (Rezept S. 39), 4 große Orangen, verschiedene Salate wie Frieséesalat, Chicorée, etwas Feldsalat

VORBEREITUNG: Den Hummer in Salzwasser mit etwas Kümmel 10 Minuten kochen lassen. Im Fond auskühlen lassen. Danach ausbrechen und das Hummerfleisch in nicht zu kleine Stücke schneiden. Das Dressing herstellen, den Salat putzen und waschen und die Orangen schälen und filetieren.

ZUBEREITUNG: Den Salat auf dem Teller verteilen und die Orangenfilets herumlegen. Den Hummer in die Mitte geben und mit Dressing übergießen. Das Hummerfleisch sollte lauwarm sein, evtl. vor dem Anrichten in der Mikrowelle erhitzen.

SALAT VOM HUMMER MIT ROTEM PFEFFER

ZUTATEN: 2 Hummer á 600 g (oder 250 gr Hummerfleisch), 1 TL Kümmel, 2 EL eingelegter roter Pfeffer, 1/8 l Dressing für Schalen- und Krustentiere (Rezept S. 39), 1 kl. Friseesalat, 2 rote Chicorée oder Treviso, 1 Bund frische Kräuter wie Kerbel, Blattpetersilie und 3 Stiele Koriander

VORBEREITUNG: Den Hummer in kochendes Salzwasser mit Kümmel geben. 10 Minuten kochen und im Fond auskühlen lassen. Danach aus der Schale lösen und in gleich große Portionen aufteilen. Der Hummer sollte nicht zu kalt sein, lauwarm schmeckt er am besten. Salate putzen, waschen und trockentupfen. Kräuter fein hacken.
ZUBEREITUNG: Salate auf dem Teller verteilen, den Hummer in die Mitte legen und alles mit Dressing übergießen. Mit dem roten Pfeffer und den gehackten Kräutern bestreuen.
TIPP: Frischen Koriander kann man auf wenig Blumenerde aus Korianderkörnern selbst ziehen.
Hummerschalen und Hummerfond zu Krustentierfond (Rezept S. 34) verarbeiten.

SALAT VOM KALBSBRIES MIT KREBSSCHWÄNZEN

ZUTATEN: 300 g Kalbsbries, 1 gespickte Zwiebel (Zwiebel, auf der ein Lorbeerblatt mit 3 Nelken festgesteckt ist), 60 g Butterschmalz, 16 Krebsschwänze (oder 100 g Shrimps oder 4 große Garnelen), 2 Artischocken, 1 kl. Salatgurke, 1 Friséesalat, 1/2 Bund Radieschen, 1/8 l Vinaigrette

VORBEREITUNG: Das Kalbsbries in Salzwasser mit der gespickten Zwiebel kochen. Abkühlen lassen und in gleichmäßige Scheiben schneiden. Salate putzen und waschen. Die Artischocken in Salzwasser kochen. Den Artischockenboden von Blättern und Fasern befreien und in dünne Scheiben schneiden. Die Gurke in dünne Scheiben schneiden.
ZUBEREITUNG: Den Salat mit der Vinaigrette anmachen. Die Krebsschwänze anwärmen (in der Mikrowelle). Die Kalbsbriesscheiben mit Salz und Pfeffer würzen und in der Pfanne kross braten.
ANRICHTEN: Die Artischockenscheiben fächerartig auf den Teller

legen. Den Salat darauf verteilen. Das Kalbsbries warm mit den Krebsschwänzen auf dem Salat verteilen.

SALAT VON PILZEN MIT WILDTAUBENBRUST UND PORTWEINSOSSE

ZUTATEN: 800 g Pilze (Austernpilze, Champignons) oder eingekochte Pfifferlinge oder Steinpilze, 1 kl. Bund Petersilie, 1 Bund Kerbel, 1 Bund Schnittlauch, 4 Wildtauben (oder Haustauben), 100 g Fett zum Braten (Butterschmalz), $^{1}/_{4}$ l Portwein, 2 EL Balsamico, 1 EL Himbeeressig, 6 EL Olivenöl, 1 kl. Zwiebel, 1 Knoblauchzehe, etwas Salat als Garnitur

VORBEREITUNG: Zwiebel in Würfel schneiden. Pilze gut putzen, waschen und in Streifen oder Stücke schneiden. Kräuter hacken.
ZUBEREITUNG: Die Keulen und Flügel von der Taube abtrennen, die Brüste auf der Karkasse (Knochen) rosa braten. Die Keulen und Flügelknochen in den Bratensatz geben und die gewürfelte Zwiebel dazugeben, anbraten, mit 1 kl. Kelle Wasser ablöschen und den Portwein dazugeben. Bis auf $^{1}/_{4}$ l reduzieren und passieren. Pilze in einer Pfanne in Olivenöl scharf anbraten, mit Salz und Pfeffer würzen. Balsamico, Himbeeressig, Olivenöl mit den Kräutern vermischen, etwas Salz, Pfeffer und ein Hauch gedrückten Knoblauch dazugeben. Mit den lauwarmen Pilzen vermengen.
ANRICHTEN: Auf einen großen Teller oder Glasplatte etwas bunten Salat als Unterlage legen und darauf die Pilze geben. Die Taubenbrüste jetzt erst von der Karkasse (Knochen) lösen, in Scheiben schneiden und an den Salat und die Pilze anlegen. Mit der Portweinsoße überziehen.

Vorspeisen mit Fisch

CARPACCIO VOM SAIBLING

ZUTATEN: 300 g Saiblingfilets, 3 Stängel Dill, 3 Stängel Petersilie, 1 Limone, Salz, Pfeffer, 2 EL Olivenöl, kleine Salate als Garnitur (Friséesalat, Rucola, etc.), $^{1}/_{8}$ l Vinaigrette (Rezept S. 39)

VORBEREITUNG: Die Saiblingfilets enthäuten und die Gräten mit einer Zange oder Pinzette entfernen. Zwischen Klarsichtfolie leicht flach klopfen. Die Kräuter hacken. Aus Limonensaft, Olivenöl, Salz und Pfeffer ein Dressing anrühren. Den Salat putzen.
ZUBEREITUNG: Die geklopften Saiblingfilets auf Klarsichtfolie legen, salzen, pfeffern und mit den gehackten Kräutern bestreuen. Zu

einer festen Rolle drehen und mit der Folie einwickeln. Ins Tiefkühlfach legen (möglichst einen Tag vorher). Vor Gebrauch auf der Aufschnittmaschine in sehr dünne Scheiben schneiden. Sofort kreisförmig auf die Teller legen, die vorher mit Limonen-Öl-Dressing bestrichen wurden. Den angemachten Salat in die Mitte als Garnitur setzen.
ANMERKUNG: Für dieses Gericht ist eine Aufschnittmaschine nötig. Mit dem Messer würden die Scheiben zu dick.
DAZU PASST: hervorragend Kaviar.

GEBEIZTER LACHS MIT SÜSSER SENFSOSSE

ZUTATEN: 500 g Lachsfilet, 25 g Salz, 2 Zwiebeln, 2 Möhren, 1/4 Sellerie, 1 Stange Poree, 1 Prise Zucker, Pfeffer, Zesten von 1 naturreinen Zitrone, 1 Bund Dill, süße Senfsoße (Rezept S. 42)

VORBEREITUNG: Dem Lachsfilet mit einer kleinen Zange oder Pinzette alle Gräte ziehen. Mit der Hautseite auf ein Blech mit 1,5–2 cm hohem Rand legen. Den Dill von den Stielen zupfen und in einem Frischhaltebehälter im Gemüsefach aufbewahren. Die Stiele und das übrige Gemüse entweder durch den Fleischwolf drehen, mit der Küchenmaschine fein raspeln oder hacken oder in ganz feine Würfel schneiden.
ZUBEREITUNG: Das Salz sorgfältig auf dem Lachs verteilen. Mit Pfeffer aus der Pfeffermühle würzen. Zucker, Saft 1 Zitrone und Zitronenzeste mit dem Gemüse auf dem Lachs verteilen. Er muss überall gut damit bedeckt sein. Mit Folie abdecken und mind. 24 Stunden im Kühlschrank ziehen lassen. Das Gemüse entfernen, Rest evtl. mit trockenem Küchenpapier abreiben. Den Dill fein hacken und auf dem Lachs verteilen. Vom Schwanz angefangen zum Kopf hin in dünne Scheiben schneiden. Dazu die süße Senfsoße servieren.
TIPP: Auf die gleiche Art lassen sich Lachsforelle und Saibling beizen.

GERÄUCHERTE FORELLENFILETS MIT GEEISTEM PREISELBEERMEERRETTICH

ZUTATEN: 4 geräucherte Forellenfilets, 1 große naturreine Orange, 1/4 l Sahne, 1/4 Stange Meerrettich oder 50 g geriebener Meerrettich, 1 Stängel Dill oder Kerbel, 2 EL Preiselbeeren, Etwas Feld- oder Eichblattsalat als Garnitur, 2 EL Vinaigrette

VORBEREITUNG: Die Forellenfilets fertig putzen und die Gräten entfernen. Die Orangen von der Blüte zum Stiel halbieren und das Fruchtfleisch entfernen. Die Sahne steif schlagen, den Meerrettich und die Preiselbeeren ohne Saft dazugeben. Mit Salz und etwas Zucker

abschmecken. In die Orangenschale füllen und im Tiefkühlschrank frieren (einen Tag vorher zubereiten).
ZUBEREITUNG und ANRICHTEN: Die Forellenfilets mit dem angemachten Salat auf den Teller legen. Den geeisten Meerrettich aus dem Tiefkühler nehmen und jede Orangenhälfte in 4 Spalten schneiden und an die Forellenfilets legen. Auf die Filets Dill- oder Kerbelblättchen legen.

HERINGSFILETS „HAUSFRAUENART"

ZUTATEN:12 gesalzene Heringsfilets, 200 g saure Sahne, $^1/_8$ l Sahne, 2 Äpfel, 2 Gewürzgurken, 1 Gemüsezwiebel, 3 Lorbeerblätter, 10 Wacholderbeeren, Salz, Pfeffer

VORBEREITUNG: Die Heringsfilets etwas wässern, danach gut abtropfen. Die Äpfel und Gewürzgurken schälen und in kleine Scheiben schneiden. Die Zwiebel schälen und in dünne Streifen schneiden.
ZUBEREITUNG: Äpfel, Zwiebel und Gurke mit der Sahne vermischen und die Heringsfilets darin einlegen. Die Lorbeerblätter und Wacholderbeeren darauf verteilen, aber nicht unterziehen. 1 Tag im Kühlschrank ziehen lassen. Die Wacholderbeeren und die Lorbeerblätter herausnehmen. Danach nochmals verrühren und evtl. nachsalzen.
TIPP: Eignet sich gut zum Katerfrühstück am Neujahrsmorgen. Auch als Hauptgang mit Pellkartoffeln ein herrliches Gericht.

KARTOFFELN „PETERSBURGER ART"

ZUTATEN: 4 große mehlige Kartoffeln, etwas Paprika, 20 g Butter, 4 EL saure Sahne, Kaviar nach Bedarf, auch deutscher oder Lachskaviar

VORBEREITUNG: Die Kartoffeln waschen und in Aluminiumfolie einwickeln. Im Backofen bei 200° ca. 45 Minuten backen.
ZUBEREITUNG: Die fertigen Kartoffeln mit der Folie kreuzweise einschneiden und auseinander drücken. Mit etwas Paprika bestreuen, 1 Butterflocke in die Mitte geben. Darauf den Kaviar und die saure Sahne geben.
ANMERKUNG: Eine der feinsten Art, Kaviar zu genießen.

RÄUCHERLACHS MIT PORREE-REIBEKUCHEN UND KAVIAR

ZUTATEN: 200 g Räucherlachs in Scheiben geschnitten, 4 EL saure Sahne, 2 große Kartoffeln, etwas Dill, 1 kl. Stange Porree, Salz, Pfef-

fer aus der Mühle, 1 Ei, Kaviar nach Bedarf, auch Forellenkaviar, deutscher Kaviar

VORBEREITUNG: Die Kartoffeln schälen und reiben, den Porree waschen und in feine Streifen schneiden.
ZUBEREITUNG: Geriebene Kartoffeln und Porreestreifen mit dem Ei vermengen und mit Salz und Pfeffer abschmecken. Pro Person 2 kleine Reibekuchen in Öl ausbacken.
ANRICHTEN: Den Lachs sternförmig auf den Teller legen, in die Mitte die Reibekuchen und in letzter Minute den Kaviar darauf geben. Die saure Sahne zwischen den Lachs, den Dill darüber geben.

TATAR VOM LACHS

ZUTATEN: 400 g frischer oder 360 g geräucherter Lachs, 1 TL Senf, Salz (nicht bei geräuchertem Lachs, da er schon gesalzen ist), Pfeffer aus der Mühle, einige Tropfen Olivenöl, 1 kl. Bund Schnittlauch, etwas grüner Salat (z. B. Kresse, Feldsalat etc.), etwas saure Sahne oder Crème fraîche

VORBEREITUNG: Den Lachs von Haut und Gräten befreien und in kleine Würfel schneiden. Schnittlauch in feine Ringe schneiden. Salat putzen und waschen.
ZUBEREITUNG: Lachswürfel mit Salz, Senf und Pfeffer abschmecken. Den Schnittlauch und einige Tropfen Öl dazugeben.
ANRICHTEN: Das Tatar in der Tellermitte anrichten, mit dem grünen Salat umlegen und einige Tupfer saure Sahne dazugeben.
Als besonderer Pfiff: Auf das Tatar einen Löffel Kaviar geben.
BEILAGE: Toast oder kleine Reibekuchen.

TATAR VOM RÄUCHERAAL AUF GURKENCARPACCIO

ZUTATEN: 1 kleine Salatgurke, 300 g Räucheraal, 1 kleiner weißer Winterrettich, 2 EL Mayonnaise, 2 EL Crème fraîche, 1 Bund Petersilie, etwas Schnittlauch, 1 kl. Bund Radieschen, Olivenöl

VORBEREITUNG: Den Räucheraal abziehen und in kleine Würfel schneiden, 8 schöne Scheiben als Garnitur zurücklassen. Den Rettich schälen und vom Volumen die gleiche Menge wie vom Aal würfeln. Gurke in dünne Scheiben schneiden. Radieschen in kleine Streifen und den Schnittlauch in Röllchen schneiden.
ZUBEREITUNG: Aal und Rettich mit der Mayonnaise, Crème fraîche und gehackter Petersilie anmachen. Die Gurkenscheiben leicht salzen und pfeffern. Kreisförmig auf die ganze Tellerfläche legen. Das Tatar

in die Mitte geben, die Scheiben vom Aal als Garnitur ansetzen und mit Radieschen und Schnittlauch bestreuen.

Vorspeisen mit Schalen- und Krustentieren

GEBRATENE GARNELEN AUF SÜSSSAURER SOSSE

ZUTATEN: 8 Garnelenschwänze, etwas Olivenöl zum Braten, 2 Tomaten, 2 Stiele Kerbel, 1/2 Zitrone, Salz, Pfeffer, etwas Salat als Garnitur, süßsaure Soße (Rezept S. 43)

ZUBEREITUNG: Die Garnelen mit Schale in Olivenöl oder auf dem Grill braten und aus der Schale lösen. Mit Salz, Pfeffer und Zitronensaft würzen.
Süßsaure Soße auf den Teller geben und die Garnelen darauf legen. Mit Salat garnieren.

GEBRATENE COQUILLES ST. JACQUES MIT SESAMDRESSING

ZUTATEN: 350 g Coquilles St. Jacques ohne Schale, Olivenöl zum Braten, Salz, Pfeffer, 1/2 Zitrone, 1 Chicorée, 100 g Feldsalat, 100 g Frisèesalat
ZUTATEN Dressing: 40 g Sesamkörner, 4 EL Traubenkernöl, 2 EL Walnussöl, 2 EL Himbeeressig, Salz, 1 Prise Zucker, 1 EL heller Geflügelfond (Rezept S. 33)

VORBEREITUNG: Die Sesamkörner in dem Traubenkernöl leicht anrösten und erkalten lassen. Danach mit den anderen Zutaten des Dressings vermischen. Die Salate putzen, waschen und trockentupfen.
ZUBEREITUNG: Die Coquilles mit dem Messer in zwei Scheiben schneiden, möglichst ein Buntmesser benutzen, dieses gibt ein schönes Muster, salzen, pfeffern und mit Zitronensaft beträufeln. Scharf in Olivenöl auf beiden Seiten kurz braten. Wenn Corail (Rogen) vorhanden ist, mitbraten und als Garnitur verwenden. Salat gleichmäßig auf dem Teller verteilen, Coquilles darauf anrichten und mit dem Sesamdressing übergießen.

MIESMUSCHELN MIT HASELNUSSBUTTER GRATINIERT

ZUTATEN: 1,2 kg Miesmuscheln, 2 Zwiebeln, 1/4 l Weißwein, Salz, Pfeffer, 50 g Paniermehl

ZUTATEN Haselnussbutter: 200 g Butter, 20 g gehackte Haselnüsse, 15 g Pistazien, 1 TL Weißwein, 1 TL Weinbrand, 2 Knoblauchzehen, Salz, 1 TL Zitronensaft, Pfeffer aus der Mühle, etwas Muskat, 1/2 Bund Petersilie, 1/2 Bund Kerbel

VORBEREITUNG: Miesmuscheln kochen wie im Rezept Muschelsuppe S. 72.
ZUBEREITUNG Haselnussbutter: Knoblauchzehen durch die Presse drücken und die Kräuter klein hacken. Butter schaumig rühren und alle Zutaten dazugeben. Mit Salz, Pfeffer und Zitronensaft abschmecken.
ZUBEREITUNG: 6 große Muschelschalen pro Person auf ein Backblech setzen und mit Muschelfleisch von mehreren Muscheln füllen. Die Muscheln jetzt mit Haselnussbutter vollkommen ausfüllen und mit Paniermehl bestreuen. Im Ofen gratinieren.
TIPP: Damit die Muscheln auf dem Teller gerade liegen, etwas Salat in die Mitte des Tellers geben.

Vorspeisen mit Fleisch und Geflügel

GEBRATENE GÄNSELEBER MIT APFELKONFIT

ZUTATEN: 400 g Gänseleber, 50 g Butterschmalz oder Öl, 2 große Cox Orange (Äpfel), 30 g Rosinen, 1 naturreine Orange, 1 EL Zucker, 4 cl trockener Weißwein, 1/2 TL Speisestärke, 100 g Rucolasalat, 4 EL Walnussdressing (Rezept S. 40)

VORBEREITUNG: Die Gänseleber von Nerven befreien und in möglichst gleich große Scheiben schneiden. Die Äpfel schälen und vierteln, das Kerngehäuse entfernen und in dünne Scheiben schneiden. Die Orange gründlich abwaschen und ganz dünn abschälen. Die Schalen in feine Streifen schneiden. Den Saft auspressen. Die Rosinen in Wasser einweichen.
ZUBEREITUNG: Den Orangensaft und Weißwein mit dem Zucker aufkochen. Die Apfelscheiben, Orangenschalen und Rosinen dazugeben und kurz aufkochen. Die Apfelscheiben sofort mit dem Schaumlöffel aus dem Fond nehmen. Den Fond noch etwas reduzieren und mit 1/2 TL Speisestärke binden. Etwas erkalten lassen und die Äpfel wieder dazugeben. Die Leber rosa braten, dann salzen und auf dem Teller an die Äpfel legen. Den angemachten Rucolasalat als Garnitur anlegen.

GEFÜLLTE POULARDENBRUST MIT APFELSALAT UND SOSSE CUMBERLAND

ZUTATEN: 2 Poulardenbrüste, 80 g Putenfarce (Rezept S. 34), 30 g Pistazien, 15 g getrocknete Morcheln, 50 g Geflügelleber, 1 cl Cognac, 2 herbe Äpfel, 1 naturreine Orange, Soße Cumberland (Rezept S. 42)

VORBEREITUNG: Die Morcheln 1 Tag vorher einweichen. Danach aufkochen, abkühlen lassen und in Würfel schneiden. Die Pistazien grob hacken. Die Geflügelleber in Würfel schneiden und kurz anbraten.

ZUBEREITUNG: Die Poulardenbrust aufschneiden, damit eine Tasche entsteht. Das kleine Filet zwischen Klarsichtfolie leicht klopfen. Salzen und pfeffern. Alle Zutaten mit der Putenfarce vermischen, mit etwas Cognac abschmecken und die Brüste damit füllen. Fest in Aluminiumfolie einrollen und im Backofen bei 180° ca. 20 Minuten garen und abkühlen lassen. In Scheiben schneiden.

ZUBEREITUNG Apfelsalat: Aus der Orange 4 schöne Scheiben schneiden, den Rest auspressen. Die Äpfel schälen und mit der Raspel reiben. Mit Orangensaft marinieren und auf der Orangenscheibe anrichten.

ANRICHTEN: Einen Spiegel von Soße Cumberland auf den Teller geben (Tellerboden ist vollständig von der Soße bedeckt). Die Poulardenscheiben darauf legen und den Apfelsalat davor setzen.

MARINIERTES REHFILET MIT EINGELEGTEN STEINPILZEN

ZUTATEN: 300 g Rehfilet (oder Rehrückenfilet), 200 g eingelegte Steinpilze (Rezept S. 23), 50 g Feldsalat, 1 Chicorée

ZUTATEN Marinade: 1 EL Himbeeressig, 2 EL Portwein, 2 EL Traubenkernöl, Salz, Pfeffer

VORBEREITUNG: Das Rehfilet schön rosa braten und erkalten lassen. Danach in ganz dünne Scheiben schneiden und kreisförmig auf den Teller legen. Alle Zutaten für die Marinade gut verrühren.

ZUBEREITUNG: Die Rehfiletscheiben mit einem Pinsel gut mit der Marinade bestreichen. Den geputzten Feldsalat und die Blätter vom Chicorée im Rest der Marinade anmachen und in die Mitte geben. Die Steinpilze in Scheiben geschnitten darüber geben.

RINDERCARPACCIO MIT PESTO

ZUTATEN: 300 g Rinderfilet, 1 EL Balsamico, 3 EL Olivenöl, 80 g

Pesto (Rezept S. 41), 80 g geraspelter Pecorino, einige Blätter Feldsalat als Garnitur

VORBEREITUNG: Das Rinderfilet mit Salz und Pfeffer würzen, fest in Klarsichtfolie rollen und ins Tiefkühlfach legen (möglichst einen Tag vorher). Pesto herstellen oder fertig kaufen.
ZUBEREITUNG: Balsamico mit Olivenöl, Salz und Pfeffer verrühren und die Teller damit ausstreichen. Das Filet möglichst dünn auf einer Aufschnittmaschine schneiden und kreisförmig darauf legen. Mit Salz und Pfeffer vorsichtig würzen. Pesto und Feldsalat in die Mitte und mit dem Pecorino bestreuen.
VARIATION: Kalbsfilet anstatt Rinderfilet
ANMERKUNG: Für dieses Gericht ist eine Aufschnittmaschine nötig. Mit dem Messer würden die Scheiben zu dick.

Terrinen, Mousses, Pasteten

Für die Herstellung von Terrinen und Pasteten wird sehr viel Aufwand und Material benötigt. In Feinkostgeschäften und den Feinkostabteilungen der Kaufhäuser wird sehr feine Ware angeboten, denen man dann mit Salaten, Soßen und Beigaben eine persönliche Note geben kann. Falls man die Terrinen und Pasteten doch lieber selbst herstellen möchte, empfiehlt es sich, dies am Tag vorher zu tun, damit sie gut durchkühlen können.

HÄHNCHENPASTETE

ZUTATEN: 1 Hähnchen, 1 Bund Suppengemüse, 250 g Putenbrust, 250 g Schweinefleisch, 200 g grüner fetter Speck (ungesalzen und ungeräuchert) 1 TL Pastetengewürz, Salz, 1 EL gehackte Schalotten, 2 cl Cognac, 2 cl Madeira, 1 EL geschälte, ungesalzene Pistazien, 1 Eigelb (zum Bestreichen)
ZUTATEN Gelee: $^1/_4$ l heller Geflügelfond (Rezept S. 33), $^1/_8$ l Madeira, 7 Blatt weiße Gelatine, Salz und Pfeffer
ZUTATEN Pastetenteig: 300 g Mehl, $^1/_2$ TL Salz, 150 g Fett (Schweineschmalz oder weiches Kokosfett), kaltes Wasser

VORBEREITUNG: Die Brusthälften, ohne Haut, ablösen, das restliche Hähnchen in leicht gesalzenem Wasser mit dem Suppengemüse ca. $^3/_4$ Std. gar ziehen lassen. Das Puten-, Schweinefleisch und den Speck in Streifen schneiden und in einer Marinade aus Weinbrand, Madeira, Schalotten, Pastetengewürz, Salz und Pfeffer marinieren und kalt stellen. Etwas Marinade abnehmen und darin die abgekühlten Hähnchenbrüste marinieren. Das Fleisch des gekochten Hähnchen-

restes von den Knochen lösen und mit den gebeizten Fleischstreifen zweimal durch den Fleischwolf drehen. Die Masse gut durchkneten und nochmals mit Salz, Pastetengewürz und etwas Cognac abschmecken. Dieser Farce werden die ganzen Pistazien zugefügt.
ZUBEREITUNG Pastetenteig: Mehl, Salz und Fett mit etwas kaltem Wasser zu einem Teig mischen und ca. 1/2 cm dick ausrollen. Der Teig sollte so wenig wie möglich geknetet werden. Eine Pasteten- oder Kastenform von ca. 25 cm Länge innen vollständig auslegen. Einen Rand von 1 cm überstehen lassen.
Aus dem Rest eine genau passende Decke ausschneiden.
ZUBEREITUNG: Die mit dem Teig ausgelegte Form zur Hälfte mit Farce füllen, darauf hintereinander die Hähnchenbrüste legen. Mit der restlichen Farce auffüllen. Die Teigränder einschlagen, mit etwas Wasser einpinseln und die Teigdecke auflegen. Die Ränder gut andrücken, mit Eigelb bestreichen. Mit einem kleinen runden Ausstecher (oder Schnapsglas) zwei Öffnungen in die Decke machen. Zwei Papierröllchen aus Pergamentpapier als Kamine einsetzen. Die Teigdecke mit ausgestochenen Teigresten garnieren und mit Eigelb bestreichen.
Die Pastete wird in den vorgeheizten Backofen auf die unterste Schiene geschoben und 10 Minuten bei 280° (evtl. höchste Stufe) gebacken. Dann wird ein Backblech über die Pastete geschoben, oder diese locker mit Alufolie bedeckt, und bei 200° 30–35 Minuten fertig gebacken. Mit einer Stricknadel die Garprobe machen. Die Nadel bis zum Teigboden führen, kurz stehen lassen und herausziehen. Wenn die Nadel in der Mitte heiß ist, ist die Pastete durchgebacken. 20 Minuten abkühlen lassen, die Kamine herausnehmen, mit einem Tuch abdecken und über Nacht auskühlen lassen.
ZUBEREITUNG Madeiragelee: 1/4 l Brühe mit dem 1/8 l Madeira erhitzen und darin die in kaltem Wasser eingeweichte, gut ausgedrückte Gelatine auflösen. Nochmals mit Salz und Pfeffer kräftig würzen, abschmecken und abkühlen lassen. Kurz bevor das Gelee stockt, gießt man es durch die beiden Öffnungen in der Pastetendecke. Beim Abkühlen entstandene Hohlräume werden so ausgefüllt. Vor dem Servieren wieder einige Stunden abkühlen lassen. Wenn etwas Gelee übrig bleibt, in eine flache Schale gießen und stocken lassen. Das feste Gelee in Würfel schneiden und als Garnitur zu der in Scheiben geschnittenen Pastete servieren.
Dazu reicht man Soße Cumberland (Rezept S. 42) oder Quitten in Cognac (Rezept S. 26).

HECHTTERRINE MIT LACHSFILET AUF GURKENSOSSE

ZUTATEN: 100 g Lachs, frisch oder geräuchert, 400 g Fischfarce vom Hecht (Rezept S. 35)
ZUTATEN Gurkensoße: $^1/_2$ Salatgurke, Salz, Pfeffer, Dill, Petersilie, Tabasco

ZUBEREITUNG: Eine kleine Backform oder eine ovale, feuerfeste Schale ($^1/_2$ l) wird ausgebuttert und mit der Hälfte der Hechtfarce gefüllt. Darauf legt man den von Gräten und Haut befreiten Lachs und bedeckt ihn mit dem Rest der Farce. Die Form wird mit Pergamentpapier oder Folie abgedeckt und im Wasserbad ca. 50 Minuten bei 150° im Ofen gegart. Erkalten lassen und in ca. 1 cm dicke Scheiben schneiden.
ZUBEREITUNG Gurkensoße: Die Gurke wird geschält und entkernt, im Mixer fein püriert. Mit Salz, Pfeffer, Tabasco und gehackten Kräutern verrühren und sehr kalt servieren.

KANINCHENSÜLZE MIT GEMÜSE UND BOHNENKERNEN

ZUTATEN: 1 Hauskaninchen ca. 1 kg, 1 große Möhre, 1 Navette, 2 Petersilienwurzeln, 20 g getrocknete Morcheln, 1 Bund Schnittlauch, $^1/_2$ l Weißwein, 1 gespickte Zwiebel (Zwiebel mit Lorbeerblatt und 2 Nelken)
ZUTATEN Dicke Bohnen: 200 g Dicke Bohnen (frisch oder gefroren) 2 EL Olivenöl, 1 EL Weinessig, 2 EL Kaninchenbrühe, 1 Bund Kräuter (Schnittlauch, Petersilie, Kerbel)
ZUTATEN Gelee: $^1/_2$ l Kaninchenbrühe, 7 Blatt Gelatine, 2 Eiweiß, 100 g Röstgemüse (25 g Möhren, 25 g Sellerie, 50 g Zwiebel)

VORBEREITUNG: Eine Pastetenform von ca. $^1/_2$ l Inhalt bereitstellen.
Das Kaninchen in Stücke zerteilen. Den Rücken zurücklassen. Möhren, Navette und Petersilienwurzeln schälen. Alle Kaninchenteile (mit Ausnahme des Rückens), die Zwiebel und das geschälte Gemüse mit dem Weißwein und so viel Wasser, dass alles bedeckt ist, mit wenig Salz aufkochen und gar ziehen lassen. Das Gemüse noch knackig herausnehmen und in erbsengroße Stücke schneiden. Den Kaninchenrücken in den Fond geben und nur kurz garen. Die Morcheln einweichen und in etwas Fond gar kochen.
Die Dicken Bohnen blanchieren und die Haut abziehen.
ZUBEREITUNG: Alles Fleisch von den Knochen lösen und in erb-

sengroße Würfel schneiden. Das Rückenfilet vorsichtig im Ganzen ablösen und als Mittelstück in die Terrine legen. Den Fond auf ca. 0,6 l einkochen. Die Brühe mit dem fein gewürfelten Röstgemüse und dem Eiweiß vermischen. Unter vorsichtigem Rühren zum Kochen bringen und ca. 20 Minuten am Siedepunkt ziehen lassen. $^{1}/_{2}$ l Flüssigkeit abmessen und die in kaltem Wasser aufgelöste Gelatine dazugeben. Durch ein Tuch passieren. Eine kleine Menge Gelee im Kühlschrank kalt stellen, um die Festigkeit zu prüfen. Je nach dem, etwas Flüssigkeit oder Gelatine untermischen. Das Kaninchenfleisch und das Gemüse schichtweise in die Terrine füllen, mit dem Kaninchenrückenfleisch als Mittelpunkt. Mit dem Gelee zuschütten. Erkalten lassen, stürzen und in Scheiben schneiden. Die Zutaten für die Dicken Bohnen vermischen, die Kräuter dazugeben und mit Salz und Pfeffer abschmecken. Die Scheiben der Kaninchenterrine darauf anrichten.
TIPP: Kann auch aus Kaninchenkeulen hergestellt werden.

MOUSSE AUS GERÄUCHERTEM WELS MIT WINTERSALATEN

ZUTATEN: 200 g geräuchertes Welsfilet, 4 Blatt Gelatine, 150 g geschlagene Sahne, $^{1}/_{4}$ l Weißwein, 1 Lorbeerblatt, 5 Pimentkörner, $2^{1}/_{2}$ Zwiebel, Salz, Tabasco, kleine Mengen verschiedener Salate

VORBEREITUNG: Das geräucherte Welsfilet durch ein Sieb passieren.
ZUBEREITUNG Räucherfond: Die Haut und Grätenreste mit Weißwein, gehackter Zwiebel und Gewürzen aufkochen und auf $^{1}/_{2}$ Tasse reduzieren.
ZUBEREITUNG: In dem heißen Fischfond wird die Gelatine aufgelöst, abgekühlt und vorsichtig unter die Fischmasse gerührt und gut abgeschmeckt.
Die Sahne wird steif geschlagen und unter die Masse gehoben, vorsichtig, damit sie nicht gerinnt. In kleine Timbaleförmchen füllen zum Stürzen, oder in eine Schüssel geben und nach dem Erkalten mit dem Löffel Nocken ausstechen.
ANRICHTEN: Das gestürzte Mousse oder die Nocke in die Mitte des Tellers geben, mit angemachten Salaten umlegen. Als Dressing: Orangendressing oder Vinaigrette
TIPP: Dieses Mousse kann auch mit geräuchertem Forellenfilet hergestellt werden.

MOUSSE VON ENTE

ZUTATEN: 300 g Entenbrust, 0,15 l Sahne, 2 Blatt Gelatine, 30 g fri-

sche Butter, Salz, Pfeffer, 1 Prise Zimt $^1/_8$ l heller Geflügelfond (Rezept S. 33), 4 cl Portwein, etwas Majoran, etwas Thymian

VORBEREITUNG: Die Entenbrust von Sehnen und Haut befreien und in Würfel schneiden. Die Gelatine in kaltem Wasser einweichen. Die Sahne steif schlagen.
ZUBEREITUNG: Die Entenhaut kurz in eine Pfanne geben und das Fett ausbraten. Haut herausnehmen und die gewürfelte Entenbrust 3–4 Minuten in dem ausgelassenen Fett braten. Mit Salz, Pfeffer, Majoran, Thymian und einer Prise Zimt würzen und aus der Pfanne nehmen. Den Bratensatz mit dem Geflügelfond und Portwein ablöschen und bis auf die Hälfte reduzieren. Diesen Fond passieren, die Gelatine darin auflösen und kalt stellen. Die gebratene Entenbrust durch den Fleischwolf drehen, danach durch ein Sieb drücken. Unter diese Masse jetzt die Butter und den handwarmen Fond mit der Gelatine rühren. Die Masse glatt rühren und die geschlagene Sahne unterziehen. Mit Salz und Pfeffer nachschmecken, eventuell noch etwas Portwein zufügen. In kleine Förmchen füllen und kalt stellen. Zum Stürzen die Förmchen kurz in heißes Wasser stellen.
ANRICHTEN: Mit Feldsalat in Walnussdressing umlegen.
VARIATION: Kleine lange Terrinenform nehmen, daraus stürzen und in Scheiben schneiden.

TERRINE VOM FELDHASEN IN PORTWEINGELEE

ZUTATEN für 1 Form von etwa 0,5 l Inhalt: 6 Hasenläufe (Schultern) oder 2 Hasenkeulen, $^1/_4$ l Rotwein, 100 g Röstgemüse, 30 g Pistazien, 30 g getrocknete Morcheln, 2 Lorbeerblätter, 10 Pfefferkörner, 2 Nelken, 15 Wacholderbeeren, 1 kl. Chillischote, $^1/_2$ l Wildfond, $^1/_4$ l Wasser
ZUTATEN Gelee: 2 Eiweiß, 4 cl Portwein, 100 g Röstgemüse (zum Klären), 7 Blatt Gelatine

VORBEREITUNG: Die Hasenläufe oder -keulen anbraten, Röstgemüse und Gewürze dazugeben und mit dem Rotwein ablöschen. Mit dem Wildfond auffüllen, etwas Wasser dazugeben und weich kochen. Das Fleisch aus dem Fond nehmen, vom Knochen ablösen und in erbsengroße Würfel schneiden. Den Fond etwas reduzieren, gut abschmecken, passieren, kalt stellen und vollkommen entfetten. Die Morcheln kochen und mit den Pistazien nicht zu fein hacken.
VORBEREITUNG Gelee: Das Eiweiß mit dem Röstgemüse mischen und im Mixer zerkleinern. 1 kl. Kelle Wasser zusetzen. Dieses Gemisch in den abgekühlten Fond rühren und unter vorsichtigem Rühren aufkochen lassen. Ca. 20 Minuten ziehen lassen und passieren. Zu

REHRÜCKENFILET AUF CHAMPIGNONS

ZUTATEN: 2 kg Rehrücken, $^1/_4$ l Sahne, $^1/_4$ l brauner Wildfond (Rezept S. 32), 1 kl. Glas Preiselbeeren, Salz, Pfeffer, Cayennepfeffer, 600 g Champignons, 10 g Mehlbutter (Rezept S. 37), 80 g Butterschmalz, 40 g Butter

VORBEREITUNG: Den Rehrücken vom Knochen auslösen und von Haut und Sehnen befreien. Aus den Knochen, Haut und Sehnen den Wildfond herstellen. Die Champignons waschen, putzen und in Würfel schneiden.

ZUBEREITUNG: Den ausgelösten Rehrücken mit Salz und Pfeffer würzen und in Butterschmalz anbraten. 10 Minuten im vorgeheizten Ofen bei 200° braten und bei 70° ruhen lassen. Die Sahne reduzieren, mit dem Wildfond auffüllen und mit Mehlbutter zu einer sämigen Soße binden. Mit Salz, Pfeffer und Cayennepfeffer abschmecken. Die Champignons in der Butter anbraten, mit Salz und Pfeffer würzen. Den Rehrücken in Scheiben schneiden und auf den Pilzen anrichten. Mit Preiselbeeren garnieren.

BEILAGEN: Semmelknödel, Kartoffelklöße, Maisplätzchen

dieser Brühe jetzt den Portwein geben. $^1/_2$ l Flüssigkeit abmessen und die in kaltem Wasser aufgelöste Gelatine darin auflösen und abkühlen, jedoch nicht fest werden lassen. Evtl. wieder etwas anwärmen.
ZUBEREITUNG: Das Fleisch mit den Morcheln und Pistazien mischen, in eine Terrinenform füllen. Mit dem flüssigen Gelee auffüllen, bis alles damit bedeckt ist, und kalt stellen. Wenn die Terrine schnittfest ist, stürzen und in Scheiben schneiden. Den Rest Gelee kalt werden lassen, ausstechen oder in Würfel schneiden und als Garnitur verwenden.
ANRICHTEN: Mit buntem Salat in Himbeerdressing, mit Preiselbeeren oder Quitten in Cognac (Rezept S. 26)

TERRINE VON FEINEM GEMÜSE

ZUTATEN: 100 g Blumenkohl, 100 g Brokkoli, 100 g Rosenkohl, 150 g Möhren, 1 rote Paprikaschote, $^1/_2$ l Gemüsebrühe (Instant), $^1/_8$ l Weißwein, 8 Blatt Gelatine, Salz, Pfeffer, 2 EL Olivenöl

VORBEREITUNG: Gelatine in kaltem Wasser einweichen. Gemüse putzen, waschen und in etwa gleich große Stücke wie Rosenkohl zupfen und schneiden. Das Gemüse, bis auf den Brokkoli und die Paprikaschote, in $^1/_4$ l Gemüsebrühe gar kochen. Gemüse in ein Sieb schütten und den Gemüsefond auffangen. Brokkoli in Salzwasser kochen und in Eiswasser abkühlen, um die Farbe zu erhalten. Die Paprikaschote würfeln und in wenig Olivenöl anziehen und abgedeckt garen. So kann sie das andere Gemüse nicht verfärben.
ZUBEREITUNG: Gemüsefond, restliche Gemüsebrühe und Weißwein sollten $^1/_2$ l ergeben. Zusammen aufkochen und sehr würzig abschmecken. Vom Herd nehmen und die ausgedrückte Gelatine darin auflösen. Gemüse in eine Terrinenform oder in Portionsförmchen füllen, mit der Brühe übergießen und kalt stellen. Etwas Brühe zurücklassen und nach 30 Minuten nochmals übergießen, damit das Gemüse bedeckt ist. Einige Stunden kalt stellen. Zum Stürzen ein heißes Tuch über die Form legen oder die Form kurz in heißes Wasser tauchen. In fingerdicke Scheiben schneiden und mit Crème fraîche oder saurer Sahne servieren.

TERRINE VOM GÄNSEKLEIN MIT GRÜNER SOSSE

ZUTATEN: 2 Hälse, 4 Flügel, 4 Mägen, 4 Herzen von der Gans, 1 Bund Suppengemüse, 1 gespickte Zwiebel (Zwiebel mit Lorbeerblatt und 3 Nelken), 1 Glas Rotwein, 1 EL Gemüsebrühe-Extrakt, 9 Blatt Gelatine, 1 kl. Stück Chillischote, 2 kleine Möhren, 1 kleine Pastinake oder Petersilienwurzel, 1 rote Paprikaschote, einige Brokkoli-Röschen, Salz und Pfeffer, Frankfurter Grüne Soße (Rezept S. 41)

VORBEREITUNG: Gänseklein mit Suppengemüse, gespickter Zwiebel, Chillischote, Salz und Pfeffer mit Wasser bedeckt weich kochen. Danach das Fleisch von den Hälsen und Flügeln lösen und in 1 cm große Stücke schneiden. Möhren und Pastinake der Länge nach in dünne Scheiben schneiden, Paprikaschote in Streifen schneiden und Brokkoli-Röschen nochmals in kleine Stückchen zerpflücken. Das Gemüse in etwas Brühe vom Gänseklein weich kochen. Gelatine in kaltem Wasser einweichen.
ZUBEREITUNG: Das Glas Rotwein mit so viel Brühe auffüllen, dass es ½ l ergibt, Gemüsebrühe-Extrakt zufügen und aufkochen. Sehr würzig abschmecken, zur Seite stellen und mit der eingeweichten Gelatine verrühren. In einer Terrinenform, evtl. Kuchen- oder Steingutform, den Boden mit dem flüssigen Gelee ausgießen und im Kühlschrank fest werden lassen (ca. ½ Std.). Danach schichtweise das klein geschnittene Fleisch, die Gemüsestreifen, die der Länge nach halbierten Mägen und Herzen in die Form legen und mit dem flüssigen Gelee übergießen. Wieder im Kühlschrank fest werden lassen und zum Schluss evtl. noch mit etwas Gelee übergießen, damit alles gut bedeckt ist. Wenn es richtig kalt und fest geworden ist, stürzen und in nicht zu dünne Scheiben schneiden. Frankfurter Grüne Soße extra dazureichen.

TIMBALE VON SHRIMPS UND MUSCHELN IN DILLGELEE

ZUTATEN: 150 g Shrimps, 150 g Muschelfleisch, 1 Karotte, 1 grüne Zucchini, 1 gelbe Zucchini
ZUTATEN Dillgelee: ¼ l Fischfond (Rezept S. 32), ½ l Weißwein, 8 Blatt Gelatine, 2 Eiweiß, 1 kl. Bund Dill, etwas Essig, Salz, Tabasco

VORBEREITUNG: Die Karotten und die Zucchini ohne Kerne in gleichmäßige kleine Würfel schneiden und in wenig Salzwasser gar kochen und abschütten. Den Dill von den Stängeln zupfen und fein hacken.
ZUBEREITUNG Dillgelee: Den Fischfond und Weißwein kurz erhitzen. Das Eiweiß mit 2 EL Wasser anrühren und unter den Fond geben. Mit einem Schneebesen kräftig durchschlagen. Zum Kochen bringen und vorsichtig passieren. Das Eiweiß hat so den Fond geklärt. Den Fond mit etwas Essig, Salz und Tabasco abschmecken. Fond jetzt abmessen und auf ½ l Flüssigkeit 8 Blatt Gelatine geben. Die vorher in kaltem Wasser eingeweichte Gelatine ausdrücken und in dem noch

heißen Fond auflösen. Abkühlen lassen und den gehackten Dill untermischen.

ZUBEREITUNG: Die Timbaleform mit dem kalten, aber noch flüssigen Gelee füllen, etwas stehen lassen und wieder ausgießen. Jetzt hat sich an der Form eine dünne Schicht Gelee gebildet. Das Gemüse mit den Shrimps und Muscheln vermischen. In die Timbaleformen füllen und mit Gelee auffüllen und kalt stellen. Restliches Gelee ebenfalls kalt stellen und in kleine Würfel schneiden oder hacken und als Garnitur verwenden.

ANRICHTEN: Auf Salatbett oder auf angemachten Gemüsesprossen (Rezept S. 46)

SUPPEN

AUFGESCHLAGENE AUSTERNSUPPE

ZUTATEN: 16 Austern, 4 kleine Lauchzwiebeln, 2 EL Olivenöl, $^1/_4$ l Fischfond (Rezept S. 32), $^1/_8$ l Sahne, $^1/_4$ l Weißwein, 3 Eigelb, Salz, 1 Messerspitze Cayennepfeffer

VORBEREITUNG: Die Austern öffnen und das Austernwasser auffangen. Die Austern entbarten, das heißt, nur das feste Austernfleisch aus der Mitte zurückbehalten. Den Bart mit Austernwasser und dem Weißwein zu einem Fond verkochen und passieren. In diesem Fond die Austern einmal aufkochen und aus dem Fond nehmen. Als Einlage zur Seite stellen. Die Zwiebeln mit dem Grün in feine Röllchen schneiden und kurz in Olivenöl anschwitzen. Das Eigelb vom Eiweiß trennen.

ZUBEREITUNG: Das Eigelb in einen Schneekessel geben und im Wasserbad mit 2 EL Fischfond leicht anschlagen. Die Sahne, den Fischfond und den Austernfond dazugeben und mit Salz und Cayenne würzen. Mit dem Schneebesen jetzt so lange schlagen, bis das Eigelb bindet. Das Wasser unter dem Schneekessel kochen lassen, damit genügend Hitze entsteht. Die Zwiebeln und Austern in kleine Suppenteller oder Suppentassen geben und mit der schaumigen Suppe auffüllen. Sofort servieren.

CREME VON PETERSILIENWURZELN MIT ZANDERKLÖSSCHEN

ZUTATEN: 200 g Petersilienwurzeln mit Grün (oder zusätzlich 1 kl. Bund Blattpetersilie), 2 Schalotten, 50 g Butter, $^3/_4$ l heller Geflügelfond (Rezept S. 33), $^1/_8$ l Sahne, 2 EL Crème fraîche, $^1/_8$ l trockener Weißwein, Salz, Pfeffer, 100 g Fischfarce vom Zander (Rezept S. 35)

VORBEREITUNG: Die Petersilienwurzeln und Schalotten schälen und in Würfel schneiden. Die Petersilienblätter waschen, von den Stielen zupfen und mit 2 EL Weißwein im Mixer fein pürieren und kalt stellen.

ZUBEREITUNG: Aus 100 g Zanderfarce mit dem TL kleine Klößchen abstechen und in etwas Fischfond oder Brühe kochen. Die Schalotten und Petersilienwurzeln in Butter angehen lassen, mit Fond und Weißwein auffüllen und kochen, bis die Wurzeln ganz weich sind. Danach mit dem Stabmixer pürieren und vollständig durch ein feines Sieb drücken. Die Sahne und Crème fraîche zusetzen. Die Zanderklößchen in einen kleinen Suppenteller legen, die Suppe darüber gießen, 2 EL weiße Suppe mit dem vorher pürierten Petersiliengrün vermischen. Über die Rückseite eines kl. EL in die Suppe laufen lassen, so dass sie leicht marmoriert aussieht.

CREME VON PILZEN MIT GEMÜSESTREIFEN

ZUTATEN: 500 g Pilze (Champignons, Austernpilze, Shii-take Pilze), 1/2 l Sahne, 50 g Butter, 4 EL Weißwein, 1 kl. Bund Schnittlauch, 2 Schalotten, Salz, Pfeffer, 1 kl. Möhre, 1 kl. Stück Sellerie, 1 kl. Stück Porree

VORBEREITUNG: Die Pilze waschen, abtupfen und in feine Streifen schneiden. Das Gemüse waschen und putzen und ebenfalls in feine Streifen schneiden. Den Schnittlauch in feine Röllchen schneiden.
ZUBEREITUNG: Die Pilze- und Gemüsestreifen in der Butter anschwitzen, mit der Sahne und dem Weißwein auffüllen und verkochen. Mit Salz und Pfeffer abschmecken. Zum Schluss den Schnittlauch dazugeben.
TIPP: Wem die Sahne zu üppig erscheint, kann auch 1/4 l Sahne und 1/4 l hellen Geflügelfond (Rezept S. 33) zum Auffüllen nehmen. Dann mit 20 g Mehlbutter binden (Rezept S. 37).

CREME VON ROSENKOHL

ZUTATEN: 200 g Rosenkohl, 1/2 l heller Geflügelfond (Rezept S. 33), 20 g Mehlbutter (Rezept S. 37), 1/4 l Sahne

ZUBEREITUNG: Den geputzten und gewaschenen Rosenkohl im Geflügelfond nicht zu weich kochen. Mit dem Stabmixer pürieren, mit der Mehlbutter binden und passieren. Die Sahne dazugeben. Einen Teil Sahne davon als geschlagene Sahne. Die Suppe wird dadurch schön cremig. Als Einlage einige ganz kleine Rosenkohlköpfchen (vorher zurückhalten) oder geröstete Croûtons.

FASANENESSENZ MIT LEBERKLÖSSCHEN

ZUTATEN: 2 Fasanenhennen, 1 l heller Geflügelfond (Rezept S. 33), 30 g Bratfett, 1 kl. Möhre, 1/8 Sellerie, 1/4 Stange Porree, 200 g Rindfleisch zum Klären, 3 Eiweiß, 6 EL weißer Portwein
ZUTATEN Klöße: 100 g Putenfarce (Rezept S. 34), 50 g Geflügelleber

VORBEREITUNG: Das Fleisch großzügig vom Fasan abschneiden, den Rest in kleine Stücke hacken. Reststücke mit dem Bratfett anbraten, mit dem Geflügelfond auffüllen und 20 Minuten leicht kochen lassen. Danach kalt stellen. Wenn das darauf schwimmende Fett fest geworden ist, die Brühe entfetten.
ZUBEREITUNG: Das Fasanenfleisch mit dem Rindfleisch und dem geputzten Gemüse durch den Fleischwolf drehen. Eiweiß, wenig Salz

und Wasser zusetzen und die kalte, entfettete Brühe klären wie im Rezept Klare Brühe (S. 33). Mit Salz, Pfeffer und weißem Portwein abschmecken.
Für die Klöße die Geflügelleber fein pürieren, durch ein Sieb streichen und mit der Putenfarce vermischen. Mit dem Teelöffel kleine Klößchen formen und in einem kleinen Topf, in etwas Fasanenessenz garen.

GÄNSEKLEINBRÜHE MIT KLEINEN RAVIOLI

ZUTATEN: Das Gänseklein von einer Gans (2 Flügel, Herz, Magen Hals, Leber) 1 Suppengrün, 1 gespickte Zwiebel (Zwiebel mit Lorbeerblatt und 3 Nelken)
ZUTATEN Ravioli: 200 g Nudelteig (Rezept S. 126), 100 g Putenfarce (Rezept S. 34), etwas Majoran, etwas Petersilie, Schnittlauch, Kerbel

VORBEREITUNG Ravioli: Den Nudelteig ausrollen und in kleine, runde Platten, mit einem Durchmesser von ca. 3 cm, ausstechen. Die Gänseleber in kleine Würfel schneiden und unter die Putenfarce geben. Mit reichlich Majoran würzen. Die Hälfte der ausgestochenen Nudeln jetzt mit 1/2 TL Füllung belegen. Am Rand leicht mit Wasser anfeuchten und mit der zweiten Nudelhälfte abdecken. Andrücken und in Salzwasser kochen.
ZUBEREITUNG Gänsekleinbrühe: Das Gänseklein mit der gespickten Zwiebel und dem geputzten Suppengrün gut mit Wasser bedecken und langsam kochen, bis das Fleisch weich ist. Das Fleisch herausnehmen und die mageren Teile, als Einlage, in Würfel schneiden. Die Brühe passieren, mit Salz, Pfeffer und wenig Muskat abschmecken. Das Fleisch und die Ravioli zufügen, mit gehackten Kräutern garnieren und servieren.

HUMMERSUPPE MIT GEMÜSEPERLEN

ZUTATEN: 1 Hummer à 500 g oder 100 g Hummerfleisch, 300 g Hummerschalen, 2 Schalotten, 1 Möhre, 1/4 l Sahne, 1 Chillischote, 1/8 l Weißwein, 4 cl Weinbrand, 3/4 l Krustentierfond (Rezept S. 34), Salz, Pfeffer
ZUTATEN Gemüseperlen: 1 Zucchini grün, 1 Zucchini gelb, 1/4 Sellerie

VORBEREITUNG: Den Hummer in Salzwasser kochen und das Fleisch für die Einlage auslösen. In etwa gleich große Stücke schneiden. Schalotten und Möhren in Würfel schneiden. Mit dem Pariser Ausstecher kleine Kugeln aus den Zucchini und dem Sellerie ausste-

chen und in Salzwasser kurz weich kochen. Die Gemüsereste in der Suppe mitkochen.
ZUBEREITUNG: Die Hummerschalen in Olivenöl anrösten. Schalotten und Möhren mitrösten und mit dem Weinbrand ablöschen. Die Chillischote und Gemüsereste dazugeben, mit der Sahne, dem Krustentierfond und Weißwein auffüllen und 30 Minuten kochen lassen. Durch ein feines Sieb passieren und gegebenenfalls mit Mehlbutter binden, mit Salz und Pfeffer abschmecken. Hummersuppe in kleine Suppenteller geben und das Hummerfleisch und die Gemüseperlen dazugeben.
VARIATION: Ohne Sahne kochen, die Sahne steif schlagen und als Sahnehaube auf die Suppe geben.
TIPP: Es ist oft sehr schwierig, Hummerschalen zu bekommen. Es gibt im Handel fertige Hummerpaste und Hummersuppen, die durch das Verfeinern mit Sahne, Cognac und mit verschiedenen Einlagen eine persönliche Note bekommen können.

LINSENSUPPE MIT FASAN

ZUTATEN: 1 Fasanenhahn oder 2 Hennen, 60 g Fett (Butterschmalz, Öl), 100 g Röstgemüse, 80 g magerer Speck, 1 kl. Zwiebel, 200 g Linsen (am besten sind kleine Linsen aus der Champagne), 50 g Möhren, 50 g Porree, 50 g Sellerie, 50 g Petersilienwurzel, 100 g Kartoffeln, 2 Lorbeerblätter, 10 Gewürzkörner, etwas Kreuzkümmel (aus der Mühle oder gestoßen), etwas geriebener Ingwer

VORBEREITUNG: Die Brust und Keulen vom Fasan lösen. Die Fasanenknochen und die Keulen salzen und pfeffern, in etwas Bratfett anbraten. Das Röstgemüse und die Gewürze bis auf den Kreuzkümmel und den Ingwer dazugeben und mit ca. 1,5 l Wasser auffüllen. Kochen lassen, bis das Fleisch der Fasanenkeule weich ist. Die Keulen aus der Brühe nehmen, das Fleisch ablösen, in Würfel schneiden und für die Einlage aufheben. Die Brühe passieren. Das Gemüse in linsengroße Würfel schneiden, den Speck und die Zwiebel in feine Würfel schneiden.
ZUBEREITUNG: Die Fasanenbrüste kurz in einem Topf anbraten, herausnehmen. Speck und Zwiebel in wenig Bratfett goldgelb rösten, das Gemüse und die Linsen dazugeben, mit dem Fond auffüllen und kochen lassen. Die Brüste auf die Linsen legen und garen. Wenn die Linsen weich sind, mit etwas gemahlenem Kreuzkümmel und geriebenem Ingwer abschmecken. Das gewürfelte Keulenfleisch dazugeben.
ANRICHTEN: Die Fasanenbrust in dünne Scheiben schneiden, auf den Tellern verteilen und die Linsensuppe darüber geben.

MUSCHELSUPPE MIT GEMÜSE

ZUTATEN: 1 kg Miesmuscheln, 2 Zwiebeln, 6 EL Pflanzenöl, $^1/_4$ l Weißwein, $^3/_4$ l Fischfond (Rezept S. 32), 20 g Mehlbutter (Rezept S. 37), $^1/_8$ l Sahne, Pfeffer aus der Mühle, Salz, 1 Möhre, 1 Stück Sellerie, 1 kl. Stück Porree, 1 kl. Bund Petersilie

VORBEREITUNG: Das Gemüse putzen und schälen. In feine Streifen schneiden und blanchieren. Gemüsereste aufheben. Die Petersilie fein hacken. Die Muscheln waschen und mit den in Scheiben geschnittenen Zwiebeln und 3 EL Öl angehen lassen. Etwas pfeffern, mit dem Weißwein ablöschen und zugedeckt halten, bis die Muscheln sich geöffnet haben. Auf ein Sieb schütten, den Fond dabei auffangen. Muscheln aus der Schale lösen. Pro Person ca. 6 Muscheln als Einlage zurücklegen.
ZUBEREITUNG: Die ausgebrochenen Muscheln im restlichen Öl anschwitzen, die Gemüsereste dazugeben und mit dem Muschelfond und dem Fischfond auffüllen. Mit der Mehlbutter binden und die Sahne dazugeben. Gut durchkochen, mit dem Stabmixer pürieren und durch ein feines Sieb passieren. Gemüse-Julienne und zurückbehaltene Muscheln in kleine Suppenteller geben, die Muschelsuppe darüber geben und mit Petersilie garnieren.

PASSIERTE KARTOFFELSUPPE MIT PORREESTREIFEN

ZUTATEN: 200 g Kartoffeln, 2 Schalotten, 1 kl. Stück Sellerie, 1 Karotte, 1 kl. Stange Porree, $^3/_4$ l Rinderbrühe (Rezept S. 34), 1 Knoblauchzehe, 2 Zweige Thymian, 2 EL Pflanzenöl, Salz, Pfeffer, 4 TL Crème fraîche, einige Tropfen Tabasco

VORBEREITUNG: Die Kartoffeln und das Gemüse schälen, putzen und in Würfel schneiden. Das Grün vom Porree in feine Streifen schneiden und blanchieren. Zurückstellen und später als Einlage verwenden.
ZUBEREITUNG: Die Kartoffeln, Schalotten, Knoblauch und das Gemüse in Öl kurz anschwitzen und mit Brühe auffüllen. So lange kochen, bis das Gemüse und die Kartoffeln weich sind. Danach mit dem Stabmixer kurz pürieren und durch ein Sieb passieren. Mit Salz, Pfeffer und etwas Tabasco abschmecken. Die Porreestreifen in Suppentassen geben, die Kartoffelsuppe darüber gießen und mit je 1 TL Crème fraîche garnieren. Die Thymianblättchen darüber streuen.
TIPP: Sollte die Kartoffelsuppe nicht ganz binden, mit etwas Mehlbutter (Rezept S. 37) nachbinden.

PASSIERTE LINSENSUPPE MIT CROÛTONS

ZUTATEN: 120 g grüne Linsen, 1 Karotte, 1 kl. Stück Sellerie, 1 kl. Stück Porree, 1 l Rinderbrühe (Rezept S. 34), Kreuzkümmel, 4 Scheiben magerer Speck, 1 Zwiebel, 1 EL Fett (Öl, Schweineschmalz)
ZUTATEN Croûtons: 4 Scheiben Toastbrot, 60 g Butter

VORBEREITUNG: Gemüse putzen und in kleine Würfel schneiden. Den Speck und die Zwiebel ebenso in kleine Würfel schneiden.
ZUBEREITUNG: Den Speck und die Zwiebel in Schmalz angehen lassen, das Gemüse dazugeben und kurz im Fett anschwitzen. Die Linsen dazugeben und mit der Brühe auffüllen. So lange kochen, bis die Linsen gar sind. Durch ein feines Sieb passieren und mit Salz, Pfeffer und gemahlenem Kreuzkümmel abschmecken. Die Brotrinde vom Toastbrot schneiden und die Scheiben in kleine Würfel schneiden. Die Croûtons in Butter goldgelb rösten. Entweder extra zur Suppe geben oder im letzten Moment darüber streuen.

ROTE-BEETE-KRAFTBRÜHE MIT SAURER SAHNE

ZUTATEN: 1,5 l Rinderbrühe (Rezept S. 34), 300 g mageres Rindergehacktes, 2 Eiweiß, 1 Zwiebel, 1 Möhre, 3 Rote Beete, 1 Lorbeerblatt, 1 Becher saure Sahne, 2 Nelken, 10 Pfefferkörner, Salz

VORBEREITUNG: 1 Rote Beete mit Schale kochen, schälen und in Streifen schneiden als Einlage. (Man kann sie auch schon fertig gekocht und geschält in Folie geschweißt kaufen.) 2 Rote Beete roh schälen.
ZUBEREITUNG: Die Brühe klären, wie im Rezept S. 34 beschrieben. Einmal aufkochen und dann die rohe, in kleine Stücke geschnittene Rote Beete dazugeben und 30 Minuten am Siedepunkt ziehen lassen. Durch ein Tuch passieren und mit Salz abschmecken. In Suppentassen oder -tellern anrichten. Die Rote-Beete-Streifen als Einlage hineingeben. Die saure Sahne, ohne vorher umzurühren, aus dem Becher/Glas mit dem Löffel abstechen und als Nocken in die Suppe geben.

WACHTELKRAFTBRÜHE MIT TRÜFFELSCHEIBEN

ZUTATEN: 6 Wachteln, 1 l heller Geflügelfond (Rezept S. 33), 10 g Trüffel (kl. Dose), 30 g Butterschmalz, 2 Schalotten, einen Schuss Portwein

VORBEREITUNG: Die Wachtelbrüste vom Knochen schneiden, den Rest klein hacken. Die Schalotten in Würfel schneiden.

ZUBEREITUNG: Die Wachtelteile im Topf in Butterschmalz anbraten, die gewürfelten Schalotten dazugeben, etwas Fett abschöpfen und von der Herdplatte nehmen. Ein wenig abkühlen lassen, den Geflügelfond darauf schütten, vorsichtig aufkochen und 10 Minuten ziehen lassen. Danach durch ein Tuch passieren, mit Salz und wenig Portwein abschmecken. Die Wachtelbrüste ohne Haut kurz in die Brühe geben und nach 2 Minuten herausnehmen. Als Einlage in Scheiben schneiden. Trüffel in feine Streifen schneiden und dazugeben. Mit dem Trüffelfond die Brühe abschmecken.

WILDKRAFTBRÜHE MIT PILZEN

ZUTATEN: 150 g Wildfleisch (Reh oder Hirsch am besten geeignet), 150 g Rindfleisch (Tatar) 1 kl. Möhre, 1 kl. Stück Sellerie, 1 Zwiebel, 3 Eiweiß, 8 cl dunkler Portwein, 10 Wacholderbeeren, 2 Lorbeerblatt, 2 Nelken, 1 l Wildfond (Rezept S. 32), 120 g Pilze

ZUBEREITUNG: Das Fleisch und das geputzte Gemüse durch den Fleischwolf drehen (oder mit der Küchenmaschine zerkleinern) und mit dem Eiweiß vermischen. Die Gewürze zufügen, mit dem kalten Wildfond auffüllen und unter vorsichtigem Rühren langsam zum Kochen bringen. 30 Minuten ziehen lassen. Durch ein sehr feines Sieb oder Tuch passieren. Die so geklärte Kraftbrühe mit Salz, Pfeffer und dem Portwein abschmecken. Die gewaschenen Pilze in dünne Streifen oder Scheiben schneiden und in die heiße Brühe geben.

ZWISCHENGERICHTE

Warme Zwischengerichte mit Fleisch und Geflügel

FLAN VON GÄNSELEBER AUF TRÜFFELSOSSE

ZUTATEN: 200 g Gänseleber, 3 Eier, Salz, Pfeffer, 2 cl Weinbrand
ZUTATEN Trüffelsoße: 10 g Trüffel (Dose); 1/8 l brauner Geflügelfond (Rezept S. 31), 4 cl Madeira, 4 cl Portwein, 1/2 TL Weizenstärke

ZUBEREITUNG Gänseleber: Die Leber von Haut und Sehnen befreien, würfeln und mit dem Stabmixer fein pürieren. Die Eier und den Weinbrand dazugeben und mit Salz und Pfeffer würzen. Nochmals mixen und durch ein Sieb drücken, damit feinste Sehnen- oder Hautreste zurückbleiben. 4 feuerfeste Auflaufförmchen oder Timbaleformen aus Metall buttern. Die Masse in die gebutterten Förmchen (Inhalt ca. 0,1 l) geben und mit Folie verschließen. In die mit Wasser gefüllte Fettpfanne stellen und im Backofen bei 180° ca. 30 Minuten pochieren. Vorsichtig stürzen.
ZUBEREITUNG Soße: Die Trüffel hacken, 4 Scheiben zurückhalten. Den Trüffelfond mit Portwein und Madeira verkochen und mit dem Geflügelfond auffüllen. Die Weizenstärke mit ganz wenig kaltem Wasser glatt rühren und damit die Soße binden. Die gehackte Trüffel dazutun.
ANRICHTEN: Den Flan in die Mitte eines Tellers geben, mit Trüffelscheiben garnieren und die Soße rundherum geben.

KALBSBRIESRÖSCHEN IN BUTTERMILCHSOSSE

ZUTATEN: 300 g Kalbsbries, 1 gespickte Zwiebel (Zwiebel mit Lorbeerblatt und Nelken), 80 g Butterschmalz, 1/8 l Weißwein, 1/4 l Buttermilch, 3 EL Crème fraîche, 2 kl. Schalotten, 100 g Pilze, 20 g Mehlbutter (Rezept S. 37), 1/4 l brauner Kalbsfond (Rezept S. 31)

VORBEREITUNG: Das Kalbsbries in Salzwasser mit der gespickten Zwiebel kochen und im Fond abkühlen lassen und in kleine Röschen zupfen. Die Pilze waschen und in Scheiben oder Streifen schneiden. Schalotten in kleine Würfel schneiden.
ZUBEREITUNG: Die Buttermilch mit dem Kalbsfond zusammen auf die Hälfte einreduzieren und mit Mehlbutter binden. Die Kalbsbriesröschen in Butter schön braun anbraten und aus der Pfanne nehmen. In dem Bratensatz die Schalotten und Pilze anbraten, mit Weißwein ablöschen und mit der Buttermilchsoße auffüllen. Das Kalbsbries wieder dazugeben. In kleinen Suppentellern servieren.

WACHTELBRUST AUF ARTISCHOCKENBODEN MIT GEMÜSEPERLEN

ZUTATEN: 4 Wachteln, 4 Artischockenböden, je 100 g Sellerie, Karotten, Zuccchini, $^1/_8$ l Madeira, $^1/_8$ l Portwein, $^1/_2$ l brauner Geflügelfond (Rezept S. 31), 50 g Butter, 1 Zweig Estragon, 4 Tomaten

VORBEREITUNG: Die Artischocken in Salzwasser weich kochen, Böden auslösen und sauber tournieren (zurechtschneiden). Einige Blätter zum Garnieren zurücklassen. Aus dem Gemüse Perlen ausstechen und in Salzwasser fast gar kochen. Die Tomaten blanchieren, abziehen, vierteln, die Kerne entfernen und in Würfel schneiden. Die Wachtelbrüste mit dem Brustknochen vom Rückenknochen trennen und die Keulen abschneiden. Estragonblätter vom Stiel schneiden.

ZUBEREITUNG: Die Wachtelbrüste und Keulen in Butter rosa braten, das Fleisch von den Keulen und Brüsten auslösen und zur Seite stellen. In den Bratensatz die Knochen geben und anrösten. Die Gemüsereste dazugeben, weiter rösten und mit dem Madeira und Portwein ablöschen. Mit dem Geflügelfond auffüllen und bis auf die Hälfte einreduzieren lassen. Durch ein feines Sieb passieren und mit Salz und Pfeffer abschmecken, den gehackten Estragon dazugeben und zum Schluss mit frischer Butter aufmontieren. Das Keulenfleisch klein schneiden, auf die warmen Artischockenböden legen, darauf je 2 Wachtelbrüste. Auf einen Teller setzen, mit Artischockenblätter umlegen und mit Soße überziehen. Mit den kurz in Butter geschwenkten Gemüseperlen umlegen. Mit Tomatenwürfeln und einigen Estragonblättern garnieren.

Zwischengerichte mit Fisch

GEBRATENER SAIBLING AUF MANGOLD MIT GRÜNEN UND SCHWARZEN OLIVEN

ZUTATEN: 600 g Saibling (oder 400 g fertiges Filet), 400 g Mangold (ersatzweise Spinat), etwas Butter, 10 grüne und 10 schwarze Oliven, 1 Schalotte, 1 Knoblauchzehe, Olivenöl (kaltgepresst), 1 Zitrone

VORBEREITUNG: Den Saibling filetieren und die Haut abziehen. Mangold waschen, die Blätter und Stiele in Streifen schneiden und kurz blanchieren. Schalotten in kleine Würfel schneiden. Oliven entkernen und ebenfalls in kleine Würfel schneiden.

ZUBEREITUNG: Schalotten in Butter angehen lassen, den Mangold dazugeben, mit Salz, Pfeffer und wenig Knoblauch abschmecken. Das

Saiblingfilet mit Salz, Pfeffer und Zitronensaft würzen und in Olivenöl braten. Das Saiblingfilet auf den Mangold legen und im Bratensatz die Oliven kurz angehen lassen. Mit dem kaltgepressten Olivenöl etwas angießen – nicht mehr zu heiß werden lassen. Mit dem Löffel gleichmäßig auf dem Fisch und um den Fisch verteilen.

GEBRATENER SEETEUFEL AUF TOMATEN UND BASILIKUM

ZUTATEN: 400 g Seeteufelfilet, 1 kl. Bund Basilikum, 1/2 kg Tomaten, 3 Schalotten, Olivenöl, Kräutersträußchen mit etwas Thymian, Petersilie, Oregano, Basilikumstiele

VORBEREITUNG: 2 Tomaten enthäuten, vierteln, entkernen und in Würfel schneiden. Die Reste der Tomaten und alle anderen Tomaten in Stücke schneiden. Basilikumblätter grob hacken, einige Blättchen zurücklassen und die Stiele zum Kräutersträußchen geben. Die Schalotten schälen, in kleine Würfel schneiden.
ZUBEREITUNG: Die Schalottenwürfel in Olivenöl hell anbraten, die Tomatenstücke und das Kräutersträußchen dazugeben.
Alles verkochen lassen, Kräutersträußchen herausnehmen und die Soße mit dem Stabmixer pürieren. In die fertige Soße dann die Tomatenwürfel und die grob gehackten Basilikumblätter geben.
Den Seeteufel vollkommen enthäuten und in gleich große Scheiben schneiden. Salzen und ganz kurz scharf in Olivenöl braten. Auf einer feuerfesten Platte im Ofen bei ca. 80° warm stellen.
ANRICHTEN: Die Soße auf den Teller geben, den Fisch auflegen. Als Garnitur Basilikumblätter.

POCHIERTES SEEZUNGENFILET AUF SAFRANSOSSE

ZUTATEN: 400 g Seezungenfilets, 200 g Gemüsekeime (fertige Mischung), 1/8 l Fischfond (Rezept S. 32), 4 cl Weißwein, 60 g Butter, Salz
ZUTATEN Soße: 1/8 l Sahne, 2 g Safran, 20 g Mehlbutter (Rezept S. 37)

VORBEREITUNG: Die Seezungenfilets zwischen Klarsichtfolie leicht klopfen und mit der Haut nach innen zusammenlegen, damit sie sich nicht mehr einrollen. Die Gemüsekeime blanchieren.
ZUBEREITUNG: Die zusammengefalteten Seezungenfilets in einem gebutterten Topf mit dem Weißwein und wenig Fischfond angießen. Abgedeckt unter dem Siedepunkt garen lassen. Seezunge herausnehmen und warm stellen.
ZUBEREITUNG Soße: Den restlichen Fischfond, Safran und die Sah-

ne zu dem Weißwein im Topf geben und aufkochen. Mit Mehlbutter binden und abschmecken. Die Gemüsekeime in etwas Butter erwärmen und die Seezungenfilets darauf anrichten. Die Soße rundherum gießen.
VARIATION: Nur Linsenkeime nehmen oder andere Fischfilets wie Steinbutt, Lachs, Zander

ZANDERFILET AUF SAUERKRAUT MIT SPECKSTREIFEN

ZUTATEN: 400 g Zanderfilet, 400 g Sauerkraut, 80 g magerer Speck, $^1/_4$ l flüssige süße Sahne, 1 Glas trockener Weißwein, 1 Zitrone, Salz, Olivenöl zum Braten

VORBEREITUNG: Zanderfilet waschen, in gleich große Stücke schneiden und evtl. Gräten mit einer kl. Zange entfernen. Speck in Streifen schneiden.
ZUBEREITUNG: Zanderfilet mit Salz und Zitrone würzen und in Olivenöl braten. Das Sauerkraut mit dem Weißwein ansetzen, kurz andünsten. Die Sahne dazugeben und ca.10 Min. kochen lassen. Mit Salz, etwas weißem Pfeffer abschmecken. Speckstreifen knusprig braten.
ANRICHTEN: Den Fisch auf das Kraut legen, mit Speck umstreuen.
TIPP: Sollte das Sauerkraut zu herb schmecken, vor dem Kochen kurz waschen.

ZANDERKLÖSSCHEN AUF KRÄUTERSCHAUM

ZUTATEN: 400 g Fischfarce aus Zander (Rezept S. 35), $^3/_4$ l Fischfond (Rezept S. 32)
ZUTATEN Kräuterschaum: $^1/_8$ l Sahne, 2 Eigelb, $^1/_8$ l Fischfond (Rezept S. 32), 10 g Mehlbutter (Rezept S. 37), 1 Sträußchen Kerbel, 5 Stängel Dill, 2 Stängel Petersilie

VORBEREITUNG: Fischfarce aus Zander herstellen. Kerbel, Dill und Petersilie fein hacken. Fischfond zum Kochen bringen.
ZUBEREITUNG: Mit einem Suppenlöffel 8 Klößchen aus der Fischfarce formen und sofort in den heißen Fond geben. 10 Minuten darin ziehen lassen, nicht mehr aufkochen.
ZUBEREITUNG Kräuterschaum: Das Eigelb in einen Schneekessel geben und mit der Sahne im Wasserbad leicht anschlagen. $^1/_8$ l Fischfond aufkochen und mit der Mehlbutter binden. Diesen gebundenen Fischfond zur Eigelbmasse geben und so lange schlagen, bis eine schaumige Soße entsteht. Mit Salz abschmecken und die Kräuter dazugeben. Die Klöße auf dem Schaum anrichten. Die Soße sollte nicht

zu lange stehen, da die Kräuter grau werden und die Soße zusammenfällt.
BEILAGE: Bunter Reis

Zwischengerichte mit Schalen- und Krustentiere

TIPP: Es gibt seit einiger Zeit Austern, die schon geöffnet sind und mit Wachs wieder verschlossen wurden. Sie lassen sich problemlos öffnen.

AUSTERN IM SAFRANSUD MIT KNOBLAUCHCROÛTONS

ZUTATEN: 24 Felsenaustern, 1 Stange Porree, 2 Karotten, 1/4 Fenchelknolle, 1/4 l herber Weißwein, 1/4 l Fischfond, 1 kl. Bund Dill, 2 g Safranfäden oder -pulver, Salz, Pfeffer, 120 g Butter, 4 Knoblauchzehen, 1/8 l Olivenöl, 1/2 Stangenbrot

VORBEREITUNG: Die Austern öffnen (das Austernwasser auffangen und passieren) und aus der Schale lösen. Die tiefen Schalen säubern und aufheben. Das Gemüse putzen und in 3 cm lange Streifen (Julienne) schneiden. In etwas Fischfond andünsten. Den Knoblauch durch die Presse drücken oder mit Salz auf dem Brett fein reiben und mit Olivenöl vermischen. Die Austernschalen waschen und warm stellen.
ZUBEREITUNG: Die Austern im Austernwasser und Weißwein einmal aufkochen und herausnehmen. Die Gemüsejulienne in den Sud geben und mit Safran, Salz und Pfeffer abschmecken. Zum Schluss die Butter unterziehen. In die Austerschalen verteilen und je eine pochierte Auster darauf setzen.
Stangenbrot in Scheiben schneiden und in dem Knoblauch-Olivenöl goldgelb rösten.
TIPP: Dieses Gericht kann man auch mit Miesmuscheln zubereiten. Die Miesmuscheln werden dann wie im Rezept S. 72 gekocht.

AUSTERN IM SPINATMANTEL AUF SCHALOTTENVINAIGRETTE

ZUTATEN: 24 Austern, 1/2 kg Blattspinat (große Blätter)
ZUTATEN Vinaigrette: 6–8 Schalotten, 1 EL Weißweinessig, Knoblauch, Salz, Pfeffer, 3 EL Olivenöl, 1/8 l Weißwein

VORBEREITUNG: Die Austern aufbrechen und aus der Schale nehmen. Die tiefen Schalen säubern und aufheben. Den Spinat blattweise

blanchieren, abkühlen lassen und auf ein Tuch legen. Die Schalotten in feine Würfel schneiden.
ZUBEREITUNG: Spinatblätter mit Salz, Pfeffer und Knoblauch würzen und die Austern darauf legen, wie Rouladen einrollen. In Olivenöl vorsichtig braten. Die Schalottenwürfel mit dem Weißwein aufkochen, abkühlen lassen und mit dem Essig, Olivenöl, Salz und Pfeffer abschmecken.
ANRICHTEN: Die Schalottenvinaigrette in die Austernschale geben, die warme Auster darauflegen. Auf Teller servieren.
TIPP: Damit die Austern fest liegen, diese auf einem Bett aus Salat oder Algen anrichten.

GAMBAS VOM ROST AUF WASSERKRESSE MIT CAFÉ-DE-PARIS-SOSSE

ZUTATEN: 12 Gambas, 1 Bund Wasserkresse, ca. 150 g Café-de-Paris-Butter (Rezept S. 36), 100 g Sahne, Salz, Pfeffer, Zitrone

ZUBEREITUNG: Den Gambas (auch andere Krustentiere wie Langusten, Langustenschwänze oder auch Fisch können auf gleiche Weise zubereitet werden) die Krusten vom Schwanz lösen, ohne den Kopf abzutrennen. Den Darm herausziehen. Mit Salz, Pfeffer und Zitrone würzen und auf einer Grillpfanne (Rost oder auch normale Pfanne) braten. Die Sahne aufkochen und so viel Café-de-Paris-Butter flockenweise hineingeben, bis eine sämige Soße entstanden ist. Nicht mehr aufkochen, damit die Soße nicht gerinnt. Die Kresse auf den Teller legen, Soße daneben geben und die Gambas, mit dem Kopf auf der Kresse, dazulegen.
BEILAGE: Als Vorspeise Baguette, sonst weißen oder wilden Reis.

GEGRILLTE GAMBAS AUF PESTONUDELN

ZUTATEN: 12 große Garnelen à 50 g
ZUTATEN Pestonudeln: 200 g breite Nudeln, 80 g Pesto (Rezept S. 41), 1 Fleischtomate, 1 Stängel Kerbel, etwas Olivenöl

VORBEREITUNG: Die Garnelen schälen und den Darm entfernen. Die Tomate kreuzweise einschneiden, den Stielansatz entfernen und kurz in kochendes Wasser legen. Herausnehmen und mit kaltem Wasser abschrecken. Die Haut abziehen, vierteln, Kerne entfernen und in Würfel schneiden.
ZUBEREITUNG Pestonudeln: Die Nudeln al dente kochen. Pesto in Olivenöl leicht erhitzten und die Nudeln darin anschwenken. Mit Salz und Pfeffer nachschmecken.

GEBRATENE GANS MIT APFEL-MARONEN-FÜLLUNG

(Rezept für 4–6 Pers.)

ZUTATEN: 1 bratfertige Gans von etwa 4–5 kg, 1/8 l Bier, 1/8 l trockener Rotwein

ZUTATEN Füllung: 400 g Maronen/Esskastanien, 2 große säuerliche Äpfel, Herz und Leber der Gans, 1 Brötchen, 1 EL Butter, 1 Eigelb, 1 TL Salz, 2 Messerspitzen weißer Pfeffer, je 1 Prise getrockneter Majoran und Beifuß, 2 TL Salz

VORBEREITUNG: Die Maronen über der runden Seite mit einem spitzen Messer quer einschneiden, in kochendes Salzwasser legen und zugedeckt 30 Minuten kochen lassen. Die Maronen dann abtropfen und kalt werden lassen und schälen. Die Gans innen und außen gründlich kalt waschen, außen gut abtrocknen und die Bürzeldrüse abschneiden. Die Äpfel schälen, vierteln, vom Kerngehäuse befreien und in kleine Würfel schneiden. Das Herz und die Leber der Gans von allen anhängenden Fettteilen befreien, waschen, abtrocknen und klein würfeln. Das Brötchen in kaltem Wasser einweichen. Den Backofen auf 200° vorheizen.
ZUBEREITUNG: Die Butter erhitzen und die Herz- und Leberwürfel darin hellbraun anbraten. Das Brötchen ausdrücken. Die Maronen in Achtel schneiden. Die Apfelwürfel, die Innereien, das ausgedrückte Brötchen, die Maronenstücke, das Eigelb und das Salz miteinander vermengen. Die Füllung mit dem Pfeffer, dem gerebelten Majoran und dem gerebelten Beifuß würzen. Die Gans mit der Farce füllen und die Körperöffnungen mit Küchengarn zunähen. Die Keulen und die Flügel fest an den Körper binden (dressieren). Das restliche Salz in 1 Tasse Wasser auflösen. Die Gans mit dem Rücken nach oben auf dem Rost über die kalt ausgespülte Fettpfanne auf die unterste Schiene im Backofen geben und 3–3 1/2 Stunden braten. Nach 1 1/2 Stunden Bratzeit die Gans auf die Seite legen und etwa 2 Tassen heißes Wasser in die Fettpfanne des Backofens schütten. Von nun an die Gans wiederholt mit dem Salzwasser bestreichen und nach 30 Minuten auf die andere Seite legen. Nach 2 Stunden Bratzeit die Gans auf den Rücken legen und mehrmals mit einer dicken Stopfnadel in die dicksten Stellen der Schenkel stechen, damit überflüssiges Fett austropft. Während der letzten 30 Bratminuten die Gans mehrmals mit dem Bier beträufeln. Die Gans dann auf dem Rost im abgeschalteten Backofen ruhen lassen. Den Bratenfond in der Fettpfanne mit heißem Wasser lösen, in einen Topf gießen und sorgfältig entfetten. (Das Gänseschmalz wie Rezept S. 24 und als Brotaufstrich verwenden.) Die Soße noch einmal mit Salz und etwas Pfeffer abschmecken und mit dem Rotwein abrunden.
BEILAGEN: Rotkohl, Kartoffelklöße

ZUBEREITUNG Gambas: Die Gambas mit Salz und Pfeffer würzen und auf einer Grillpfanne oder unter dem Grill im Backofen braten.
ANRICHTEN: Die Gambas auf den Nudeln anrichten, die Tomatenwürfel rundherum geben und mit Kerbel garnieren.

GRATINIERTE AUSTERN AUF SCHWARZEN NUDELN

ZUTATEN: 24 Austern (Felsenaustern, Imperial oder Sylter Royal), 1/4 Sellerie, 1 kl. Stück Porree, 1 Möhre, 40 g Parmesan, Soße Hollandaise von 2 Eigelb (Rezept S. 44), 200 g schwarze Nudeln (Rezept S. 127)

VORBEREITUNG: Die Austern aufbrechen und aus der Schale nehmen. Die tiefen Schalen säubern und aufheben. Das Wasser aus den Austern auffangen und passieren. Die Austern in diesem Wasser kurz dünsten. Das Gemüse in feine Streifen schneiden und blanchieren. Die Nudeln herstellen, fein schneiden und kochen. Soße Hollandaise von 2 Eigelb zubereiten.
ZUBEREITUNG: Die Nudeln und das Gemüse im Austernfond schwenken und mit Salz und Pfeffer abschmecken. In jede Austernschale 1 EL Nudel/Gemüse geben. Darauf eine Auster setzen und mit Soße Hollandaise überziehen. Mit Parmesan bestreuen und im Grill gratinieren (im Backofen auf oberster Schiene mit größter Stufe Oberhitze).
TIPP: Algen, in die die Austern verpackt sind, kurz in Salzwasser blanchieren. Als Unterlage auf die Teller geben, damit die Austern fest liegen. Ihr Geruch vermittelt außerdem mediterranes Klima.

LANGUSTINEN IM EIGENEN FOND MIT JUNGEM LAUCHZWIEBEL

ZUTATEN: 16 große Langustinen (frisch oder gefroren), 3/4 l Fischfond (Rezept S. 32), 1/8 l Weißwein, 1 Tomate, 1 TL Tomatenmark, 6 EL Olivenöl, 1/2 TL Rosenpaprika, 1 Messerspitze Cayennepfeffer, 2 EL Crème fraîche, 50 g Butter, 1 Bund jungen Lauchzwiebel (oder 1 kl. Stange Porree)

VORBEREITUNG: Die Schwänze von den Langustinen ziehen und den Rest etwas zerkleinern. Den Lauchzwiebel putzen und in 2 cm lange Stücke schneiden.
ZUBEREITUNG: Die Langustinenstücke, ohne die Schwänze, in 4 EL Olivenöl anrösten, Tomatenmark, Tomate, Paprika und Cayennepfeffer dazugeben und mit Weißwein ablöschen. Den Fischfond

dazugeben und langsam kochen lassen und auf $^1/_2$ l einreduzieren. Passieren, Crème fraîche dazugeben und mit Butter aufmontieren. Den Lauchzwiebel in 2 EL Olivenöl anbraten, die Langustinenschwänze ohne Schalen dazugeben und 2 Minuten ziehen lassen. Die Langustinenschwänze und den Lauchzwiebel in kleine Suppenteller geben und die Soße darüber verteilen.

LANGUSTENSCHWÄNZE MIT GEBRATENEM TOPINAMBUR UND KNOBLAUCH

ZUTATEN: 4 Langustenschwänze, 600 g möglichst gleich große Topinambur, 2 Knoblauchknollen, 1 EL Kräuter der Provence, Salz, Pfeffer, $^1/_8$ l Olivenöl

VORBEREITUNG: Die Topinambur gut waschen und abbürsten. Die Knoblauchknollen in einzelne Zehen teilen, diese jedoch nicht schälen, sondern nur den Wurzelansatz abschneiden. Die Langustenschwänze mit der Schale in dicke Scheiben schneiden.
ZUBEREITUNG: Olivenöl in einem flachen Topf erhitzen, die Topinambur dazugeben und mit Deckel ca. 5 Minuten rösten. Die Langusten mit Salz und Pfeffer würzen und mit den Knoblauchzehen und den Kräutern der Provence dazugeben. Ca. weitere 10 Minuten rösten, bis die Langusten gar und die Topinambur weich sind. Evtl. noch etwas Olivenöl zufügen. Topinambur, Knoblauch und Langustenstücke gleichmäßig auf Teller verteilen.
BEILAGE: Stangenbrot zum Aufsaugen des Bratensatzes.
VARIATION: Mit Riesengarnelenschwänzen.
TIPP: Ein rustikaler Zwischengang mit feinsten Zutaten.

MARINIERTE COQUILLES ST. JACQUES UND HUMMER

ZUTATEN: 2 Hummer zusammen ca. 1 kg , 200 g ausgelöste Coquilles St. Jacques, 4 EL Balsamico Essig, Saft 1 Limone, 4 EL Olivenöl, 1 Karotte, 1 Stück Porree, 1 kl. Stück Sellerie, Kümmel, Salz, Pfeffer aus der Mühle, etwas Salat als Garnitur (Feldsalat, Kresse, Friséeund Chicoréesalat)

VORBEREITUNG: Den Hummer 10 Minuten in einem Fond aus Wasser, 1 Karotte, 1 Stück Porree, 1 kl. Stück Sellerie mit Salz und Kümmel kochen und im Fond abkühlen lassen. Danach ausbrechen und in gleichmäßige Stücke schneiden. Die Coquilles in dicke Scheiben schneiden, auf eine geölte Platte legen und ca. 3 Minuten bei 180° in den Backofen stellen. Auskühlen lassen.

ZUBEREITUNG: Dressing aus Limonensaft, etwas Olivenöl und Balsamico anrühren, den Hummer und die Coquilles damit leicht übergießen.
ANRICHTEN: Den Hummer in die Mitte des Tellers, die Coquilles außen herum legen, mit Salat garnieren.
TIPP: Dieses Gericht kann auch mit anderen Krustentieren und Muscheln gemacht werden.

RAVIOLI MIT COQUILLES ST. JACQUES AUF ZITRONENBUTTER

ZUTATEN: 200 g Nudelteig (Rezept S. 126), 4 große Coquilles St. Jacques, 80 g Fischfarce (Rezept S. 35), 30 g Paniermehl
ZUTATEN Zitronenbutter: 1 kl. Bund Zitronenmelisse, 1 naturreine Zitrone, 1/4 l Fischfond (Rezept S. 32), 2 Schalotten, 100 g Butter

VORBEREITUNG: Nudelteig herstellen, dünn ausrollen und in 16 Vierecke (6 x 6 cm) teilen. Die Coquilles St. Jacques in je 2 dicke Scheiben schneiden. Zitrone gründlich waschen, dünn schälen und die Schale in feine Streifen schneiden. Zitronenstreifen kurz blanchieren. Schalotten in feine Würfel schneiden, Zitronenmelisse fein hacken (einige Blätter als Garnitur zurückhalten).
ZUBEREITUNG: Auf jedes von 8 Nudelquadraten etwas Fischfarce in die Mitte geben. Die Coquilles salzen und in Paniermehl wenden und auf die Fischfarce geben. Den Nudelrand leicht mit Wasser anfeuchten und das 2. Nudelquadrat darauf legen. Die Ränder gut andrücken und die Ravioli in Salzwasser kochen.
ZUBEREITUNG Zitronenbutter: Die Schalotten in wenig Butter angehen lassen, den Saft 1/2 Zitrone und die Zitronenmelisse dazugeben und mit dem Fischfond auf ein Drittel der Menge reduzieren. Die Butter flockenweise unterziehen, mit dem Stabmixer verrühren und passieren. Danach die Zitronenstreifen dazugeben. Je 2 Ravioli auf den Teller legen und mit der Soße übergießen. Zitronenmelisse, fein geschnitten, über die Ravioli streuen.

Zwischengerichte mit Gemüse

FLAN VON PASTINAKEN AUF BROKKOLICREME

ZUTATEN: 350 g Pastinaken, 1 Ei, 1 Eigelb, Salz, Pfeffer, Muskat, 2 EL Sahne
ZUTATEN Soße: 150 g Brokkoli, 1/8 l Sahne, 1/8 l heller Geflügelfond (Rezept S. 33), Pastinakenfond, Salz, Pfeffer, Muskat

ZUBEREITUNG: Flan wie im Rezept Petersilienwurzeln herstellen.
ZUBEREITUNG Brokkolicreme: Den Brokkoli putzen, einige Röschen als Garnitur in Salzwasser kochen. Den restlichen Brokkoli mit Stiel und Blättern im Fond von den Pastinaken und dem Geflügelfond weich kochen. Im Mixer pürieren, mit Salz, Pfeffer und Muskat abschmecken und mit der Sahne verrühren.
TIPP: Die Sahne geschlagen unter die Soße ziehen, sie wird so besonders cremig.

FLAN VON PETERSILIENWURZELN

ZUTATEN: 350 g Petersilienwurzeln, 1 Ei, 1 Eigelb, Salz, Pfeffer, Muskat, 2 EL Sahne
ZUTATEN Soße: 1/8 l heller Geflügelfond (Rezept S. 33), 1/8 l Sahne, 1 Bund glatte Petersilie (oder das Grün an der Wurzel)

VORBEREITUNG: Die Petersilienwurzeln schälen, in Würfel schneiden und in ganz wenig Salzwasser gar dünsten. Auf ein Sieb schütten (abgetropft sollten es 300 g sein) und den Fond für die Soße aufheben. Die Petersilienblätter von den Stielen zupfen und hacken. Einige Blättchen als Garnitur aufheben.
ZUBEREITUNG: Die gedünsteten und gut ausgedämpften Petersilienwurzeln mit dem Mixer pürieren. Mit Sahne, 1 Ei und 1 Eigelb verrühren und durch ein Sieb drücken. Mit Salz, Pfeffer und Muskat abschmecken, in gebutterte Förmchen (ca. 0,1 l Inhalt) füllen und mit Folie verschließen. In eine mit Wasser gefüllte Fettpfanne stellen und bei 180° ca. 30 Minuten im Backofen pochieren. Vorsichtig stürzen.
ZUBEREITUNG Soße: Den Petersilienwurzelfond mit Petersilienstielen, Geflügelfond und Sahne zu einer sämigen Soße verkochen. Mit etwas Mehlbutter (Rezept S. 37) binden. Mit Salz und Pfeffer abschmecken und die gehackte Petersilie unterrühren.
ANRICHTEN: Flan in die Mitte des Tellers legen und die Soße rundherum geben. Mit Petersilienblättchen garnieren.

FLAN VON PILZEN AUF SCHNITTLAUCHCREME

ZUTATEN: 400 g Pilze (Austernpilze, Shiitake, Champignons), 1 Ei, 2 Eigelb, Salz, Pfeffer, Muskat, 2 EL Sahne, 2 Schalotten, 2 EL Olivenöl
ZUTATEN Soße: 1 Bund Schnittlauch, 1/8 l Sahne, 1/8 l Geflügelfond

VORBEREITUNG: Die Pilze waschen und in Scheiben schneiden. Die Schalotten schälen und ebenfalls in dünne Scheiben schneiden. Pilze und Schalotten in wenig Olivenöl anbraten, salzen, pfeffern und danach auf ein Sieb schütten. Den Fond für die Soße zurückhalten.
ZUBEREITUNG: Die 300 g gebratenen und gut abgetropften Pilze

mit dem Mixer fein pürieren. Mit 1 Ei, 2 Eigelb und der Sahne verrühren und mit Salz, Pfeffer und Muskat abschmecken. In gebutterte Förmchen geben (Inhalt ca. 0,1 l), mit Folie verschließen und in die mit Wasser gefüllte Fettpfanne stellen. Ca. 30 Minuten bei 180° im Backofen garen. Vorsichtig stürzen.
ZUBEREITUNG Soße: Den Pilzfond mit der Sahne und dem Geflügelfond reduzieren, bis eine sämige Soße entsteht. Durch ein feines Sieb passieren und den in Röllchen geschnittenen Schnittlauch dazugeben. Evtl. mit etwas Mehlbutter (Rezept S. 37) binden.

FLAN VON SELLERIE AUF PAPRIKACREME

ZUTATEN: 350 g Sellerie, 1 Ei, 1 Eigelb, Salz, Pfeffer, Muskat, 2 EL Sahne
ZUTATEN Soße: 1 rote Paprikaschote, 1/8 l Sahne, 1/8 l heller Geflügelfond (Rezept S. 33), Selleriefond

ZUBEREITUNG: Flan wie im Rezept Petersilienwurzeln herstellen.
ZUBEREITUNG Soße: Die Paprikaschote in Viertel schneiden und Kerne und Gerippe entfernen. Mit Öl bestreichen und kurz unter den Grill stellen. Jetzt kann man die dünne Haut sehen und abziehen. Paprika würfeln und mit der Sahne und den Fonds verkochen und im Mixer fein pürieren.
VARIATION: 2 Paprikasoßen herstellen – eine mit rotem und eine mit gelbem Paprika. Nebeneinander auf den Teller geben.

GEFÜLLTE MORCHELN AUF KRESSECREME

ZUTATEN: 12 große getrocknete Morcheln, 50 g Butter, 50 g Ei, 100 g Weizengrieß, 2 Stängel Petersilie, Salz, Pfeffer, Muskat
ZUTATEN Soße: 1 Bund Brunnenkresse oder 4 Schalen Gartenkresse, 50 g Butter, 1/8 l Sahne, 2 EL Crème fraîche, 10 g Mehlbutter (Rezept S. 37), 1/2 l Gemüsefond (Rezept S. 32), Salz, Pfeffer

VORBEREITUNG: Die Morcheln einen Tag in kaltem Wasser einweichen, gut abwaschen und in Salzwasser blanchieren. Butter, Ei und Weizengrieß vermischen und die gehackte Petersilie dazugeben, mit Salz, Pfeffer und Muskat würzen. Masse 1 Std. stehen lassen, damit der Grieß quellen kann.
VORBEREITUNG Soße: Die Kresse von den Stielen zupfen, ganz kurz blanchieren und in Eiswasser abkühlen. Abschütten und zusammen mit der Butter, mit einem Stab-Mixer oder Küchenmaschine, fein pürieren.
ZUBEREITUNG: Die Morcheln mit der Grießmasse füllen und im Gemüsefond 10–15 Minuten ziehen lassen.

ZUBEREITUNG Soße: Die Sahne mit $^1/_8$ l des Gemüsefonds verkochen, mit Salz und Pfeffer würzen und mit etwas Mehlbutter binden. Die Crème fraîche und das Kressepüree unterziehen.
Die Morcheln aus dem Fond nehmen, abtropfen lassen. Die Soße auf den Teller geben und die Morcheln sternförmig auf der Soße anrichten.
TIPP: Ein schöner Zwischengang für ein vegetarisches Menü.
Aus der restlichen Grießmasse kleine Klößchen als Einlage für klare Suppen herstellen und evtl. einfrieren.

NUDELBEUTEL MIT RICOTTA UND SPINAT GEFÜLLT AUF TOMATENCOULIS

ZUTATEN: 300 g Nudelteig (Rezept S. 126), 300 g Spinat, Salz, Pfeffer, Muskat, 80 g Ricotta
ZUTATEN Soße: 8 Fleischtomaten, 1 EL Tomatenmark, 1 kl. Bund Basilikum, 2 Knoblauchzehen, 4 Schnittlauchstiele (nicht zu dünn und lang) oder Porreestreifen

VORBEREITUNG: Den Nudelteig dünn ausrollen, 16 x 16 cm große Quadrate ausschneiden und diese 5 Minuten in Salzwasser kochen. In Eiswasser abkühlen und auf ein Tuch legen. Den Spinat putzen, waschen und blanchieren. Falls kein Schnittlauch genommen wird, 4 dünne Porreestreifen schneiden und kurz blanchieren. Sie werden so weich genug, um die Nudelbeutel zubinden zu können.
ZUBEREITUNG: Den blanchierten Spinat fest ausdrücken und mit dem Ricotta vermischen. Mit Salz, Pfeffer und Muskat abschmecken. Je 1 EL dieser Masse auf ein Nudelquadrat legen. Wie einen Beutel über der Füllung zusammendrücken und mit dem Schnittlauch zusammenbinden. Die fertigen Nudelbeutel in wenig Salzwasser garen.
ZUBEREITUNG Soße: Die Tomaten in Würfel schneiden und mit dem Knoblauch, Tomatenmark und Basilikum (einige Blätter als Garnitur zurücklassen) verkochen und reduzieren. Mit Salz und Pfeffer abschmecken, mit dem Mixstab pürieren und durch ein feines Sieb passieren.
ANRICHTEN: Soße in kleine Suppenteller geben, die Nudelbeutel darauf legen und die fein geschnittenen Basilikumblätter darüber streuen.

ROTE-BEETE-FLAN MIT SAURER SAHNE

ZUTATEN: 350 g frische Rote Beete oder 300 g fertig gekochte, geschälte Rote Beete, 4 EL Sahne, 2 Eier, 2 Eigelb, Salz, Muskat

ZUTATEN Soße: 200 g saure Sahne, 1/8 l heller Geflügelfond (Rezept S. 33), 20 g Mehlbutter (Rezept S. 37), 1 kl. Bund Schnittlauch

VORBEREITUNG: Die Rote Beete mit der Schale in Salzwasser mit etwas Kümmel ganz weich kochen. Abkühlen lassen und schälen. Die Haut lässt sich leicht abreiben. Wenn die fertige Rote Beete nicht weich genug ist, gewürfelt in ganz wenig Fond gar dünsten. Es sollte zum Schluss kein Fond mehr da sein.
ZUBEREITUNG: Rote Beete ganz fein pürieren, Sahne, 2 Eier und 2 Eigelb dazugeben und gut vermischen. Mit Salz, Pfeffer und Muskat abschmecken. In 4 gebutterte Förmchen (ca. 0,1 l Inhalt) oder Timbaleformen füllen und mit Folie verschließen. In eine mit Wasser gefüllte Fettpfanne stellen und bei 180° ca. 30 Minuten im Backofen pochieren. Vorsichtig stürzen.
ZUBEREITUNG Soße: Die saure Sahne mit dem Geflügelfond reduzieren und mit Mehlbutter binden (Rezept S. 37). Mit Salz, Pfeffer und Muskat würzen und den in Röllchen geschnittenen Schnittlauch dazugeben.

SCHWARZWURZELN IN BIERTEIG GEBACKEN MIT SOSSE CHORON

ZUTATEN: 500 g Schwarzwurzeln, etwas Essig, Salz, Pfeffer, etwas Zitronensaft, Worcestersoße, etwas Mehl zum Bestäuben der Schwarzwurzeln, Fett zum Ausbacken, Soße Choron (Rezept S. 43)

ZUTATEN Bierteig: 125 g Mehl, 0,2 l Bier, 2 EL Öl, etwas Zucker, etwas Salz, 2 Eier

VORBEREITUNG: Die Schwarzwurzeln schälen, in 5 cm lange Stücke schneiden und sofort in etwas Essigwasser legen. Danach in Salzwasser bissfest kochen.
VORBEREITUNG Bierteig: Das Eigelb vom Eiweiß trennen. Das Mehl mit dem Bier und Gewürzen zu einem zähen Teig rühren und das Eigelb dazugeben. Das Eiweiß steif schlagen und unter den Teig heben.
ZUBEREITUNG: Die Fritteuse auf 170° vorheizen. Die Schwarzwurzeln mit Salz, Pfeffer, Worcestersoße und etwas Zitronensaft marinieren, in Mehl wenden und durch den Bierteig ziehen. Im heißen Fett goldgelb ausbacken. Dazu Soße Choron servieren.
TIPP: Als Garnitur kurz im Fett gebackene Petersilie. Dieses Gericht schmeckt im Frühjahr auch hervorragend mit Spargel. Geschälten Spargel nur blanchieren.

QUICHE LORRAINE

ZUTATEN Teig: 200 g Mehl, 100 g Schmalz oder Butter, 1 TL Salz, 2 EL Wasser
ZUTATEN Belag: 300 g Käse (Gouda, Emmentaler), 4 Scheiben magerer Speck, 1 Zwiebel, 1 Bund Schnittlauch, 3 Eier, 1/8 l Sahne, Salz, Muskat

VORBEREITUNG: Aus allen Zutaten zügig einen Teig kneten. Der Teig sollte nicht speckig werden. Den Teig ca. 2 Std. abgedeckt im Kühlschrank ruhen lassen. Den Boden einer flachen, runden Form von ca. 25 cm Durchmesser mit Backpapier auslegen. Den Teig ausrollen und die Form damit auslegen (auch den Rand). Zwiebel und Speck in Würfel schneiden und goldgelb braten. Käse in Würfel schneiden. Schnittlauch in Röllchen schneiden.
ZUBEREITUNG: Die Eier mit der Sahne, Salz und Muskat verrühren. Die Käsewürfel mit den gerösteten Zwiebel- und Speckwürfeln auf den Teig verteilen, darüber den Schnittlauch streuen und mit der Eier-Sahne-Mischung übergießen. Im Backofen ca. 1 Stunde bei 200° backen. Aus der Form nehmen und Stücke daraus schneiden. Wenn man eine Glasform oder andere feuerfeste Form nimmt, das Backpapier weglassen und direkt aus dieser Form servieren. Dazu passt ein kleiner Feldsalat oder gemischter Salat.

QUICHE MIT LACHS

ZUTATEN: 300 g Teig (Rezept Quiche Lorraine), 200 g Gouda, 100 g frischer Lachs, 1 Bund Schnittlauch, 3 Eier, 1/8 l Sahne, Salz, Muskat

ZUBEREITUNG: Den in Streifen geschnittenen frischen Lachs mit dem Käse auf dem Teig verteilen. Den in Röllchen geschnittenen Schnittlauch darüber streuen. Bei Räucherlachs kein Salz in die Käse-Sahne-Mischung geben. Weiterverarbeiten wie Quiche Lorraine.

QUICHE MIT PORREESTREIFEN

ZUTATEN: 300 g Teig (Rezept Quiche Lorraine ohne Zwiebel), 2 Stangen Porree

ZUBEREITUNG: Anstelle von Zwiebel und Käse 2 Stangen Porree in feine Ringe schneiden und blanchieren. Porree und Speck- oder Schinkenwürfel auf den Teig verteilen und weiterverarbeiten wie Quiche Lorraine.

SORBETS

Sorbets dienen, außer als Dessert, auch bei großen Menüs als Zwischengang vor dem Fleischgang, um den Magen zu beruhigen und den Geschmack zu neutralisieren. Sie sollten nicht zu sauer, aber auch nicht zu süß sein. Voraussetzung zur Zubereitung von Sorbets ist eine kleine Sorbetière oder Speiseeismaschine. Viele Sorbets kann man heute auch schon fertig kaufen. Hier einige Rezepte von Sorbets, die sich als Zwischengang eignen.

APFELSORBET

ZUTATEN: 300 g herbe Äpfel, 1/8 l Weißwein, 100 g Zucker, 4 cl Calvados

ZUBEREITUNG: Die Äpfel in Viertel schneiden, das Kerngehäuse entfernen und mit der Schale, ganz mit Weißwein bedeckt, verkochen. Den Zucker dazugeben und vollständig auflösen lassen. Durch ein Sieb drücken (Flotte Lotte) und kalt stellen. In der Sorbetière frieren. Den Calvados erst kurz vor dem Fertigfrieren dazugeben. In kalten Gläsern servieren. Als Garnitur frische Apfelscheiben.

CHAMPAGNERSORBET

ZUTATEN: 1 Flasche Champagner 0,7 l, 1/4 l Weißwein, 120 g Zucker, Saft von 2 Zitronen

ZUBEREITUNG: 1/4 l Champagner mit allen anderen Zutaten mischen und aufkochen. Kalt werden lassen und in der Sorbetière frieren. In kalte Gläser spritzen und im letzten Moment mit dem restlichen Champagner auffüllen.

KOKOSNUSSSORBET

ZUTATEN: 1/2 l Milch, 100 g Kokosraspeln, 125 g Zucker

ZUBEREITUNG: Die Milch mit den Kokosraspeln aufkochen, 10 Minuten ziehen lassen und den Zucker dazugeben. Abkühlen lassen und in der Sorbetière frieren. Mit Pfefferminzblättchen garnieren.

LIMONENSORBET

ZUTATEN: 1/4 l Wasser, 1/4 l Weißwein, 120 g Zucker, 20 g Pfefferminze, Saft von 4 Limonen

ZUBEREITUNG: Alle Zutaten, bis auf 4 Blättchen Pfefferminze zum Garnieren, zusammen aufkochen, passieren und abkühlen lassen. In der Sorbetière frieren. In Gläser spritzen und mit Pfefferminze garnieren.

ORANGENSORBET MIT BASILIKUM

ZUTATEN: 1/2 l frisch gepresster Orangensaft, etwas naturreine Orangenschale, 100 g Zucker, Saft von 1 Zitrone, 20 g Basilikum (4 Blättchen als Garnitur)

ZUBEREITUNG: Alle Zutaten mit dem Basilikum (4 Blättchen als Garnitur zurücklassen) kurz aufkochen, passieren und abkühlen lassen. In der Sorbetière frieren, in Gläser spritzen und mit Basilikum garnieren.

PFEFFERMINZSORBET

ZUTATEN: 1/4 l Wasser, 1/4 l Weißwein, 40 g Pfefferminze, 120 g Zucker, Saft von 2 Zitronen

ZUBEREITUNG: Alle Zutaten (einige Pfefferminzblättchen als Garnitur aufheben) kurz aufkochen, passieren und kalt werden lassen. In der Sorbetière frieren. In kalte Gläser spritzen, mit Pfefferminzblättchen garnieren und mit Pfefferminzlikör beträufeln.

HAUPTGERICHTE

Gerichte mit Fisch

GEBRATENER BABYSTEINBUTT MIT FENCHEL

ZUTATEN: 4 Babysteinbutt á 600 g, 4 Fenchelknollen (möglichst mit Fenchelgrün), 80 g Öl zum Braten, 160 g Butter, Salz, Pfeffer, 1 Zitrone, einige Tropfen Worcestersoße, 1 kl. Bund Petersilie, etwas Mehl zum Bestäuben

VORBEREITUNG: Der Babysteinbutt kann im Ganzen oder auch filetiert gebraten werden. Babysteinbutt filetieren, die weiße Haut kann man mitbraten, die dunkle Seite abziehen. Mit Salz, Pfeffer und Zitrone würzen. Den Fenchel putzen, Strünke entfernen und in feine Streifen schneiden. Das Fenchelgrün und die Petersilie fein hacken.
ZUBEREITUNG: Die Steinbuttfilets in einer großen Bratpfanne in heißem Öl braten. Aus der Pfanne nehmen und warm stellen. In den Bratensatz den geschnittenen Fenchel geben und leicht braun braten. Mit Salz und Pfeffer würzen und das gehackte Grün dazugeben. Die Steinbuttfilets auf dem Fenchel anrichten. In der Pfanne jetzt die Butter zerlassen, leicht bräunen und mit Zitronensaft, gehackter Petersilie und einigen Spritzern Worcestersoße abschmecken. Ein wenig über den Steinbutt geben, den Rest extra dazureichen.
TIPP: Butter verbrennt sehr schnell, deshalb die Pfanne sofort von der Herdplatte nehmen, wenn sie zu bräunen anfängt. Die Hitze der Pfanne reicht, um die Butter fertig zu bräunen.

GEBRATENER KARPFEN MIT MANDELBUTTER

ZUTATEN: 2 Karpfen à 1,5 kg, Salz, Zitrone, Worcestersoße, 120 g Butter, 0,2 cl Olivenöl, etwas Weizenmehl, 80 g gehobelte Mandeln

VORBEREITUNG: Die Karpfen halbieren, indem die Filets beidseitig von der Mittelgräte geschnitten werden. Soweit wie möglich die Gräten mit einer Pinzette oder kleinen Zange entfernen.
ZUBEREITUNG: Die Karpfenfilets mit Salz, Zitronensaft und Worcestersoße würzen, durchs Mehl ziehen und in Olivenöl braten. Die Mandeln unter dem Grill oder im Backofen leicht rösten und in die leicht gebräunte Butter geben. Die Karpfen auf einer Platte anrichten und die Mandelbutter darüber geben.
BEILAGE: Salzkartoffeln, verschiedene Salate, Blattspinat
VARIATION: Die Karpfenfilets panieren, das heißt erst durchs Mehl,

dann durch verquirltes Ei ziehen und zuletzt im Paniermehl wenden. In reichlich Öl ausbacken oder in der Fritteuse backen.
BEILAGE: Warmer Kartoffelsalat, Frankfurter Grüne Soße (Rezept S. 41)

GEBRATENER STEINBUTT AUF STERNANISSOSSE MIT LAUCHZWIEBELN

ZUTATEN: 600 g Steinbuttfilet, 1 Bund Lauchzwiebeln, Öl zum Braten
ZUTATEN Soße: 4 ganze Sternanis, 1 Messerspitze Sternanispulver, 2 Schalotten, 1/8 l Rotwein, 1/4 l Fischfond (Rezept S. 32), 1/8 l brauner Kalbsfond (Rezept S. 31), 1 EL Crème fraîche, 50 g frische Butter, etwas Öl, Salz, Pfeffer, Zitrone

VORBEREITUNG: Die Schalotten schälen und in Würfel schneiden. Lauchzwiebeln putzen, waschen und in 3 cm lange Stücke schneiden.
ZUBEREITUNG Soße: Die Schalotten in wenig Öl angehen lassen, mit dem Rotwein, Fisch- und Kalbsfond auffüllen und bis auf die Hälfte reduzieren. Den Sternanis nur kurz mitkochen und als Garnitur aufheben. Die Soße passieren, mit Sternanispulver nachschmecken und mit der Crème fraîche und Butter aufmontieren.
ZUBEREITUNG: Den Fisch (4 gleich große Portionen) mit Salz, Pfeffer und Zitrone würzen, in Öl braten und aus der Pfanne nehmen. Im Bratensatz die Lauchzwiebeln braten.
ANRICHTEN: Die Lauchzwiebeln auf die Teller geben, Steinbutt darauf legen und außen herum die Soße geben.
BEILAGE: Petersilienkartoffeln

GEBRATENES DORSCHFILET AUF GEMÜSEJULIENNE MIT KAVIARCREME

ZUTATEN: 800 g Filet vom Dorsch, Olivenöl zum Braten, Saft 1/2 Zitrone, Salz, Pfeffer aus der Mühle, etwas Dill zum Garnieren
ZUTATEN Kaviarcreme: 50 g Kaviar, 1/4 l Fischfond (Rezept S. 32) 1/8 l herber Weißwein, 1/8 l Sahne, 3 Schalotten
ZUTATEN Gemüsejulienne: 200 g Schwarzwurzeln, 200 g grüne Bohnen, etwas Butter, Salz, Pfeffer

VORBEREITUNG Gemüsejulienne: Die Schwarzwurzeln waschen und schälen, die Bohnen waschen und putzen und beide in 5 cm lange, feine Streifen schneiden und blanchieren.
VORBEREITUNG Dorsch: Mit einer kleinen Zange noch vorhandene Gräten aus dem Dorschfilet ziehen.
VORBEREITUNG Kaviarcreme: Schalotten schälen und in feine Würfel schneiden.

ZUBEREITUNG Dorsch: Den Fisch mit Zitronensaft, Salz und Pfeffer würzen und in der Pfanne in Olivenöl auf beiden Seiten scharf anbraten. Auf eine Platte geben und im Ofen oder unter dem Grill (niedrige Temperatur) warm stellen.
ZUBEREITUNG Kaviarcreme: Den Weißwein mit den Schalottenwürfeln aufkochen und einreduzieren. Den Fischfond und die Sahne dazugeben. Zu einer dickflüssigen Soße reduzieren, mit dem Stabmixer aufziehen und passieren. Den Kaviar mit etwas Weißwein vorsichtig verrühren, damit er sich in der Soße besser verteilt und keine Klümpchen bildet. Den Kaviar im letzten Moment unter die Soße ziehen.
ZUBEREITUNG Gemüsejulienne: Das blanchierte Gemüse mit wenig Butter in einem Topf heiß machen und mit Salz und Pfeffer abschmecken.
ANRICHTEN: Die Gemüsejulienne auf den Teller geben und den Fisch darauf legen, die Kaviarcreme um den Fisch geben. Mit Dill garnieren.
BEILAGEN: Petersilienkartoffeln, verschiedene Salate

KARPFENKLÖSSCHEN AUF LEBKUCHENSOSSE

ZUTATEN: 200 g Karpfenfilet, 100 g Zander- oder Hechtfilet, 3 Eiweiß, 0,2 l Sahne, Salz, Pfeffer, 1 l Fischfond (Rezept S. 32), in dem die Klöße gekocht werden
ZUTATEN Lebkuchensoße: 5 Schalotten, 1/4 l Rotwein, 1/8 l Fischfond, ca. 100 g Lebkuchen, 80 g gehobelte Mandeln

ZUBEREITUNG: Die Fischfilets leicht salzen, in der Küchenmaschine pürieren und das Eiweiß zufügen. Zum Schluss die Sahne dazugeben, aber nur so viel, dass eine noch feste Masse bestehen bleibt. Masse nochmals mit Salz und Pfeffer abschmecken und durch ein Sieb streichen, damit keine Gräten in der Masse bleiben. Den Fischfond aufsetzen. Die Masse mit dem EL in gleich große Klöße abstechen und gleich in den heißen Fond geben. Unter dem Siedepunkt 10 Minuten ziehen lassen. Mandeln unter dem Grill oder im Backofen leicht bräunen.
ZUBEREITUNG Soße: Die Schalotten in Würfel schneiden und in dem Rotwein weich kochen. Den Fischfond und den Lebkuchen dazugeben. Wenn der Lebkuchen verkocht ist, alles mit dem Stab-Mixer pürieren und durch ein Sieb passieren. Sollte die Soße zu dick sein, mit etwas Fischfond verdünnen.
ANRICHTEN: Klößchen auf die Soße setzen und mit den Mandeln bestreuen.
BEILAGEN: Salzkartoffeln oder Reis, gedünsteter Fenchel oder Fenchelsalat

LACHSFILET IN BLÄTTERTEIG MIT RIESLINGSCHAUM

ZUTATEN: 600 g Lachsfilet ohne Haut und Gräten, 500 g Spinat, 30 g Butter, 800 g Blätterteig, 1 Ei, etwas Sahne, 1 Schalotte, Salz, Pfeffer, 1 Knoblauchzehe
ZUTATEN Soße: 1/8 l Fischfond (Rezept S. 32), 1/8 l Sahne, 30 g Mehlbutter (Rezept S. 37), 1/8 l Riesling

VORBEREITUNG: Spinat putzen und blanchieren. Danach gut ausdrücken. Die Schalotte schälen und in kleine Würfel schneiden. Die Butter zergehen lassen, die Schalotten, die Knoblauchzehe und den Spinat dazugeben. Mit Salz und Pfeffer würzen und kalt stellen. Die Knoblauchzehe wieder herausnehmen. Den Blätterteig in zwei Platten ausrollen, die größer sind als das Lachsfilet. Das Ei mit ganz wenig Sahne verquirlen.
ZUBEREITUNG Soße: Den Fischfond mit der Mehlbutter binden und den Weißwein dazugeben. Gut verkochen. Die Sahne schlagen und zum Schluss unter die Soße ziehen.
ZUBEREITUNG Lachsfilet: Eine Blätterteigplatte auf die Arbeitsplatte legen und das gesalzene Lachsfilet mit der runden Seite nach oben darauf legen. Den kalten Blattspinat darüber verteilen. Den Blätterteig, zum Kleben der zweiten Platte, am Rand mit verquirltem Ei bestreichen. Die zweite Teigplatte über den Spinat legen und rundherum fest andrücken. Auf ein mit Backpapier ausgelegtes Blech legen, mit dem verquirlten Ei bestreichen und 15 Minuten im Backofen bei 200° backen. Falls der Blätterteig zu dunkel wird, nach 10 Minuten Folie darüber decken. Fünf Minuten bei ganz kleiner Hitze ruhen lassen. Auf ein Brett legen und am Tisch schneiden und die Soße dazu reichen.
BEILAGE: Salat, Petersilienflan, Reis oder grüne Nudeln
TIPP: Von den Blätterteigresten, dünn ausgerollt, kann man Ovale ausschneiden und schuppenförmig auf den oberen Blätterteig auflegen. Danach alles mit Ei bestreichen.

OSSOBUCO VOM SEETEUFEL

ZUTATEN: 4 Scheiben von einem großen Seeteufel mit Gräten à 180 g, 200 g Navetten, 200 g Karotten, 200 g Zucchini, 1 große Stange Porree, 1 große Zwiebel, 2 Knoblauchzehen, 5 EL Olivenöl, 3 Fleischtomaten, 1 Zweig Rosmarin, Salz, Pfeffer, 2 EL Tomatenmark, 1/4 l Rinderbrühe (Rezept S. 34), 1/8 l Tomatensaft, 80 g geriebener Parmesan

VORBEREITUNG: Das Gemüse und die Zwiebel in kleine Würfel

schneiden. Die Knoblauchzehen durch die Presse drücken oder auf dem Brett fein zerdrücken (mit etwas Salz). Die Tomate abziehen, die Kerne entfernen und in Würfel schneiden.
ZUBEREITUNG: Die Zwiebel- und Tomatenwürfel in Olivenöl hell anschwitzen lassen, das Gemüse und das Tomatenmark dazugeben und mit Brühe und Tomatensaft auffüllen. Das Gemüse fast weich kochen lassen. Die Seeteufelscheiben mit Salz und Pfeffer würzen, in eine feuerfeste Form geben (Servierschüssel), das Gemüse dazuschütten und im Backofen bei 200° ca. 30 Minuten garen. Mit gehackten Rosmarinblättern und geriebenem Parmesan bestreuen.
BEILAGE: Italienischer Langkornreis oder Risotto

RAGOUT VOM LOUP DE MER MIT FRISCHEM GEMÜSE UND KRÄUTERN

ZUTATEN: 2 kg Loup de Mer, 1/4 Sellerie, 4 kl. Karotten, 1/2 Fenchelknolle, 100 g Champignons, 200 g Brokkoli, 1 Zweig Estragon, 2 Stängel Dill, 1 kl. Bund Petersilie, 2 Schalotten, 150 g Butter, Salz, Pfeffer, 1 TL Essig, 4 EL Olivenöl, 1/2 Zitrone, 1/5 l trockener Weißwein, 1/2 Zitrone, 1/8 l Fischfond (Rezept S. 32)

VORBEREITUNG: Den Fisch schuppen, filetieren und die Gräten mit einer Zange herausziehen. Das Fischfilet in gleichmäßige Würfel schneiden (5 x 5 cm). Das Gemüse putzen und in nicht zu feine Streifen schneiden. Die Kräuter von den Stielen zupfen und klein schneiden. Das Gemüse in etwas Fischfond dünsten.
ZUBEREITUNG: Den Fisch mit Salz, Pfeffer und Zitrone würzen. In einer tiefen Pfanne mit Olivenöl braten. Auf eine tiefe Platte geben und warm stellen. Den Bratensatz mit dem Weißwein und Fischfond ablöschen, den Essig dazugeben und mit der Butter aufmontieren, indem die Butter flockenweise darunter geschlagen wird. Mit Salz und Pfeffer abschmecken. Das Gemüse und die Kräuter dazugeben und alles auf den fertigen Fisch geben.
BEILAGE: Salzkartoffeln, Reis

SILVESTERKARPFEN MIT SAHNEMEERRETTICH UND ZERLASSENER BUTTER

ZUTATEN: 2 Karpfen à ca. 1,5 kg, 4 EL Essig, 1 Zwiebel mit Lorbeerblatt und 2 Nelken gespickt, 120 g Butter
ZUTATEN Sahnemeerrettich: 1/8 l Sahne, 1/2 Stange Meerrettich oder 1/2 Glas geriebener Meerrettich

VORBEREITUNG: Den Karpfen ausnehmen, Milchner zum Mitkochen aufheben. Vorsichtig waschen, damit die Haut nicht verletzt wird. (Nur feucht bedeckt aufbewahren, sonst wird die Haut nicht mehr schön blau.) Man kann den Karpfen halbieren oder im Ganzen kochen. Zum Halbieren wird er von der Bauchseite nach außen mit dem Messer durchstochen, danach wird das Messer auf der Gräte zum Schwanz geführt und dann umgekehrt zum Kopf. Sahne nicht zu fest schlagen, Meerrettich reiben.
ZUBEREITUNG: Ganze Karpfen kalt mit Salzwasser, Essig und gespickter Zwiebel aufsetzen und zum Kochen bringen. Ca. 40 Minuten leicht kochen lassen. Halbierte Karpfen mit der Hautseite nach oben in heißes Salz-Essig-Wasser einlegen und ca. 20 Minuten ziehen lassen.
ZUBEREITUNG Sahnemeerrettich: Der nicht zu fest geschlagenen Sahne den geriebenen Meerrettich zugeben und mit einer Prise Salz und Zucker abschmecken. Vorsichtig verrühren. Rührt man zu viel, gerinnt die Sahne. Butter zerlassen und lauwarm servieren.
TIPP: Mit Butter nicht sparen, zum Karpfen gehört viel zerlassene Butter.
BEILAGE: Salzkartoffeln, verschiedene Salate

Gerichte mit Fleisch

GEBRATENE KALBSHAXE MIT WINTERGEMÜSE

ZUTATEN: 1 große Kalbshaxe, 200 g klein gehackte Kalbsknochen (vom Metzger), Salz, Pfeffer, 4 Stängel Thymian, 4 Zweige Rosmarin, 4 Knoblauchzehen, 1/4 l Weißwein, 1/4 l heller Kalbsfond (Rezept S. 33), 50 g Butter
ZUTATEN Wintergemüse: 250 g Rosenkohl (möglichst kleine Röschen), 200 g frische Maronen (Esskastanien), 200 g Möhren, 200 g Petersilienwurzeln, 500 g kleinste Kartoffeln (Drillinge), 60 g Butterschmalz

VORBEREITUNG: Die Kalbshaxe von der dicken Haut befreien, salzen, pfeffern und mit Rosmarin und Thymian bestreuen.
VORBEREITUNG Gemüse: Die Maronen kreuzweise einritzen, in Wasser kurz aufkochen und die äußere und innere Haut entfernen. Das Gemüse putzen, alles in Würfel schneiden (in der Größe wie der Rosenkohl und die Maronen). Das Gemüse in wenig Salzwasser bissfest kochen. Die Kartoffeln schälen, in Würfel schneiden und in Salzwasser fast gar kochen.
ZUBEREITUNG Haxe: Die Kalbsknochen, Haut, Sehnen und Gemüsereste, die beim Würfelschneiden anfallen, in einen Brattopf geben.

Darauf die Haxe mit dem fleischigeren Teil nach oben legen. Mit dem Weißwein und $^1/_8$ l Wasser angießen und den Topf mit einem Deckel verschließen. Ersatzweise mit Alufolie vollkommen abdecken, damit der Dampf nicht entweichen kann. Im Backofen bei 180° ca. 2 Std. garen. Den Deckel abnehmen, die Haxe mit frischer Butter bestreichen und bei starker Oberhitze oder unter dem Grill schön braun werden lassen. Aus dem Topf nehmen und warm stellen. Den Fond mit dem Kalbsfond aufgießen, etwas reduzieren und durch ein feines Sieb passieren.
ZUBEREITUNG Gemüse: Die fast garen Kartoffeln in Butterschmalz schön braun braten und das Gemüse und die Maronen darunter mischen. Das Fleisch der Haxe in lange Stücke schneiden, wieder auf den Knochen legen und das Gemüse rundherum legen. Die Soße extra reichen.

GEBRATENER KANINCHENRÜCKEN MIT ESTRAGON

ZUTATEN: 2 Kaninchenrücken à ca. 500 g, $^1/_4$ l Weißwein, $^1/_4$ l brauner Kalbsfond (Rezept S. 31), 100 g Butterschmalz, 80 g Butter, 1 Zwiebel, 1 Karotte, 1 kl. Stück Sellerie, 1 Lorbeerblatt, 2 Nelken, 8 Pfefferkörner, 1 kl. Bund Estragon

VORBEREITUNG: Vom Kaninchenrücken die Haut und Sehnen parieren und überflüssige Rippenknochen abschneiden (Geflügelschere). Aus diesen Abgängen einen Kaninchenfond wie folgt kochen: Abgänge in wenig Butterschmalz anrösten, das gewürfelte Gemüse, die Estragonstiele (Blättchen zurücklegen) und Gewürze dazugeben. Mit dem Weißwein und dem braunen Fond auffüllen. Auf die Hälfte reduzieren und passieren.
ZUBEREITUNG: Die Kaninchenrücken mit Salz und Pfeffer würzen und im Backofen ca. 12–15 Minuten bei 200° in einer Braisiere braten. Aus der Braisiere nehmen und den Bratensatz mit der Soße auffüllen. Nochmals durch ein feines Sieb passieren. Der Soße jetzt den gehackten Estragon zugeben und mit kalten Butterflocken aufmontieren. Mit etwas Salz abschmecken. Die Rückenfilets vom Knochen schneiden und in Scheiben schneiden.
TIPP: Die Rückenfilets schon roh vom Knochen schneiden oder fertig ausgelöste Filets kaufen. 5–8 Minuten in der Pfanne auf dem Ofen in Butterschmalz braten. Die Knochen klein schneiden und für den Fond verwenden.
BEILAGEN: Maisplätzchen, Kartoffelplätzchen, Nudeln, Blattspinat, Rosenkohl, Winterrettich

KALBSFILET MIT MORCHELN À LA CREME

ZUTATEN: 600 g Kalbsfilet, Salz, Pfeffer aus der Mühle
ZUTATEN Morcheln à la creme: 40 g getrocknete Morcheln, 1/8 l Sahne, 4 EL heller Kalbsfond (Rezept S. 33), 2 Schalotten, 40 g Butter, 1 kl. Bund Schnittlauch, 2 Stängel Petersilie, Salz, Pfeffer aus der Mühle

VORBEREITUNG: Das Kalbsfilet parieren. Die Morcheln einweichen, gut waschen, blanchieren und in gleich große Stücke schneiden. Die Schalotten in feine Würfel schneiden, die Petersilie fein hacken und den Schnittlauch in Röllchen schneiden.
ZUBEREITUNG: Das Kalbsfilet mit Salz und Pfeffer würzen und im Niedrigtemperaturverfahren braten (s. S. 28).
ZUBEREITUNG Morcheln à la creme: Die Schalotten in Butter angehen lassen, die Morcheln dazugeben, mit Sahne und Kalbsfond auffüllen und gut durchkochen. Mit Salz und Pfeffer abschmecken und die gehackten Kräuter dazugeben.
ANRICHTEN: Das Kalbsfilet in Scheiben schneiden und mit den Morcheln umlegen.
BEILAGE: Nudeln, Kartoffelplätzchen, Rosenkohl, Schwarzwurzeln
VARIATION: Als Fleisch Kalbsrücken, Schweinerücken oder Schweinefilet nehmen.

KANINCHENFILETS IM WIRSINGBLATT MIT PORTWEINSOSSE

ZUTATEN: 2 Kaninchenrücken à 500 g, 1 kl. Wirsing, 1 Eiweiß, 1 Schweinenetz (vom Metzger)
ZUTATEN Soße: etwas Butterschmalz, 1/8 l Portwein, 1/4 l brauner Kalbsfond (Rezept S. 31), 1 Zwiebel, 1 Karotte, 1 kl. Stück Sellerie, 1 Stängel Rosmarin

VORBEREITUNG: Die Kaninchenrücken auslösen (vom Knochen schneiden). Die Rückenfilets vollkommen von Haut und Sehnen befreien. Das Gemüse schälen und in Würfel schneiden. Den Wirsing in einzelne Blätter teilen, in Salzwasser blanchieren und auf Küchenpapier abtropfen lassen. Das Schweinenetz 1 Stunde in kaltem Wasser wässern.
ZUBEREITUNG Soße: Die Knochen in wenig Butterschmalz anbraten, das Gemüse dazugeben, mit dem Portwein ablöschen und dem Kalbsfond auffüllen. Den Rosmarin dazugeben und auf die Hälfte reduzieren. Durch ein feines Sieb passieren und mit Salz nachschmecken.
ZUBEREITUNG Kaninchen: Die blanchierten Wirsingblätter ausbreiten und mit Küchenpapier trockentupfen. Die Kaninchenrückenfilets

salzen und pfeffern, mit etwas Eiweiß einpinseln und je 2 Filets nebeneinander in die Wirsingblätter einschlagen. Das Eiweiß klebt den Wirsing besser an das Fleisch. Mit Schweinenetz einwickeln (oder wie Rouladen mit Faden umwickeln), salzen, pfeffern und bei 180° ca. 20 Minuten im Backofen auf dem Bratrost braten, etwas ruhen lassen und in Scheiben schneiden.
BEILAGEN: Navetten-Kartoffel-Gratin, Dinkelrisotto, Möhrengemüse, Schwarzwurzeln

KANINCHENGESCHNETZELTES MIT WURZELGEMÜSE IN SAURER-SAHNE-SOSSE

ZUTATEN: 400 g Kaninchenrückenfilet, 60 g Butterschmalz
ZUTATEN Soße: 200 g saure Sahne, $^{1}/_{8}$ l Sahne, $^{1}/_{8}$ l brauner Kalbsfond (Rezept S. 31), $^{1}/_{8}$ l Weißwein, 2 Schalotten , Salz, Pfeffer
ZUTATEN Wurzelgemüse: 200 g Karotten, 200 g Navetten, 200 g Petersilienwurzeln, 200 g Pastinaken, etwas Butterschmalz, $^{1}/_{2}$ Flasche Mineralwasser

VORBEREITUNG: Das Kaninchenfilet in Scheibchen schneiden. Die Schalotten in feine Würfel schneiden.
ZUBEREITUNG Wurzelgemüse: Das Gemüse schälen und in gleichmäßige Stäbchen schneiden. Die Gemüsestäbchen in Butterschmalz und etwas Mineralwasser gar dünsten.
ZUBEREITUNG: Das Kaninchenfleisch in einer möglichst großen Pfanne auf dem Ofen in Butterschmalz kurz anbraten und aus der Pfanne nehmen. In die Pfanne jetzt den Rest Butterschmalz geben, die Schalotten dazugeben und kurz anschwitzen. Mit dem Weißwein ablöschen, die saure und die süße Sahne und den Kalbsfond dazugeben. Auf $^{2}/_{3}$ der Menge einkochen und mit Salz und Pfeffer abschmecken. Das gebratene Fleisch und das Gemüse dazugeben. Nicht mehr kochen lassen.
BEILAGE: Semmelknödel, Serviettenkloß, Nudeln

KANINCHENKEULE IN BUTTERMILCHSOSSE

ZUTATEN: 4 Kaninchenkeulen, 50 g Butterschmalz, 2 Lorbeerblätter, 2 Nelken, 10 Pfefferkörner, 1 Zwiebel, 1 Karotte, 1 kl. Stück Sellerie
ZUTATEN Soße: $^{1}/_{2}$ l Buttermilch, $^{1}/_{4}$ l brauner Kalbsfond (Rezept S. 31), 2 EL Crème fraîche, 10 g Mehlbutter (Rezept S. 37)

VORBEREITUNG: Die Keulen enthäuten und einen Tag in Buttermilch einlegen. Das Gemüse in Würfel schneiden.
ZUBEREITUNG: Die Kaninchenkeulen aus der Buttermilch nehmen, mit Küchenpapier abtrocknen, salzen und pfeffern. In Butterschmalz

rundherum schön braun anbraten. Das Gemüse in den Bratsatz geben und nochmals etwas rösten. Mit der Buttermilch und dem Kalbsfond auffüllen und die Keulen weich schmoren. Die weichen Keulen aus der Soße nehmen und warm stellen. Die Soße bis auf ca. $^1/_4$ l reduzieren, bei Bedarf mit wenig Mehlbutter binden und passieren. Die Crème fraîche unterziehen und auf die Keulen geben.
BEILAGEN: Maisplätzchen, Kartoffelgratin, Blattspinat, Schwarzwurzeln, Rosenkohl

KASSLER IM BROTTEIG GEBACKEN MIT BURGUNDERSOSSE

ZUTATEN: 0,8 kg Kasslerrücken ohne Knochen
ZUTATEN Burgundersoße: 1 Karotte, 1 Zwiebel, 1 kl. Stück Sellerie, $^1/_4$ l Burgunder, $^1/_2$ l brauner Kalbsfond (Rezept S. 31), 20 g Mehlbutter (Rezept S. 37), 1 TL Tomatenmark
ZUTATEN Brotteig: 500 g Weizen- oder Dinkelvollkornmehl (fein gemahlen), 30 g Hefe, 15 g Kräutersalz, 300 g kaltes Leitungswasser, 50 g Butter, etwas Mehl zum Bestäuben und Ausrollen des Teiges

VORBEREITUNG Brotteig: Die Hefe in einem kleinen Teil der Wassermenge auflösen und in die Mitte des Mehls geben. Das Salz und das restliche Wasser zufügen und zügig in das Mehl einarbeiten. Die zerlassene Butter zugeben und einarbeiten. Den knetfähigen Teig mit der Küchenmaschine 8–10 Minuten kneten (von Hand ca. 15 Min.) Der anfangs sehr feuchte Teig löst sich nach längerem Kneten selbst von der Schüssel, deshalb so wenig zusätzliches Mehl als möglich zufügen. Den Teig 10 Minuten abgedeckt ruhen lassen.
VORBEREITUNG Kassler: Das Kassler von Haut, Sehnen und Fett befreien. Das Gemüse putzen und schälen und in 1 cm große Würfel schneiden.
ZUBEREITUNG Kassler: Den Brotteig auf einer bemehlten Arbeitsplatte mit der Hand auseinander drücken. Das Kassler in die Mitte legen und rundherum mit dem Teig ummanteln. Wie ein Brot in Form drücken, mit kaltem Wasser bepinseln und im vorgeheizten Ofen bei 220° ca. 40 Minuten backen. Den Brotteig ab und zu mit Wasser bepinseln. Das Brot nach der Backzeit mit einem Holzspieß einstechen. Wenn kein Teig daran hängen bleibt, ist das Brot fertig. Mit dem Brotmesser in fingerdicke Scheiben schneiden.
ZUBEREITUNG Burgundersoße: Die Haut, Sehnen und Fett des Kasslers in einer Bratpfanne angehen lassen, bis das Fett austritt. Das gewürfelte Gemüse darin anrösten und das Tomatenmark dazugeben. Mit dem Rotwein ablöschen und mit dem braunen Kalbsfond auffül-

len. Kochen lassen und bis auf die Hälfte reduzieren. Haut und Sehnen aus der Soße nehmen und die Soße mit dem Stabmixer pürieren. Das Gemüse bindet die Soße. Ist sie nicht sämig genug, mit Mehlbutter nachbinden und durch ein feines Sieb passieren.
BEILAGEN: Navetten-Kartoffel-Gratin, Bohnenbündel, Blattspinat, geschmorter Chicorée
TIPP: Aus dem Brotteig lassen sich sehr schöne Vollkornbrötchen oder -stangen herstellen. Evtl. Teig mit verschiedenen Samen vermischen oder bestreuen (Sesam, Sonnenblumen, Kürbis etc.).

KRUSTENBRATEN MIT KÜMMEL-BIER-SOSSE

ZUTATEN: 1,5 kg Schweineschulter oder -keule mit Schwarte, Salz, Pfeffer, 12–18 Nelken, etwas engl. Senfpulver
ZUTATEN Soße: 1/4 l Altbier (auch dunkles Bier), 1/4 l brauner Kalbs- oder Geflügelfond (Rezept S. 31), etwas Kümmel, 2 Zwiebeln, 1 Karotte, 1 kl. Stück Sellerie

VORBREITUNG: Zwiebeln und Gemüse schälen und in Würfel schneiden. Die Schwarte des Schweinebratens rautenförmig bis auf die Fettschicht einritzen. Mit engl. Senfpulver, Salz und Pfeffer einreiben. Die Nelken in die sich kreuzende Schnittstellen stecken.
ZUBEREITUNG: Den Schweinebraten in die Fettpfanne legen, mit etwas Wasser angießen und bei 220° in den Backofen schieben. Bis das Wasser verdampft ist, ist so viel Fett aus dem Braten gelaufen, dass er kein zusätzliches Fett zum Braten benötigt. Wenn die Schwarte zu bräunen anfängt, den Backofen auf 180° zurückstellen und die Zwiebel- und Gemüsewürfel um den Braten geben. Bratzeit ca. 1–1 1/2 Stunden. Sollte die Schwarte zu braun werden, frühzeitig mit Folie abdecken. Den Braten aus der Fettpfanne nehmen und warm stellen.
ZUBEREITUNG Soße: Den Bratensatz mit dem Bier ablöschen, den braunen Fond dazugeben und reduzieren. Durch ein feines Sieb passieren und mit etwas Kümmel abschmecken.
BEILAGEN: Alle Klöße, Bayrisches Kraut, Rotkraut, Schwarzwurzeln

LAMMHAXE MIT ROSMARIN GESCHMORT

ZUTATEN: 4 große Lammhaxen, 1 kl. Bund Rosmarin, 1 EL Tomatenmark, 1 Zwiebel, 2 Möhren, 1 kl. Stück Sellerie, 4 Knoblauchzehen, Salz, Pfeffer, 80 g Bratfett, 1/8 l Rotwein, 1/2 l Lammfond (wie brauner Kalbsfond, Rezept S. 31), 20 g Mehlbutter (Rezept S. 37)

VORBEREITUNG: Die Lammhaxe von der Haut befreien. Zwiebel, Möhren und Sellerie schälen und in grobe Würfel schneiden. Rosma-

rinspitzen fein hacken und die Stiele zum Gemüse geben. Den Knoblauch zerdrücken.
ZUBEREITUNG: Die Lammhaxen salzen, pfeffern und in einer Braisiere in Bratfett rundherum anbraten. Das Gemüse dazugeben, rösten, bis die Zwiebel braun wird. Das Tomatenmark dazugeben und gut verrühren. Mit dem Rotwein ablöschen und mit dem Lammfond auffüllen. Die Haxen in der Soße weiterschmoren. Die weichen Haxen aus der Soße nehmen, die Soße mit Mehlbutter binden und passieren. Mit Salz und Pfeffer nachschmecken und den Rosmarin dazugeben.
BEILAGEN: Kartoffelpüree, Kartoffelgratin, Navettengratin, Rosenkohl

LAMMKEULE MIT KNOBLAUCH GESPICKT

ZUTATEN: 1 Lammkeule ohne Knochen ca. 1,8–2 kg, 1 große Knoblauchknolle, Salz, Pfeffer, 1 große Zwiebel, 1 Karotte, 1 kl. Stück Sellerie, $^{1}/_{2}$ l brauner Lammfond (wie Kalbsfond zubereiten, Rezept S. 31), $^{1}/_{8}$ l Rotwein, 80 g Butterfett, 1 TL Tomatenmark

VORBEREITUNG: Die Lammkeule enthäuten. Den Knoblauch schälen, die einzelnen Zehen halbieren und damit die Oberseite der Lammkeule spicken. Mit einem kleinen spitzen Messer werden hierfür kleine Löcher ins Fleisch geschnitten und je $^{1}/_{2}$ Knoblauchzehe hineingeschoben. Das Gemüse in Würfel schneiden.
ZUBEREITUNG: Die Lammkeule nach dem Spicken mit Salz und Pfeffer würzen und in einer Braisiere rundherum in Butterfett anbraten. Die Hautreste und das gewürfelte Gemüse dazugeben. Im Ofen bei 180° ca. 40 Minuten braten. Das Fleisch aus der Braisiere nehmen und bei 80° warm stellen. Die Lammkeule sollte innen noch schön rosa sein. Evtl. etwas Fett abgießen, Tomatenmark zu dem jetzt braunen Gemüse geben, mit dem Rotwein ablöschen und mit dem Fond auffüllen. Die Soße auf die Hälfte reduzieren und passieren. Mit Salz und Pfeffer nachschmecken. Sollte eine gebundene Soße gewünscht werden, mit Mehlbutter (Rezept S. 37) binden.
TIPP: Sollte die Lammkeule durchgebraten sein, in der Soße fertig schmoren.
Beilagen: Kartoffelgratin, Kartoffelplätzchen, Wirsing, Winterrettich

LAMMRÜCKEN MIT KRÄUTERKRUSTE UND PFEFFERMINZJUS

ZUTATEN: 1 kg Lammrücken, 1 kl. Bund Kerbel, 1 kl. Bund Petersilie, 2 Knoblauchzehen, 2 Scheiben Toastbrot, 50 g Butter, 50 g gerie-

bener Parmesan, 1 TL englisches Senfpulver, Salz, Pfeffer, 1 Zwiebel, 1 Möhre, 1 Kl. Stück Sellerie
ZUTATEN Pfefferminzjus: 4 Stängel Pfefferminze, $^1/_2$ l brauner Lammfond (Zubereitung wie Kalbsfond Rezept S. 31), 1 TL Tomatenmark, $^1/_8$ l Portwein, Salz, Pfeffer

VORBEREITUNG: Den Lammrücken von Haut und Sehnen befreien. An beiden Seiten etwas Fett abschneiden. Zwiebel, Möhre und Sellerie in walnussgroße Würfel schneiden. Die Knoblauchzehen zerdrücken, Pfefferminze von den Stielen zupfen und in Streifen schneiden. Kerbel und Petersilie fein hacken. Vom Toastbrot die Rinde entfernen und dann das Toastbrot durch ein grobes Sieb reiben. Diese feinen Brotkrümmel jetzt mit dem geriebenen Käse, dem gehackten Kerbel und der Petersilie und frischer Butter mischen. Das englische Senfpulver mit 2 TL Wasser verrühren.
ZUBEREITUNG: Den Lammrücken salzen, pfeffern und mit dem Knoblauch einreiben. In einen Bräter oder in eine Fettpfanne legen. Das abgeschnittene Fett, Haut, Sehnen und Gemüse herum legen und in den auf 200° vorgeheizten Backofen schieben. Nach 10 Minuten aus dem Ofen nehmen, den Rücken mit dem englischen Senf bestreichen und das Brot-Kräuter-Gemisch darauf verteilen. Wieder in den Ofen schieben und bei 250° Oberhitze weiterbraten. Nach ca. 15–20 Minuten ist der Rücken fertig. Aus dem Bräter nehmen und bei 80° warm stellen.
ZUBEREITUNG Soße: Von dem Bratensatz mit dem Gemüse jetzt das Fett abschöpfen, das Tomatenmark und die Pfefferminzstiele in den Bräter geben und kurz rösten. Mit Portwein ablöschen und mit dem Fond auffüllen. Bis auf die Hälfte reduzieren und durch ein feines Sieb passieren. Die Soße mit Salz und Pfeffer abschmecken und die geschnittene Pfefferminze dazugeben.
ANRICHTEN: Den Rücken tranchieren, indem man die Rückenfilets rechts und links vom Knochen löst und dann in fingerdicke Scheiben schneidet.
BEILAGEN: Kartoffelgratin, Navettengratin, Grilltomate, Blattspinat, Mangoldgemüse
TIPP: Die Lammrückenfilets schon roh vom Knochen lösen und wie im Rezept beschrieben braten. Die Bratzeit ist dann um ca. 10 Minuten kürzer.

RINDERFILET AM STÜCK GEBRATEN MIT SOSSE BÉARNAISE

ZUTATEN: 800 g Rinderfilet, 1 EL Senf, Salz, Pfeffer, 1 EL Sojasoße, Soße Béarnaise von 3 Eigelb (Rezept S. 43)

ZUBEREITUNG: Die Gewürze miteinander vermischen und das parierte Rinderfilet rundherum damit einstreichen. Im Backofen bei 220° von allen Seiten anbraten. Den Backofen auf 75° zurückschalten, evtl. die Tür etwas offen halten, um die Temperatur schneller niedrig zu bekommen. Das Rinderfilet so im Niedriggarverfahren (Beschreibung S. 28) mit dem Temperaturfühler ca. 1 Stunde garen lassen. In schöne Scheiben schneiden. Dazu Soße Béarnaise servieren.
BEILAGEN: Kartoffelgratin, Navettengratin, Blattspinat, Mangold, gemischtes feines Gemüse

ROASTBEEF AM STÜCK GEBRATEN MIT CAFÉ-DE-PARIS-SOSSE

(für 6 Pers.)

ZUTATEN: 1,4 kg Roastbeef, 100 g Café-de-Paris-Butter (Rezept S. 36), 250 g Sahne, 2 EL Senf, 1 TL Paprikapulver, Salz, Pfeffer aus der Mühle, Fett zum Braten

VORBEREITUNG: Das Roastbeef von Haut und Sehnen befreien, den oberen Fettrand stehen lassen. Den Senf mit dem Paprikapulver vermischen. Die Sahne aufkochen, die Café-de-Paris-Butter mit dem Stabmixer unterziehen und warm stellen.
ZUBEREITUNG: Das Roastbeef mit Salz und Pfeffer würzen und mit dem Senf einreiben. In einer Pfanne rundherum scharf anbraten. Mit einem Kerntemperaturfühler versehen und auf einem Grillgitter in den auf 85° vorgeheizten Ofen stellen. Eine Stunde im Ofen belassen bis zu einer Kerntemperatur von 56°. Kurz vor dem Servieren den Ofen nochmals auf 200° stellen, damit das Fleisch schön heiß ist. Am Tisch auf einem Fleischbrett in fingerdicke Scheiben schneiden. Soße extra dazu servieren.
BEILAGEN: Kartoffel-Navetten-Gratin, gefüllter Wirsing, mit Ratatouille gefüllte Tomaten
TIPP: Restliches Roastbeef dünn geschnitten als kalten Aufschnitt verwenden.

SCHWEINEFILET AUF WALDPILZEN MIT SCHNITTLAUCHSOSSE

ZUTATEN: 600 g Schweinefilet, 600–1000 g verschiedene Pilze (Steinpilze, Pfifferlinge, Herbsttrompeten, Schafspilze u.s.w.), etwas Petersilie und Kerbel, 2 Schalotten, 1 große Tomate, Salz, Pfeffer, Bratfett
ZUTATEN Soße: 1 Bund Schnittlauch, 1/8 l brauner Fond (Rezept S. 31), 1/4 l Sahne

VORBEREITUNG: Pilze putzen, waschen und klein schneiden. Schalotten in feine Würfel schneiden. Petersilie und Kerbel hacken. Schnittlauch in Röllchen schneiden. Das Fleisch in gleich große Medaillons schneiden. Tomate kurz in heißes Wasser legen und kalt abschrecken. Die Haut abziehen, vierteln, Kerne entfernen und in Würfel schneiden.
ZUBEREITUNG: Die Schalotten in Olivenöl angehen lassen und die Pilze dazugeben, anbraten, mit Salz und Pfeffer abschmecken, gehackte Petersilie und Kerbel dazugeben. Fleischmedaillons in einer Pfanne braten. Fleisch herausnehmen und warm stellen.
ZUBEREITUNG Soße: Den Bratsatz mit braunem Fond ablöschen und reduzieren. Sahne dazugeben und nochmals einkochen, bis eine sämige Soße entsteht. Durch ein Sieb passieren, Schnittlauch dazugeben. Mit Salz und Pfeffer abschmecken.
ANRICHTEN: Die Pilze kranzförmig auf den Teller verteilen, die Soße in die Mitte geben und darauf das Fleisch legen. Als Garnitur: Tomatenwürfel und Kerbelstrauß.
BEILAGEN: Kartoffelplätzchen, Kartoffelpüree

SCHWEINELENDCHEN MIT ROQUEFORTCREME

ZUTATEN: 600 g Schweinefilet, Salz, Pfeffer, Bratfett
ZUTATEN Roquefortcreme: 1/8 l Sahne, 1/8 l brauner Kalbsfond (Rezept S. 31), 60 g Roquefort, 1 Schalotte, 1 kl. Bund Schnittlauch

ZUBEREITUNG: Schweinefilet mit Salz und Pfeffer würzen und am Stück, im Backofen bei 180° ca. 20 Minuten, braten. Herausnehmen und warm stellen. Dem Bratensatz die geschnittenen Schalotten zugeben und leicht rösten. Mit der Sahne ablöschen und mit dem Kalbsfond auffüllen. Den Roquefort klein bröckeln und dazugeben. Alles gut verkochen, gegebenenfalls mit etwas Mehlbutter binden, passieren. Den Schnittlauch in Röllchen schneiden und in die Soße geben.
ANRICHTEN: Schweinelendchen in Scheiben schneiden und auf die Soße setzen.
BEILAGEN: Kartoffelcrêpe, Kartoffelplätzchen, Rosenkohl, Schwarzwurzeln
VARIATION: Kann auch mit Schweinerücken, Schweinesteak oder auch mit Lammfleisch zubereitet werden.

SCHWEINERÜCKEN MIT BACKPFLAUMEN GEFÜLLT

ZUTATEN: 800 g Schweinerücken o. Knochen am Stück, 200 g Backpflaumen (Kurpflaumen eignen sich am besten, da sie nicht zu trocken *sind), Salz, Pfeffer aus der Mühle, 3 Zweige Majoran, 80 g Bratfett, 1 Möhre, 1 kl. Stück Sellerie, 1 Zwiebel, $^1/_8$ l Weißwein, $^1/_4$ l brauner Kalbsfond (Rezept S. 31), 10 g Mehlbutter*

VORBEREITUNG: Den Schweinerücken von Haut und Sehnen befreien. Mit einem Wetzstahl oder Holzlöffel vorsichtig den Rücken durchstoßen, damit ein Loch entsteht. Dieses Loch jetzt mit den Backpflaumen füllen. 1 Pflaume nach der anderen von beiden Seiten bis zur Mitte hineinschieben. Mit Salz, Pfeffer und Majoran würzen.
ZUBEREITUNG: Den Schweinerücken in Bratfett rundherum anbraten und ca. $^3/_4$ Std. bei 160° im Backofen braten. Herausnehmen und warm stellen. In den Bratensatz das Gemüse geben und anrösten. Mit Weißwein ablöschen und mit dem braunen Kalbsfond auffüllen. Reduzieren, mit der Mehlbutter binden und passieren. Den Schweinerücken in Scheiben schneiden. Die Backpflaumen haben das Loch vollkommen ausgefüllt, da sie aufgequollen sind, und so ergibt sich ein schönes Bild.
BEILAGEN: Kartoffelpüree, Kartoffelplätzchen, Rosenkohl, Schwarzwurzeln

Gerichte mit Geflügel

ENTE GEFÜLLT MIT APRIKOSEN

ZUTATEN: 1 Ente ca. 2 kg mit Herz und Leber, Salz, weißer Pfeffer aus der Mühle, 1 Brötchen vom Vortag, $^1/_8$ l Milch, $^1/_8$ l Sahne, 2 Eier, 250 g getrocknete Aprikosen, 70 g gehobelte Mandeln, 1 Prise Ingwer, 1 Prise Zimt, $^1/_4$ l brauner Geflügelfond (Rezept S. 31)

VORBEREITUNG: Die Ente unter fließendem kaltem Wasser innen und außen abwaschen und mit Küchenpapier gut abtrocknen. Die Leber und das Herz ebenfalls waschen und in grobe Stücke schneiden. Das Brötchen in der Milch-Sahne-Mischung einweichen. Zusammen mit Herz und Leber im Mixer pürieren. Die Aprikosen grob würfeln und mit 50 g der Mandeln zur Lebermischung geben. Mit Salz, Pfeffer, Ingwer und Zimt abschmecken.
ZUBEREITUNG: Die Ente innen und außen mit Salz und Pfeffer sorgfältig einreiben. Die Aprikosenmischung in die Ente füllen und danach die Ente mit Küchengarn sorgfältig zunähen, da die Füllung etwas flüssig ist, sie stockt erst beim Braten. Die Ente in Bratfolie einlegen und nach Packungsvorschrift verschließen. Im vorgeheizten Backofen bei 225° auf der mittleren Schiene ca. 90 Minuten garen. Die Ente aus der Folie nehmen und anrichten. Den Bratenfond, der sich in der Folie gebildet hat, in einen Topf gießen, etwas Fett abschöpfen und mit Geflügelfond auf $^1/_4$ l auffüllen. Aufkochen, mit

etwas Stärkemehl binden und nochmals abschmecken. Die restlichen Mandelblättchen in einer Pfanne ohne Fett goldbraun rösten und die Ente damit bestreut servieren.
BEILAGEN: Salzkartoffeln, Rosenkohl und glasierte Maronen

ENTENBRUST MIT HONIG-INGWER-SOSSE UND SCHALOTTEN

ZUTATEN: 4 Entenbrüste von weiblichen Barberie-Enten, $^1/_3$ l brauner Geflügelfond (Rezept S. 31), 1 EL Honig, 14 Schalotten, 1 frische Ingwerknolle, Salz, Pfeffer, $^1/_8$ l Portwein, $^1/_8$ l Rotwein, 80 g Bratfett, 1 TL Weizenstärke

VORBEREITUNG: 12 Schalotten an der Wurzel abschneiden und in der Fritteuse bei kleiner Hitze backen und aus der Schale drücken. Die Entenbrust parieren und die Fetthaut rautenförmig einritzen. Die zwei anderen Schalotten schälen und in Würfel schneiden. Den Ingwer schälen, die Hälfte in feine Streifen schneiden, die Reste für die Soße nehmen.
ZUBEREITUNG: Die Entenbrust würzen und rundherum gut anbraten. Die Hautseite etwas länger, damit sie schön kross wird. Im Backofen bei 60–70° eine Stunde Langzeit garen. Die Schalottenwürfel in wenig Fett anschwitzen, den Honig und die Ingwerschalen und -reste dazugeben. Mit dem Geflügelfond und Port- und Rotwein auffüllen und auf die Hälfte reduzieren. Mit Weizenmehl binden, passieren und die feinen Ingwerstreifen als Einlage dazugeben. Die Entenbrust in Scheiben schneiden, die Schalotten als Garnitur anlegen.
BEILAGE: Kartoffelplätzchen, Kaiserschoten

GÄNSEBRATEN MIT BEIFUSS UND ÄPFELN

(Rezept für 4–6 Personen)

ZUTATEN: 1 Gans 4–5 kg, 1 Stängel Beifuß. 4 herbe Äpfel (Cox Orange, Boskop), Salz, Pfeffer aus der Mühle, Röstgemüse (2 Zwiebeln, 1 Karotte, 1 kl. Stück Sellerie), $^1/_2$ l brauner Geflügelfond (Rezept S. 31)

VORBEREITUNG: Die ausgenommene Gans auswaschen und innen und außen gut salzen Auf der Haut das Salz mit der Hand fest einreiben. Die Äpfel vierteln, das Kerngehäuse entfernen und mit dem Beifuß in die Gans geben.
ZUBEREITUNG: Die Gans, mit der Brust nach oben, in eine Braisiere oder auf die Fettpfanne setzen. 2-fingerbreit Wasser dazugeben und

bei starker Hitze (250°) im Ofen braten. Das Wasser verdampft und das Fett der Gans tritt jetzt aus. Wenn die Gans Farbe bekommt, den Ofen auf 180–200° zurückschalten und ca. 2 Stunden braten. Ab und zu mit dem Bratensatz übergießen. Wenn die Keulen sich weich anfühlen, ist die Gans fertig. Wenn die Gans fast fertig ist, das Röstgemüse dazugeben und mitbraten. Sollte zu viel Fett aus der Gans austreten, zwischendurch mit der Kelle abschöpfen und für Gänseschmalz (Rezept S. 24) aufheben. Die fertige Gans aus der Fettpfanne nehmen und das restliche Fett fast ganz abschöpfen. Das Röstgemüse evtl. noch etwas rösten und den Geflügelfond dazugeben. Etwas einkochen, evtl. mit etwas Stärke binden und passieren. Die Äpfel aus der Gans als Beilage geben. Sollte die Gans nicht kross genug sein, mit frischer gesalzener Butter rundherum bestreichen und bei starker Oberhitze oder unter dem Grill kross werden lassen. Aber Vorsicht, sie kann jetzt sehr schnell verbrennen, deshalb gut beobachten.
BEILAGE: Klöße, Rosenkohl, Rotkohl, glasierte Maronen, Bratäpfel
TIPP: Mit einer Fettspritze lässt sich der Gänsebraten leichter und gefahrloser übergießen. Seit einiger Zeit im Handel erhältlich.

GEBRATENE GÄNSEBRUST MIT GLASIERTEN MARONEN

ZUTATEN: 2 große Gänsebrüste, 50 g Bratfett, 2 Zwiebeln, 1 Karotte, 1 kl. Stück Sellerie, 500 g Maronen (300 g gefroren), 50 g Butter, 60 g Zucker, 1 TL Stärkemehl, $^1/_2$ l brauner Geflügelfond (Rezept S. 31)

VORBEREITUNG: Maronen schälen, dabei die Schale kreuzweise einritzen und im Backofen, in der Pfanne oder Mikrowelle anrösten und noch heiß die Schale und innere Haut entfernen. Das Gemüse schälen und in Würfel schneiden.
ZUBEREITUNG: Die Gänsebrust rundherum anbraten und im Backofen bei 180° ca. 1–1$^1/_2$ Stunden braten. Ab und zu übergießen. Nach 1 Stunde klein geschnittenes Röstgemüse dazugeben und anrösten lassen. Mit wenig Geflügelfond ablöschen, damit das Gemüse nicht verbrennt. Die Gänsebrust herausnehmen, wenn sie gar ist. Den Bratensatz mit dem restlichen Geflügelfond aufgießen, etwas einkochen und passieren. Mit dem Stärkemehl binden.
ZUBEREITUNG glasierte Maronen: Butter und Zucker im Topf zu Karamel kochen – den Zucker zerlaufen lassen und leicht bräunen – und mit etwas Wasser ablöschen. Vorsicht! Verbrennungsgefahr durch Dampf. Die Maronen darin bei kleiner Hitze weich kochen. Wenn das Wasser verdampft, werden die Maronen von dem Zucker glasiert.
TIPP: Damit die Haut schön braun wird, die Gänsebrust mit gesalze-

ner Butter einreiben und nur ganz kurz unter den Grill oder bei starker Oberhitze im Backofen kross werden lassen. Aber Vorsicht, sie kann jetzt sehr schnell verbrennen, deshalb gut beobachten.

GESCHMORTE ENTE MIT CROÛTONS UND APFELWÜRFELN

ZUTATEN: 2 Enten à 1,8 kg, 100 g Butter, $^{1}/_{4}$ l brauner Geflügelfond (Rezept S. 31), $^{1}/_{8}$ l Rotwein, Salz, 1 kl. Zweig Beifuß, 3 große Cox Orange Äpfel
ZUTATEN Croûtons: $^{1}/_{2}$ Toastbrot, 50 g Butterschmalz

VORBEREITUNG: Die Enten innen und außen gut salzen und etwas Beifuß in die Enten geben. Vom Toastbrot die Rinde abschneiden und danach in Würfel schneiden. Die Äpfel schälen und in gleich große Würfel wie das Brot schneiden. Die Weißbrotwürfel mit wenig Butterschmalz schön braun braten.
ZUBEREITUNG: Den Ofen auf 220 ° vorheizen, die Enten mit etwas Wasser in der Fettpfanne oder im Bräter rechts und links anbraten. Danach auf den Rücken legen und ab und zu übergießen. Sind die Enten rundherum schön braun, den Ofen auf 160 ° zurückschalten und ca. 1,5 Std. braten. Die Enten aus der Fettpfanne nehmen, die Brüste und Keulen von der Karkasse schneiden und warm stellen. Die Karkassen zerkleinern und wieder in den Bräter geben und braun anrösten. Das Fett abschöpfen und mit dem Rotwein und dem braunen Geflügelfond auffüllen und etwas einkochen lassen. Danach durch ein Tuch oder feines Sieb passieren. Wenn eine etwas sämigere Soße gewünscht wird, mit 1 TL Speisestärke abziehen.
Die Apfelwürfel in der Butter anbraten und ganz zum Schluss die Brotcroûtons dazugeben. Die Croûtons sollten schön knusprig bleiben.
ANRICHTEN: Die Entenbrüste und -keulen mit den Apfel- und Brotwürfeln auf einer Platte oder auf Tellern anrichten. Die Soße extra servieren.
BEILAGEN: Semmelklöße, Serviettenkloß, Chicorée-Gemüse, glasierte Schwarzwurzeln, verschiedene Salate

GESCHMORTE ENTE MIT ZWERGORANGEN

ZUTATEN: 2 Enten à 1,8 kg, 200 g Zwergorangen (Kumquats), 1 naturreine Orange, $^{1}/_{8}$ l Weißwein, 1 EL Honig, 2 Möhren, 1 kl. Stück Sellerie, 1 Zwiebel, $^{1}/_{4}$ l brauner Geflügelfond (Rezept S. 31) $^{1}/_{8}$ l Portwein, 1 TL Weizenstärke, Salz, Pfeffer, etwas Thymian

VORBEREITUNG: Die Zwergorangen in Scheiben schneiden, die Kerne entfernen und mit dem Weißwein und dem Honig aufkochen.

Etwas reduzieren und zur Seite stellen. Das Gemüse putzen und in Würfel schneiden. Die Enten waschen, abtropfen und innen und außen mit Salz und Pfeffer würzen. Etwas Thymian in die Enten geben. Flügel und Keulen etwas zusammenbinden, damit die Form der Enten beim Braten erhalten bleibt.
ZUBEREITUNG: Die Enten mit wenig Wasser, mit der Brust nach oben, in die Fettpfanne legen. Im vorgeheizten Backofen ca. $^1/_2$ Stunde bei 220° backen. Mit dem Gemüse umlegen und auf die Seite legen. Auf beiden Seiten nochmals je 10 Minuten braten, damit die Ente rundherum schön braun wird. Enten wieder auf den Rücken legen und nochmals ca. 20 Minuten braten. Wenn man die Keule mit einer Gabel einsticht und kein Blut mehr austritt und die Keule sich weich anfühlt, sind die Enten fertig. Die Enten herausnehmen und warm stellen. Den Bratensatz mit dem Rotwein und dem Geflügelfond auffüllen, etwas reduzieren und mit der Stärke binden. Die Soße danach passieren. Die Enten am Tisch schneiden. Die Zwergorangen lauwarm dazugeben.
BEILAGEN: Maisplätzchen, Kartoffelplätzchen, Rosenkohl, geschmorter Chicorée

GESCHMORTE GÄNSEKEULE AUF LEBKUCHENSOSSE

ZUTATEN: 4 Gänsekeulen, $^1/_2$ l Rotwein, 200 g Lebkuchen, 80 g Fett zum Braten, $^1/_2$ l brauner Geflügelfond (Rezept S. 31), Salz, Pfeffer, 2 Zwiebeln, 1 Karotte, 1 kl. Stück Sellerie, 1 Zweig Majoran, 1 Lorbeerblatt, 2 Nelken, 1 Stück Sternanis

VORBEREITUNG: Die Gänsekeulen in dem Rotwein, mit in Würfel geschnittenen Zwiebeln, Karotte und Sellerie und den Gewürzen, 1 Tag einlegen.
ZUBEREITUNG: Die Gänsekeulen aus dem Rotwein nehmen und abtrocknen. Mit Salz und Pfeffer würzen und im Fett rundherum schön braun braten. In den Bratensatz das abgetropfte Gemüse geben und nochmals braten, bis die Zwiebeln braun werden. Mit dem Rotwein und Geflügelfond auffüllen und gar schmoren. Die weichen Gänsekeulen aus der Soße nehmen. Den Lebkuchen in die Soße geben und so lange kochen, bis er sich vollkommen auflöst. Durch ein Sieb passieren und mit dem Stabmixer aufziehen. Gänsekeulen in einer tiefen Platte auf der Soße servieren.
VARIATIONEN: Mit Flugentenkeulen.
BEILAGEN: Kartoffelplätzchen, Klöße jeder Art, Karottengemüse, Schwarzwurzeln

HÄHNCHENBRUSTFILETS IM SPECKMANTEL

ZUTATEN: 4 frische Hähnchenbrustfilets ohne Haut und Knochen (750 g), Salz, Pfeffer aus der Mühle, 1 EL frischer Salbei, 4 dünne Scheiben roher Schinken (ca. 40 g), 40 g Butter, 4 EL Cream Sherry, 200 g Crème fraîche

VORBEREITUNG: Die Hähnchenbrustfilets kalt abwaschen und mit Küchenpapier trockentupfen. Von Sehnen und Knorpelresten befreien. Salbei fein hacken.

ZUBEREITUNG: Die Hähnchenbrustfilets mit Salz, Pfeffer und Salbei würzen. Mit den Schinkenscheiben umlegen und mit Holzspießchen befestigen. Die Butter bei mäßiger Hitze in einer Pfanne zerlassen. Die Hähnchenbrustfilets ca. 15 Minuten darin garen und dabei häufig wenden. Aus der Pfanne nehmen und warm stellen. Cream Sherry in die Pfanne geben und den Bratenfond damit loskochen. Die Créme fraîche unterrühren und aufkochen. Die Soße mit Salz und Pfeffer abschmecken. Die Filets auf eine angewärmte Platte legen, einen Teil der Soße darüber gießen und den Rest in einer Sauciere servieren.

BEILAGEN: Bunter Reis, Reis, Buttererbsen, geschmorter Chicorée

JUNGE TAUBE AUF DINKELRISOTTO MIT ROTWEINSOSSE

ZUTATEN: 4 junge Tauben, $^1/_4$ l brauner Geflügelfond (Rezept S. 31), $^1/_4$ l Rotwein, etwas Butterschmalz zum Braten
ZUTATEN Dinkelrisotto: 120 g Dinkelkörner, $^3/_4$ l brauner Geflügelfond, 1 Bund Suppengemüse (Sellerie, Porree, Möhre), Kräutersträußchen aus Rosmarin, Thymian, Petersilie, 40 g geriebener Parmesan, 2 Knoblauchzehen

VORBEREITUNG: Suppengemüse waschen, putzen und in kleine Würfel schneiden. Schon frühzeitig Dinkelrisotto ansetzen. Kochdauer bis zu $1^1/_2$ Std.

ZUBEREITUNG: Die Tauben mit Salz und Pfeffer würzen und 10 Minuten gut braten, Brust und Keule von der Karkasse schneiden und bei ca. 70° warm stellen. Die Knochen zerkleinern und wieder in den Bratensatz geben, anrösten und mit dem Rotwein ablöschen. Mit $^1/_4$ l Geflügelfond auffüllen und auf 8 EL Soße einreduzieren und durch ein Sieb gießen.

ZUBEREITUNG Dinkelrisotto: Den Dinkel waschen und gut mit Wasser bedecken, Salz, etwas Pfeffer, das Kräutersträußchen und die Knoblauchzehen dazugeben. (Beides wird später wieder herausgenommen.) Aufkochen lassen und bei kleinerer Hitze weiterköcheln. Ab und zu etwas braunen Fond dazugeben, bis der Dinkel fast weich

ist. Jetzt die Gemüsewürfel dazugeben und weich kochen. Zum Schluss den Parmesan unterrühren.
ANRICHTEN: Die Keulen und Brüste auf das Risotto legen. Soße extra dazugeben.
BEILAGEN: Brokkoli mit Mandeln oder kleines Gemüse

JUNGE WACHTELN MIT HERBSTTRÜFFEL UND WIRSING

ZUTATEN: 8 junge Wachteln, 20–30 g Herbsttrüffel, $^1/_8$ l Portwein, $^1/_8$ l Madeira, $^1/_4$ l brauner Geflügelfond (Rezept S. 31), 4 Knoblauchzehen, etwas Rosmarin, 1 kl. Wirsing, 60 g magerer Speck, 1 kl. Zwiebel, etwas Butter

VORBEREITUNG: Wirsing waschen und zupfen, wobei man die Blätter von den Rippen zupft. Speck und Zwiebel in Würfel schneiden.
ZUBEREITUNG: Wachtel mit je $^1/_2$ Knoblauchzehe und etwas Rosmarin füllen, salzen (auch innen), etwas Pfeffer aus der Mühle und 12 Minuten bei 200° im Backofen braten. Die Brüste und Keulen von der Karkasse schneiden und vorsichtig warm stellen (bei ca. 70°). Die Knochen etwas zerkleinern und wieder zu dem Bratensatz geben. Mit Madeira und Portwein ablöschen, reduzieren, mit dem Geflügelfond auffüllen und nochmals einkochen. Mit einem Teelöffel Stärke binden (Reismehl, Weizenstärke, Kartoffelmehl) und passieren. Die Trüffel mit der Trüffelreibe in Scheiben schneiden – die Reste in kleine Würfel schneiden, in ganz wenig Olivenöl ansautieren. Mit der passierten Soße auffüllen und abschmecken. Den Wirsing blanchieren. Die Speck- und Zwiebelwürfel schön goldgelb braten und den Wirsing dazugeben. Mit Salz und Pfeffer abschmecken.
ANRICHTEN: Die Wachtelbrüste mit Keulen auf dem Wirsing anrichten, mit den Trüffelscheiben bestreuen, mit der Soße vorsichtig übergießen.
BEILAGE: Bubenspätzle, Nudeln, Maisplätzchen

POULARDE IN ROTWEIN GESCHMORT

ZUTATEN: 1 große Poularde (1,8 kg), 80 g Butterschmalz, $^1/_2$ Flasche Rotwein, $^1/_8$ l brauner Geflügelfond (Rezept S. 31), 4 Knoblauchzehen, 4 Schalotten, etwas Mehlbutter (Rezept S. 37), 8 Perlzwiebeln, 1 Bund Möhren, 1 Bund Navetten, 1 kl. grüner Blumenkohl (Romanesko), 50 g Butter, 1 Zweig Rosmarin, Salz, Pfeffer

VORBEREITUNG: Die Schalotten schälen und in kleine Würfel schneiden. Das Gemüse putzen und waschen und gleichmäßig tournie-

GEFÜLLTE PUTE

(für 6 Pers.)

ZUTATEN: 1 Pute von 3–4 kg, 1 TL Salz, 1/2 TL weißer Pfeffer, 1 Tasse Öl

ZUTATEN Füllung: 1 Zwiebel, 1 Stange Staudensellerie, 750 g altbackenes Weißbrot, Herz und Leber der Pute, 500 g Kalbsfarce (Rezept S. 34) 2 Eier, 100 g Butter, 6 EL Orangensaft, 2 TL abgeriebene Orangenschale, 1/2 TL abgeriebene Zitronenschale, 4 EL gehackte Petersilie, 1 TL getrockneter Thymian, 1/4 TL getrockneter Majoran, 1/4 TL getrockneter Salbei, 1 TL Salz, 1/4 TL weißer Pfeffer

VORBEREITUNG: Die Pute innen mit dem Salz und dem Pfeffer einreiben. Den Backofen auf 200° vorheizen.
ZUBEREITUNG Füllung: Die Zwiebel schälen und würfeln, Den Staudensellerie in Scheiben schneiden. Die Rinde vom Weißbrot abreiben und das Weißbrot klein würfeln. Das Herz und die Leber hacken, mit der Kalbsfarce, den Zwiebelwürfeln, den Selleriescheiben, dem Weißbrot, den verquirlten Eiern, der zerlassenen Butter, dem Orangensaft, der Orangen- und Zitronenschale, der Petersilie, dem Thymian, dem Majoran, dem Salbei, dem Salz und Pfeffer zu einem Teig verkneten. Die Pute mit dieser Masse nicht zu prall füllen und die Öffnungen zunähen. Die Pute mit Öl bestreichen und mit dem Rücken nach unten auf den Bratrost über die ausgespülte Fettpfanne in den Backofen geben. Die Pute locker mit 1 Stück Bratfolie bedecken und 2 1/2–3 Stunden braten; während der Garzeit etwa alle 15–20 Minuten mit Öl bestreichen. Nach etwa 2 Stunden die Folie entfernen, die Pute wieder gut mit Öl bestreichen. Die gare Pute im abgeschalteten, geöffneten Backofen 15–20 Minuten ruhen lassen. Den Bratenfond, der sich in der Fettpfanne gesammelt hat, mit heißem Wasser oder heißem hellem Geflügelfond (Rezept S. 33) lösen, in eine Kasserolle schütten, abschmecken und nach Belieben binden oder klar zur Pute servieren.
BEILAGEN: Rosenkohl, Blattspinat, Kartoffelplätzchen, Maisplätzchen

ren. Die Perlzwiebeln schälen. Das Gemüse, bis auf die Zwiebeln, blanchieren.
ZUBEREITUNG: Die Poularde mit Salz und Pfeffer würzen, den Zweig Rosmarin und 1 Knoblauchzehe hineingeben und rundherum gut anbraten. Die fein geschnittenen Schalotten und den restlichen zerriebenen Knoblauch dazugeben und mit dem Rotwein und dem Geflügelfond auffüllen. Die Poularde bei ca. 180° ca. 30 Minuten im Backofen schmoren, herausnehmen und die Soße reduzieren, danach durch ein feines Sieb passieren. Die Brüste und Keulen von der Karkasse (Knochen) schneiden, in große Stücke teilen und warm stellen. Das Gemüse in wenig Butter anziehen und mit der Soße auffüllen. Kochen, bis das Gemüse gar ist. Auf das Fleisch geben.
BEILAGEN: Nudeln, Kartoffelplätzchen, Reis

POULARDENBRUST IN ESTRAGONSOSSE

ZUTATEN: 2 Poularden à 1,2 kg, 1/4 l trockner Weißwein, 2 Tomaten, 1 Zwiebel, 1 Lorbeerblatt, 2 Nelken, Salz, Pfeffer
ZUTATEN Soße: 1 Bund Estragon, 1/2 l Sahne, Salz, Pfeffer

VORBEREITUNG: Die Brüste der Poularden ablösen und die Haut abziehen. Mit den Keulen, den Knochen, der Haut, dem Weißwein, den Estragonstielen (ohne Blätter), einigen Pfefferkörnern und einer gespickten Zwiebel und 3/4 l Wasser eine Brühe kochen. Das Keulenfleisch kann später für Geflügelsalat oder Ähnliches verwendet werden. Die Tomaten blanchieren und die Haut abziehen. Danach vierteln, die Kerne entfernen und in Würfel schneiden. Die Estragonblätter klein hacken.
ZUBEREITUNG: In einem Teil der Brühe die Poulardenbrüste etwa 10–15 Minuten garen (nicht kochen lassen).
ZUBEREITUNG Soße: Den Rest der Brühe mit der Sahne so lange einkochen, bis eine sämige Soße entsteht, evtl. mit wenig Mehlbutter binden. Jetzt gibt man den gehackten Estragon dazu.
ANRICHTEN: Die Brüste auf einer Platte anrichten und mit etwas Soße übergießen. Mit Tomatenwürfeln und Estragonblättchen garnieren. Den Rest der Soße extra dazugeben.
TIPP: Fertig ausgelöste Poulardenbrust kaufen. Dann jedoch braucht man für dieses Rezept 3/4 l hellen Geflügelfond (Rezept S. 33)
BEILAGEN: Blattspinat und Nudeln

PUTE MIT MARONENFÜLLUNG

(für 6 Pers.)

ZUTATEN: 1 Pute von 3–4 kg, Salz, Pfeffer aus der Mühle, Röstge-

müse (1 Möhre, 1 Zwiebel, 1 kl. Stück Sellerie), etwas Öl zum Braten, Maronenfüllung von 500 g Maronen (Rezept S. 36)

VORBEREITUNG: Maronenfüllung herstellen. Achten Sie beim Kauf der Pute darauf, dass die Haut vom Hals nicht ganz entfernt wird. Sie ist dann leichter zu füllen. Gehen Sie mit der Hand vorsichtig vom Hals aus zwischen Haut und Brustfleisch. Die Haut auf beiden Brustseiten extra lösen. Mit der Maronenfüllung füllen. Von außen die Füllung glatt streichen, damit die Pute ihre Form behält. Die Haut am Hals mit dickerem Baumwollgarn zunähen. Keulen und Flügel festbinden, damit die Brust hervorgehoben wird.

ZUBEREITUNG: Die Pute gut mit Salz einreiben, pfeffern, mit Öl bestreichen und mit der Brust nach oben in die Fettpfanne legen. Das Röstgemüse rundherum legen und in den vorgeheizten Backofen schieben. Von Zeit zu Zeit mit der Fettspritze Bratensaft über die Pute gießen. Bei 250° braten, bis die Haut etwas braun wird. Die Temperatur auf 200–180° herunterschalten und ca. noch 1 1/2–2 Stunden fertig braten. Falls die Haut zu braun wird, mit Folie abdecken. In der Backröhre etwas ruhen lassen. Aus der Fettpfanne nehmen und den Bratensatz mit Gemüsefond ablöschen. Mit etwas Mehlbutter (Rezept S. 37) binden und durch ein feines Sieb passieren. Pute auf ein großes Brett legen und am Tisch tranchieren. Durch diese Art Füllung ergeben sich schöne Scheiben Brustfleisch mit Füllung.

BEILAGEN: Serviettenkloß, kleine Salzkartoffeln, Rosenkohl, Pastinaken, glasierte Maronen.

TIPP: Man kann kleine geschälte Kartoffeln und in Stücke geschnittene Pastinaken nach der Hälfte der Bratenzeit in das Fett um die Pute legen und mitrösten. Mit der Pute aus der Fettpfanne nehmen. Eignet sich dann gut als Beilage.

STUBENKÜCKEN MIT JUNGEM GEMÜSE IN EIGENEM SAFT

ZUTATEN: 4 Stubenkücken, 1/2 l heller Geflügelfond (Rezept S. 33), 1/2 l trockener Weißwein, 100 g Butter, 80 g Butterschmalz zum Braten, Lorbeerblatt, Pfeffer, 2 Knoblauchzehen, Rosmarin, 12 kl. Möhren, 12 kl. Maiskölbchen, 200 g kl. Champignons, 2 Zucchini, 1/2 Sellerie

VORBEREITUNG Gemüse: Das Gemüse putzen, Möhren, Zucchini und Sellerie gleichmäßig zurechtschneiden (Reste aufheben) und blanchieren.

VORBEREITUNG: Die Flügel, Innereien (ohne Leber) und die Gemüsereste in wenig Fett angehen lassen. Gewürze dazugeben, mit

Weißwein und Geflügelfond auffüllen und ca. 30 Minuten kochen lassen. Den Fond passieren.
ZUBEREITUNG: Die Stubenkücken würzen. In Butterschmalz rundherum anbraten, den Fond dazugießen und die Kücken gar ziehen lassen. Aus dem Sud nehmen und Brust und Keulen vom Knochen schneiden. Den Fond passieren.
ZUBEREITUNG Gemüse: Das Gemüse in etwas Butter anschwitzen, mit dem Fond angießen und gar ziehen lassen. Zum Schluss die Butter vorsichtig unterziehen. Die Brust und Keulen auf das Gemüse legen und servieren.
BEILAGEN: Kartoffelpüree, Salzkartoffeln, Reis, Körnerrisotto

Gerichte mit Wild

Die Jagdzeit für Feldhasen ist von November bis Mitte Januar. Frische Hasen sind wesentlich besser zu verarbeiten als Tiefkühlware. Leider sind frisch gejagte Hasen sehr schwer zu bekommen.

GESCHMORTE HASENKEULEN IN ROTWEIN

ZUTATEN: 4 Hasenkeulen, 1/2 l Rotwein, 1/2 l Wildfond, 6 Gewürzkörner, 2 Nelken, 2 Lorbeerblätter, 1 Zwiebel, 1 Möhre, 1 kl. Stück Sellerie, 30 g Mehlbutter, 60 g Bratfett

VORBEREITUNG: Die Hasenkeulen enthäuten, das Gemüse putzen und in Würfel schneiden. Die Keulen mit dem Gemüse und den Gewürzen 1 Tag in Rotwein einlegen.
ZUBEREITUNG: Die Keulen salzen und pfeffern und in einer Braisiere im Bratfett rundherum anbraten, aus der Braisiere nehmen und zu dem Bratensatz jetzt das Röstgemüse geben. Braun rösten und mit dem Rotwein ein- bis zweimal ablöschen und reduzieren. Die Keulen wieder dazugeben und mit dem Wildfond auffüllen und schmoren lassen, bis sie weich sind. Aus der Soße nehmen, diese mit der Mehlbutter binden und nochmals aufkochen und passieren. Auf die Keulen geben und servieren.
BEILAGEN: Apfelrotkraut, Wirsinggemüse, Apfelkompott, Kartoffelpüree, Semmelknödel

HASENPFEFFER IN BLUTSOSSE

ZUTATEN: Schulter, Nacken, Bauchlappen und Keulen von 2 Hasen, 1/2 l Rotwein, etwas Blut vom Schwein oder Rind (vom Schlachter), 1 l Wildfond, 1 Zwiebel, 2 Möhren, 1 Stück Sellerie, 10 Gewürzkörner,

würzkörner, 20 Pfefferkörner, 1 Lorbeerblatt, 50 g Perlzwiebeln, 200 g kleine Champignons, 4 dicke Scheiben durchwachsener Speck

VORBEREITUNG: Den Speck in fingerdicke Streifen schneiden, scharf anbraten und aus dem Fett nehmen. Die Champignons putzen und mit den geschälten Perlzwiebeln in dem Speckfett kurz braten. Das Gemüse putzen und in Würfel schneiden. Das Hasenfleisch mit den Keulen, Gewürzen und dem Gemüse im Rotwein einlegen und ca. 2 Tage darin marinieren. Auf ein Sieb schütten und abtropfen lassen.

ZUBEREITUNG: Das Fleisch wie Hasenkeulen schmoren (Rezept S. 115) – aus der Soße nehmen und das Fleisch vorsichtig von den Knochen trennen, die Fleischstücke dabei möglichst groß lassen. Die Soße mit etwas Blut binden – jedoch nicht mehr kochen lassen –, passieren und auf das Fleisch geben. (Wenn kein Blut zur Hand ist, mit etwas Mehlbutter oder geriebenem Schwarzbrot binden, passieren.) Die gebratenen Champignons, den kross gebratenen Speck und die Perlzwiebeln als Garnitur dazugeben.

BEILAGEN: Kartoffelklöße, gebratene Kartoffelklöße, Rotkraut, Maronen

HASENRÜCKEN MIT WACHOLDERSOSSE

ZUTATEN: 2 Hasenrücken, 1/4 l Sahne, 1/4 l Wildfond (Rezept S. 32), 1 Zwiebel, 1 Möhre, 1 kl. Stück Sellerie, 20 Wacholderbeeren, 2 Nelken, 2 Gewürzkörner (Piment), 10 Pfefferkörner, etwas Bratfett, 60 g grüner Speck (ungesalzener, ungeräucherter Speck)

VORBEREITUNG: Den grünen Speck vom Metzger in möglichst große Scheiben schneiden lassen. Die Hasenrücken enthäuten, Gemüse putzen und in Würfel schneiden.

ZUBEREITUNG: Die Hasenrücken salzen, pfeffern und mit dem Speck belegen. In der Bratröhre bei 200° ca. 15 Minuten braten und danach bei 100° warm stellen. In den Bratensatz die Parüren geben und anbraten. Das Gemüse und die Gewürze dazugeben, anrösten und mit dem Fond ablöschen, mit der Sahne auffüllen und so lange kochen, bis die Soße sämig ist. Passieren und evtl. mit Salz und Pfeffer nachschmecken. Die Hasenrückenfilets vom Knochen schneiden und in längliche Scheiben tranchieren.

BEILAGEN: Glasierte Maronen, Rosenkohl, Schwarzwurzeln, Kartoffelklöße

HASENRÜCKENFILETS MIT MARONENMUS IN BLÄTTERTEIG, MADEIRASOSSE

ZUTATEN: 2 Hasenrücken, 200 g Maronenfüllung (Rezept S. 36), 600 g Blätterteig, 1 Ei, Salz, Pfeffer
ZUTATEN Soße: $^{1}/_{8}$ l Madeira, $^{1}/_{8}$ l Rotwein, $^{1}/_{4}$ l Wildfond (Rezept S. 32), 1 Karotte, 1 Zwiebel, 1 kl. Stück Sellerie, 1 Lorbeerblatt, 50 g Fett, 1 TL Weizenstärke, 2 Nelken, 10 Pfefferkörner

VORBEREITUNG: Die Hasenrückenfilets vom Knochen lösen und alle Sehnen und Haut entfernen. Die Knochen klein hacken, das Gemüse und die Zwiebel schälen und klein schneiden. Die Rückenfilets mit Salz und Pfeffer würzen und ganz kurz rundherum anbraten. Das Ei mit wenig Wasser verquirlen zum Einstreichen.
ZUBEREITUNG Soße: Die Knochen in etwas Fett anbraten, das Gemüse und die Zwiebeln dazugeben und braten, bis die Zwiebeln braun sind. Die Gewürze zufügen und mit Rotwein ablöschen. Mit Wildfond auffüllen und bis zur Hälfte reduzieren. Passieren und mit wenig Weizenstärke binden und den Madeira zusetzen. Mit etwas Salz abschmecken.
ZUBEREITUNG Hasenrücken: Den Blätterteig in 4 gleich große Platten ausrollen (10 x 18 cm). Auf 2 Platten je 2 Hasenrückenfilets nebeneinander legen, das Maronenmus darauf verteilen und die zweite Platte auflegen. Die Ränder der unteren Platte mit dem verquirlten Ei einstreichen und oberen und unteren Rand fest aneinander drücken. Alles mit verquirltem Ei einpinseln und im vorgeheizten Backofen ca. 10–15 Minuten bei 220° backen. 5 Minuten ruhen lassen und in fingerdicke Scheiben schneien.
BEILAGEN: Maisplätzchen, Kartoffelplätzchen, Rosenkohl, Wirsinggemüse

HIRSCHRÜCKENFILET IN MANGOLD GEBRATEN MIT HOLUNDERSOSSE

ZUTATEN: 600 g Hirschrückenfilet, 100 g Wildfarce (Rezept S. 35), 6 Blätter Mangold, Salz, Pfeffer
ZUTATEN Soße: $^{1}/_{4}$ l Wildfond (Rezept S. 32), $^{1}/_{8}$ l Rotwein, 1 Zwiebel, 1 kl. Karotte, 1 kl. Stück Sellerie, 0,1 l Holundersirup (Rezept S. 26)

VORBEREITUNG: Das Hirschrückenfilet vollkommen von Sehnen und Haut befreien, salzen und ganz kurz anbraten. Die Mangoldblätter blanchieren, die dicken, weißen Stiele abschneiden.
ZUBEREITUNG: Das gebratene Hirschrückenfilet rundherum mit der Wildfarce einreiben und in den Mangold wickeln. Auf die Fettpfanne legen, die in Würfel geschnittene Zwiebel, Karotten und Selle-

rie herum legen und bei 180° in den Backofen schieben. 20 Minuten braten, herausnehmen und das Gemüse mit dem Wildfond und dem Rotwein ablöschen und reduzieren. Durch ein Sieb passieren und den Holundersirup dazugeben und mit Salz und Pfeffer abschmecken.
BEILAGE: Maisplätzchen, Kartoffelplätzchen, Nudeln, Rosenkohl, Rotkraut, Winterrettich

REHRAGOUT MIT GRÜNEM PFEFFER

ZUTATEN: 1 kg Rehragout ohne Knochen, 40 g Mehl, 1 EL Johannisbeergelee, 100 g Fett zum Braten, 1/4 l Sahne, 1 l Wildfond (Rezept S. 32), 2 Zwiebeln, 1 Karotte, 1 kl. Stück Sellerie, 1 EL grüner Pfeffer
ZUTATEN Beize: 1/2 l Rotwein, 30 g Wacholderbeeren, 1 Zweig Rosmarin, 10 Pfefferkörner, 1 Lorbeerblatt, 2 Nelken

VORBEREITUNG: Gemüse putzen und in Würfel schneiden. Zutaten für die Beize zusammengeben und das Fleisch mit dem Gemüse 1–2 Tage darin beizen. Danach auf ein Sieb schütten, die Beize auffangen.
ZUBEREITUNG: Das Fleisch und das klein gewürfelte Gemüse in einer Braisiere scharf anbraten, Johannisbeergelee dazugeben, mit Mehl bestäuben und durchrösten. Mit der Beize und dem Wildfond auffüllen und gar kochen. Das Fleisch aus der Soße herausnehmen. Das Gemüse in der Soße weiter bis auf 1/2 l einkochen. Danach die Sahne dazugeben und alles passieren. Mit Salz abschmecken und den grünen Pfeffer dazugeben. Eventuell noch etwas Gelee zufügen. Das Fleisch wieder hineingeben.
BEILAGEN: Verschiedene Pilze, Rosenkohl, Petersilienwurzeln, alle Klöße
VARIATION: Auf gleiche Art und Weise kann man auch Hirsch- oder Wildragout kochen.

REHRÜCKEN MIT PILZEN IN BLÄTTERTEIG, WACHOLDERSAHNE

ZUTATEN: 1,2 kg Rehrücken oder 450 g ausgelöstes Rehrückenfilet, 500 g gemischte Pilze, 80 g Bratfett, 1 Ei, 2 Schalotten, Salz, Pfeffer, 1 Scheibe gekochter Schinken, 800 g Blätterteig
ZUTATEN Soße: Knochen, Haut und Sehnen vom Rehrücken, 1/2 l Wildfond (Rezept S. 32), 1/8 l Sahne, 20 Wacholderbeeren, 1 Lorbeerblatt, 2 Nelken, 1 Zwiebel, 1 Karotte, 10 g Mehlbutter (Rezept S. 37), 2 EL Crème fraîche

VORBEREITUNG Pilzfüllung: Die Pilze putzen, waschen und in Scheiben schneiden. Die Schalotten in feine Würfel schneiden. Pilze

mit Salz und Pfeffer würzen und mit den Schalottenwürfeln in wenig Fett kurz anbraten. Auf ein Sieb schütten, damit aller Fond, der sich gebildet hat, ablaufen kann. Pilze jetzt fein hacken und den Schinken in feine Würfel schneiden. Die Pilze und den Schinken nochmals erhitzen, evtl. mit Salz und Pfeffer nachwürzen und ein Eigelb unterziehen.
ZUBEREITUNG Soße: Die Wildreste mit dem gewürfelten Gemüse im Bratensatz der Rehrückenfilets anbraten, die Gewürze dazugeben und mit dem Wildfond ablöschen. Mit der Sahne auffüllen und zu einer sämigen Soße verkochen. Mit wenig Mehlbutter binden, etwas reduzieren, passieren und zum Schluss die Crème fraîche unterziehen.
ZUBEREITUNG: Die parierten Rehrückenfilets mit Salz und Pfeffer würzen und rundherum anbraten. Den Blätterteig in 2 Platten ca. 14 x 30 cm, 5 mm dick ausrollen. Auf eine Blätterteigplatte jetzt die 2 Filets nebeneinander legen, darauf die Pilzfüllung verteilen. Die Ränder mit etwas verquirltem Eigelb bepinseln. Mit der 2. Blätterteigplatte bedecken und an allen vier Seiten fest einschlagen und gut andrücken. Mit dem Eigelb bestreichen und im vorgeheizten Backofen bei 200° ca. 12–15 Minuten backen und ca. 5–10 Minuten ruhen lassen. In dicke Scheiben schneiden.
BEILAGEN: Kartoffelplätzchen, Nudeln, Maisplätzchen, Gemüseflan, Rosenkohl, Schwarzwurzeln

RHEINISCHER SAUERBRATEN VOM WILDSCHWEIN

ZUTATEN: 1,2 kg Wildschweinebraten aus der Schulter oder Keule, 1/2 l Wildfond (Rezept S. 32), 60 g Mandelblättchen, 4 Scheiben Pumpernickel, 80 g Rosinen
ZUTATEN Beize: 5 EL Rotweinessig, 1/8 l Rotwein, 1 Lorbeerblatt, 2 Nelken, 5 Wacholderbeeren, 2 Zwiebeln und 1 Möhre in Würfel geschnitten
ZUTATEN Kompott: 8 kl. Cox Orange (Apfel), 1 naturreine Orange, 1 Stück Zimtstange, 50 g Zucker, 1/8 l Weißwein, 1 TL Stärkemehl

VORBEREITUNG: Alle Zutaten für die Beize mit ca. 1/2 l Wasser vermischen und den Wildschweinebraten darin einlegen. 1–2 Tage an einem nicht zu kalten Ort stehen lassen.
ZUBEREITUNG Kompott: Die Äpfel schälen, entkernen und in Achtel schneiden. Den Weißwein, Zucker, Zimt, Saft einer Orange und die in dünne Streifen geschnittene Orangenschale in wenig Wasser aufkochen. Die Äpfel hineinlegen, 2–3 Minuten kochen und wieder herausnehmen. Den Fond bis auf die Hälfte reduzieren und mit Stärke binden. Abkühlen und die Äpfel wieder dazugeben. Lauwarm servieren.

ZUBEREITUNG Sauerbraten: Das Fleisch aus der Beize nehmen, anbraten, das Gemüse dazugeben und rösten, bis die Zwiebeln braun werden. Mit der Beize ablöschen. Den Wildfond dazugeben und gar schmoren. Zur Bindung der Soße den Pumpernickel dazugeben und verkochen. Soße durch ein Sieb passieren und die eingeweichten Rosinen dazugeben. Das Fleisch schneiden und mit der Soße überziehen. Die Mandeln rösten und über das Fleisch streuen. Die restliche Soße extra reichen.
BEILAGEN: Alle Klöße, Nudeln, Maisplätzchen

ROULADEN VOM HIRSCH IN ROTWEINSOSSE

ZUTATEN: 600 g Hirschrückenfilet, 1/2 Flasche Rotwein, 1/4 l Wildfond (Rezept S. 32), 1 Möhre, 1 Stück Sellerie, 2 Zwiebeln, 200 g Austernpilze, etwas Majoran, 2 Nelken, 2 Lorbeerblätter, 8 Wacholderbeeren, 8 Scheiben Speck, etwas süßer Senf, 20 g Mehlbutter (Rezept S. 37)

VORBEREITUNG: 8 gleichmäßige Scheiben aus dem Hirschrückenfilet schneiden. Zwischen Klarsichtfolie auf ca. 3 mm Stärke ausklopfen. Salzen, pfeffern und mit süßem Senf bestreichen. Auf jede Roulade eine Scheibe Speck legen und die fein geschnittenen Austernpilze (vorher kurz angebraten) mit etwas Majoran darauf geben. Alles fest einrollen und mit Bindfaden oder Rouladennadeln binden. Gemüse putzen und in Würfel schneiden.
ZUBEREITUNG: Die Rouladen rundherum anbraten und aus der Pfanne nehmen. In den Bratensatz das Gemüse geben und anrösten. Mit Rotwein ablöschen und mit dem Wildfond auffüllen. Die Rouladen in die Soße zurückgeben und gar schmoren. Herausnehmen und den Bindfaden oder die Nadeln entfernen. Die Soße mit Mehlbutter binden und passieren. Mit Salz und Pfeffer abschmecken.
BEILAGEN: Dinkelrisotto, Semmelknödel, Schwarzer Winterrettich, Chicoréegemüse mit Orangen

Gerichte mit Wildgeflügel

Gejagten Fasan gibt es von Anfang Oktober bis Mitte Januar. Junge Fasanhähne erkennt man, wenn die Sporen an den Füßen klein und weich sind. Sind diese Sporen lang und spitz, so handelt es sich um alte Tiere. Nur junge Fasanhähne eignen sich zum Kurzbraten.
Alte Fasane oder Hennen schmort man oder verkocht sie zu Suppen und Eintöpfen.
Zuchtfasane sind in der Qualität sehr gut, ihnen fehlt aber der typische Wildgeschmack.

FASANENBRUST AUF GRÜNEN LINSEN MIT CALVADOS-SAHNE-SOSSE

ZUTATEN: 2 junge Fasane, 10 Wacholderbeeren, 2 Lorbeerblätter, 4 Nelken, Pfeffer, Salz, 80 g Bratfett
ZUTATEN Calvados-Sahne-Soße: 1/4 l Sahne, 2 EL Crème fraîche, 1 Apfel, 4 cl Calvados
ZUTATEN grüne Linsen: 200 g grüne Linsen, 1 große Zwiebel, 1 Stück Porree, 1 kl. Stück Sellerie, 1 große Karotte, 100 g magerer Speck, Pfeffer, Salz

VORBEREITUNG: Die Brust der Fasane mit dem Brustknochen vom Rückenknochen und den Keulen trennen. Die Keulen mit den Knochen möglichst klein hacken und anbraten. Lorbeerblätter, Nelken, Wacholderbeeren und eine halbe in Würfel geschnittene Zwiebel dazugeben, mit Wasser auffüllen und auf ca. 1/2 l Fond einkochen lassen und durchsieben.
VORBEREITUNG Linsen: Den Speck und eine halbe Zwiebel in kleine Würfel schneiden. Die Karotte, den Porree und den Sellerie putzen, schälen und ebenfalls in kleine Würfel schneiden.
ZUBEREITUNG Linsen: Speck und Zwiebel goldgelb anbraten, die Linsen dazugeben und mit 1/4 l der Fasanenbrühe auffüllen. 1/4 l Wasser dazugeben und 15 Minuten kochen lassen. Das klein geschnittene Gemüse zu den Linsen geben und weitere 10 Minuten kochen lassen. Die Linsen sollten jetzt weich sein und die Brühe so weit verkocht, dass ein leichtes Gemüse entstanden ist. Mit Salz und Pfeffer abschmecken.
ZUBEREITUNG Fasanenbrust: Die Fasanenbrust wird mit Salz und Pfeffer gewürzt und auf dem Knochen im Bratrohr gebraten (ca. 15 Minuten bei 220°) und danach vom Knochen gelöst.
ZUBEREITUNG Calvados-Sahne-Soße: Den restlichen Fasanenfond mit der Sahne und der Crème fraîche zusammen einkochen, bis eine sämige Soße entstanden ist, mit dem Calvados abschmecken und die in Würfel geschnittenen Äpfel dazugeben.
ANRICHTEN: Die Fasanenbrust vom Knochen lösen und in dünne Scheiben schneiden. Auf dem Linsengemüse anrichten und etwas Soße herumgeben.
BEILAGE: Schneekartoffeln (Rezept S. 125)

FASANENBRUST IN BLÄTTERTEIG

ZUTATEN: 2 junge Fasanenhähne, 4 Scheiben Gänseleberparfait á 30–40 g, 400 g Blätterteig (evtl. tiefgefroren), 1 Ei, Salz, Pfeffer aus der Mühle, 1/2 l brauner Geflügelfond (Rezept S. 31), 1/4 l Sahne,

1 Zwiebel, 1 Möhre, 5 Wacholderbeeren, etwas Sellerie, 1 Lorbeerblatt, $^1/_8$ l Weißwein 20 g Mehlbutter (Rezept S. 37)

VORBEREITUNG: Die Brust von den Knochen lösen und die Haut abziehen. Die Keulen und Knochen klein hacken, anbraten. Das gewürfelte Gemüse, die klein gehackte Zwiebel und die Gewürze dazugeben, mit der Sahne ablöschen und dem Geflügelfond und Weißwein auffüllen. $^3/_4$ Std. kochen lassen und gegebenenfalls mit der Mehlbutter binden, um eine sämige Soße zu erhalten. Passieren und mit Salz und Pfeffer abschmecken. 4 Platten Blätterteig ausrollen, etwas größer als die Fläche von 2 nebeneinander gelegten Brustfilets

ZUBEREITUNG: Die Brustfilets aufschneiden und mit der Gänseleber füllen. Mit Salz und Pfeffer würzen und je 2 Brüste nebeneinander auf je eine Blätterteigplatte legen. Den Rand mit Ei einstreichen und eine weitere Platte darauf legen. Fest andrücken. Mit verquirltem Ei bestreichen und bei 200° im Ofen ca. 12–15 Minuten backen.

BEILAGEN: Verschiedene Waldpilze oder Weinkraut. Die Soße dazureichen.

GEFÜLLTE WILDENTE IN PORTWEINSOSSE

ZUTATEN: 2 Wildenten, Salz, Pfeffer, 80 g Bratfett, 30 g Mehlbutter (Rezept S. 37), Gewürzmischung aus 1 EL Honig, 2 EL Sojasoße, $^1/_2$ TL Zimt, 1 TL Ingwerpulver, 100 g Zwiebeln, 50 g Karotten, 50 g Sellerie, 500 g Maronenfüllung (Rezept S. 36), $^1/_8$ l Portwein, $^1/_4$ l brauner Geflügelfond (Rezept S. 31)

VORBEREITUNG: Die Enten am Rücken mit der Geflügelschere aufschneiden und alle Knochen bis auf die Keulen und Flügelknochen entfernen. Das Entenfleisch innen und außen mit Salz und Pfeffer würzen und mit der Gewürzmischung einreiben. 1 Stunde ruhen lassen.

ZUBEREITUNG: Ente mit der Maronenfüllung füllen und zunähen. Leicht in Form drücken, damit die Ente die ursprüngliche Form erhält. In wenig Fett rechts und links anbraten, auf den Rücken legen, die Knochen und das Röstgemüse rundherum geben und $^1/_2$ Stunde braten. Mit Portwein und Geflügelfond auffüllen und nochmals ca. 1 Stunde schmoren. Die Enten herausnehmen und die Soße leicht mit Mehlbutter binden und passieren.

TIPP: Man kann die Enten auch mit Knochen schmoren und die Füllung in einer gebutterten Form extra garen. Das spart Zeit und ist einfacher. Füllung dann mit dem Löffel ausstechen.

BEILAGEN: Semmelknödel, bunte Nudeln, Rosenkohl, Rotkohl

BEILAGEN

Kartoffeln und Klöße

AUFGESPRITZTE KARTOFFELN

ZUTATEN: 500 g mehlige Kartoffeln, 3 Eigelb, Salz, Muskat, 20 g Butter, 1 Eigelb

VORBEREITUNG: Die gekochten Kartoffeln durch eine Presse drücken. Mit Salz, Muskat abschmecken, Eigelb und Butter unterrühren.

ZUBEREITUNG: Die Kartoffelmasse noch warm mit dem Spritzbeutel (Sterntülle) in Form von Rosetten auf ein Backblech spritzen. Mit verquirltem Eigelb bestreichen, im Backofen goldgelb überbacken.

BUBENSPÄTZLE / SCHUPFNUDELN

ZUTATEN: 400 g mehlige Kartoffeln, 150 g Weizenmehl, 2 Eier, Salz, Muskat, 80 g Butterschmalz oder Öl zum Braten

VORBEREITUNG: Die Kartoffeln schälen, in Salzwasser weich kochen, abgießen und auf einem Backblech im Backofen bei 200° sehr gut ausdämpfen. Einen Topf mit Salzwasser aufsetzen.
ZUBEREITUNG: Die Kartoffeln durch die Presse drücken, mit dem Mehl und den Eiern mischen und mit Salz und Muskat würzen. Aus dem Teig jetzt lange, fingerdicke Rollen formen und in 5 cm lange Stücke schneiden. Die beiden Enden etwas spitzer rollen, ins heiße Wasser geben und einmal aufkochen. Mit dem Schaumlöffel herausnehmen, in kaltem Wasser abkühlen und auf Küchenpapier abtropfen, in heißem Butterschmalz schön braun braten.

KARTOFFELCRÊPE AUS KARTOFFELPÜREE

ZUTATEN: 300 g Kartoffelpüree (kann vom Vortag sein), 50 g Mehl, 3 Eier, Salz, Muskat, Fett zum Braten (Butterschmalz oder Öl)

ZUBEREITUNG: Das Mehl und die Eier unter das Püree rühren und mit Salz und Muskat würzen. Evtl. etwas Milch dazugeben. Falls der Teig zu dünn ist, etwas mehr Mehl zugeben. Im Fett kleine dünne Pfannkuchen ausbacken.
VARIATIONEN: Mit Kräutern, mit Speck und Zwiebeln oder mit dünnen Porreestreifen.

KARTOFFELGRATIN

ZUTATEN: 1 kg fest kochende Kartoffeln, 1/8 l Sahne, 1/4 l Milch, Salz, Pfeffer aus der Mühle, Muskat, 1 Knoblauchzehe

ZUBEREITUNG: Die Kartoffeln schälen, waschen und in dünne Scheiben schneiden. Nicht mehr ins Wasser legen oder waschen. In der Milch/Sahne kurz aufkochen und mit Salz, Pfeffer, Muskat und der zerdrückten Knoblauchzehe abschmecken. In eine feuerfeste Form füllen und im Backofen bei 200° goldgelb backen.
TIPP: Je flacher die Form ist, desto mehr schmackhafte Kruste bildet sich.
VARIATION: Vor dem Backen mit Parmesan, geriebenen Nüssen oder Mandeln bestreuen.

KARTOFFELKLÖSSE

ZUTATEN: 400 g gekochte Kartoffeln, 1 Ei, 1 EL Stärkemehl, 50 g Mehl, Salz, Muskat

ZUBEREITUNG: Die Kartoffeln möglichst am Vortag kochen und durch die Kartoffelpresse drücken. Abgedeckt stehen lassen. Alle Zutaten dazugeben und gut verkneten. Klöße formen und im Salzwasser kochen. Immer einen Probekloß kochen, um zu sehen, ob sie zusammenhalten. Evtl. Stärkemehlanteil erhöhen.
TIPP: Dem Wasser etwas Stärkemehl zugeben, die Klöße in Stärkemehl rollen, sie fallen dann nicht so leicht auseinander.
VARIATION: Die Klöße mit gerösteten Brotwürfeln füllen.

KARTOFFELPLÄTZCHEN

ZUTATEN: 500 g mehlige Kartoffeln, 3 Eigelb, Salz, Muskat, 20 g Butter, Mehl zum Ausrollen, Fett zum Braten (Butterschmalz oder Öl)

ZUBEREITUNG: Die Kartoffeln schälen und in Salzwasser kochen. Abschütten und gut ausdämpfen. Durch die Kartoffelpresse drücken, Eigelb und Gewürze dazugeben. Sollte die Masse nicht fest genug sein, 1–2 EL Stärkemehl dazugeben. Auf die Arbeitsplatte Mehl geben und die Masse in ca. 4 cm dicke Rollen ausrollen und auskühlen lassen. Danach in ca. 1,5 cm dicke Scheiben schneiden und beide Seiten in ganz wenig Fett in einer beschichteten Pfanne braten.
VARIATIONEN: Mit Kräutern oder mit Speck- und Zwiebelwürfeln

MANDELKROKETTEN

ZUTATEN: 800 g mehlige Kartoffeln, Salz, 3 Eigelb, etwas geriebene Muskatnuss, 2 Eier, 125 g gemahlene Mandeln, 50 g Paniermehl, 10 g Mehl, Öl zum Ausbacken

VORBEREITUNG: Kartoffeln schälen und in Salzwasser gar kochen. Nach dem Abgießen gut ausdämpfen, damit die Kartoffeln schön trocken sind. Die beiden Eier gut verrühren. Das Paniermehl und die Mandeln mischen.

ZUBEREITUNG: Die noch heißen Kartoffeln durch eine Kartoffelpresse drücken. Das Eigelb dazurühren, mit Salz und geriebener Muskatnuss abschmecken. Noch warm in 2–3 cm Durchmesser große Kugeln formen. Damit die Masse nicht an den Fingern kleben bleibt, etwas Weizenmehl zum Abdrehen benutzen. Die Kugeln völlig kalt werden lassen und dann zuerst durchs Mehl, dann durch das Ei und zuletzt durch die Mandeln rollen. Die Mandeln dabei fest andrücken, damit sie beim Ausbacken nicht abfallen. In ca. 160° heißem Öl ausbacken, am besten in der Fritteuse.

RISSOLÉE-KARTOFFELN

ZUTATEN: 750 g kleine runde Kartoffeln, 50 g Butter- oder Gänseschmalz

VORBEREITUNG: Die Kartoffeln waschen und 20 Minuten mit Wasser bedeckt gar kochen. Wasser abschütten und die Kartoffeln pellen.
ZUBEREITUNG: Die gepellten Kartoffeln in der Pfanne im heißen Schmalz 10 Minuten braten. Dabei die Pfanne mehrmals kräftig schütteln, damit die Kartoffeln rundherum schön braun werden.

SCHNEEKARTOFFELN

ZUTATEN: 500 g Kartoffeln, 40 g Butter

ZUBEREITUNG: Die Kartoffeln waschen, schälen und in Salzwasser kochen. Die Kartoffeln abschütten und heiß durch die Kartoffelpresse drücken, mit Butterflocken bestreuen und gleich servieren.

SEMMELKNÖDEL

ZUTATEN: 200 g trockene Semmelwürfel (Brötchen, Weißbrot, Toastbrot) oder 300 g frisches Weißbrot (Brötchen), 2 TL Butter, 2 Schalotten, etwas Weizenmehl, $^1/_8$ l Milch, 2 Eier, Muskat, gehackte Petersilie, 4 Scheiben Speck

VORBEREITUNG: Das Brot in Würfel schneiden. Speck und Schalotten in feine Würfel schneiden und goldgelb ausbraten. Das Fett abschütten. Die Petersilie fein hacken. 1 Topf mit Salzwasser aufsetzen.
ZUBEREITUNG: Die Semmelwürfel mit heißer Milch übergießen. Den Speck und die Schalotten, die verquirlten Eier, Salz, Muskat und gehackte Petersilie dazugeben. Alles gut verkneten und mit nassen Händen Klöße formen. Im Salzwasser aufkochen und dann ca. 8 Minuten ziehen lassen.
Immer eine Probe kochen. Sollten die Klöße nicht halten, etwas Mehl dazugeben und mit Mehl abdrehen.
TIPP: Werden auch sehr gut aus Vollkornbrötchen.

SERVIETTENKLOSS

ZUTATEN: 1 Toastbrot, 1 Ei, 4 Scheiben magerer Speck, 1 Zwiebel, 1 kl. Bund Petersilie, $^1/_4$ l Milch, 20 g Butter, Salz, Pfeffer

ZUBEREITUNG: Das Toastbrot in Würfel schneiden und mit heißer Milch übergießen. In die noch heiße Masse das verquirlte Ei rühren. Den Speck und die Zwiebel in Würfel schneiden, anbraten und dazugeben. Zum Schluss die gehackte Petersilie unterheben und abschmecken. Die Mitte einer Serviette mit Butter bestreichen, die Masse darauf geben. Die vier Enden der Serviette so fest zusammendrehen, dass ein runder Kloß entsteht. Mit festem Bindfaden zubinden und im Salzwasserbad 1 Std. leicht kochen lassen. Danach auswickeln, auf eine Platte legen und in Stücke schneiden.
TIPP: Schmeckt auch angebraten sehr gut. Dazu in Scheiben schneiden und in Butterschmalz oder Öl rundherum braten.

Nudeln

Nudeln gibt es in ausgesuchter Qualität im Handel – in allen Formen und Farben. Für alle, die es selbst versuchen wollen, ein Grundrezept mit einigen Variationen.

NUDELTEIG

ZUTATEN: 500 g Weizenmehl Typ 405, 500 g Hartweizengrieß, 6 Eier, Salz

ZUBEREITUNG: Alles gut verkneten und 1–2 Stunden ruhen lassen. So dünn wie möglich ausrollen und schneiden, vorzugsweise mit einer Nudelmaschine. Nudeln in der gewünschten Form herstellen und in Salzwasser kochen.

GELBE NUDELN

ZUTATEN: 500 g Nudelteig, 2 g Safran

ZUBEREITUNG: Nudeln wie im Nudelteig-Rezept beschrieben herstellen. Die weißen Nudeln dann in dem mit Safran gefärbten Salzwasser kochen.

GRÜNE NUDELN

ZUTATEN: 500 g Nudelteig, 1 EL Spinatmate (Farbe)

ZUBEREITUNG Spinatmate: 200 g geputzten Spinat waschen, ganz fein hacken und vollkommen auspressen. Diesen ausgepressten Saft auffangen und ganz vorsichtig erhitzen. Die grünen Flocken, die sich bilden, vorsichtig abschöpfen und auffangen. (auf einem Stück Passiertuch oder Kaffeefilterpapier). Kann auch zum Färben von Suppen und Soßen genommen werden. Nudelteig herstellen und dabei die Mate mit den Eiern verquirlen.

ROTE NUDELN

ZUTATEN: 500 g Nudelteig, 1 EL Tomatenmark

ZUBEREITUNG: Tomatenmark mit dem Nudelteig verkneten und weiterverarbeiten wie im Rezept Nudelteig beschrieben.

SCHWARZE NUDELN

ZUTATEN: 500 g Nudelteig, 1 Päckchen Tinte vom Tintenfisch (25 g)

ZUBEREITUNG: Nudelteig mit der Tintenfisch-Tinte verkneten. Weiterverarbeiten wie im Rezept Nudelteig beschrieben.

Sonstige Beilagen

BUNTER REIS

ZUTATEN: 250 g Langkornreis, 1/2 l heller Geflügelfond (Rezept S. 33), 2 EL Olivenöl, 1 Schalotte, je 1/2 rote, grüne und gelbe Paprikaschote

VORBEREITUNG: Den Reis in wenig Olivenöl angehen lassen, mit dem Fond auffüllen und ca. 20 Minuten kochen, bis aller Fond verkocht ist. Die Paprikaschoten in feine Würfel schneiden und kurz blanchieren.
ZUBEREITUNG: Reis mit Paprikaschoten mischen und mit Salz abschmecken.
VARIATION: Mit Champignonwürfeln oder anderen Pilzen wie Morcheln, Steinpilzen oder Austernpilzen.

GRÜNKERNBRATLINGE

ZUTATEN: 1 Zwiebel, 1 TL Butter, 150 g Grünkern (mittelfein geschrotet), 300 ml Wasser, 1 TL Instant-Gemüsebrühe, 1/2 TL geriebene Muskatnuss, 1/2 TL Majoran, 1/2 TL Basilikum, 3 EL saure Sahne, 1 EL Sojamehl, 8 TL Mandelblättchen, Bratfett

VORBEREITUNG: Die Zwiebel in feine Würfel schneiden und in der Butter glasig dünsten. Mit etwas Grünkernschrot bestäuben und mit dem Wasser ablöschen. Den restlichen Grünkern zufügen und kurz aufkochen lassen. Unter ständigem Rühren zu einem festen Teig kochen, mit der Instant-Gemüsebrühe, der Sahne, Muskatnuss und den Kräutern abschmecken und eine Stunde quellen lassen.

ZUBEREITUNG: Nach der Quellzeit Sojamehl unterrühren und kleine Bratlinge aus dem Teig formen und in den Mandelblättchen wälzen. In einer beschichteten Pfanne mit Deckel die Bratlinge ca. 5 Minuten auf jeder Seite ausbacken.

KÖRNERRISOTTO

ZUTATEN: 250 g gemischte Körner (Dinkel, Naturreis, Weizen, Gerste), fertige Mischungen sind vorteilhaft, da sie so gemischt sind, dass sie gleichzeitig gar werden, $^1/_2$ l heller Geflügelfond (Rezept S. 33), 1 Schalotte, 50 g Parmesan, etwas Olivenöl

ZUBEREITUNG: Die Körner mit der fein geschnittenen Schalotte in Olivenöl anschwitzen. Mit Brühe auffüllen, salzen und weich kochen. Zum Schluss den Parmesan unterheben.

MAISPLÄTZCHEN

ZUTATEN: 1 kl. Dose Mais (200 g) oder gefrorener Mais, 0,1 l Milch, 2 Eier, Salz, Muskat, 60 g Mehl, Öl zum Braten

ZUBEREITUNG: Den Mais gut abschütten, 100 g fein pürieren (Stabmixer) und mit der Milch, dem Mehl und dem Eigelb zu einem glatten Teig verrühren. Mit Salz und Muskat abschmecken und die ganzen Maiskörner dazugeben. Das Eiweiß steif schlagen und unterziehen. In Öl zu kleinen Plätzchen ausbacken.

NAVETTENGRATIN

ZUTATEN: 0,8 kg feste Navetten (weiße Rübchen), 0,5 kg kleine Kartoffeln, $^1/_8$ l Milch, $^1/_4$ l Sahne, Salz, Pfeffer, Muskat, 1 Knoblauchzehe

VORBEREITUNG: Die Navetten und Kartoffeln schälen und in dünne Scheiben schneiden. Die Kartoffeln nach dem Schneiden nicht mehr waschen. Knoblauch mit wenig Salz fein reiben.
ZUBEREITUNG: Die Milch und Sahne mit Salz, Pfeffer und Knoblauch abschmecken und aufkochen. Die Kartoffeln dazugeben. 2 Minuten kochen und die Navetten dazugeben. Noch mal kurz aufkochen und in eine feuerfeste Form füllen. Im Backofen bei 200° goldgelb backen.
VARIATION: Mit geriebenem Käse, geriebenen Mandeln oder Nüssen vor dem Backen bestreuen. Es bekommt dadurch eine schöne Kruste.

PLÄTZCHEN VON WILDEM REIS

ZUTATEN: 200 g Wildreis, 1 Ei, 1 EL Mehl, Salz, etwas Muskat, 80 g Olivenöl

PUTENBRUST IM SPINATMANTEL

ZUTATEN: 500 g Putenbrust, Salz, Pfeffer aus der Mühle, 4 EL Öl
ZUTATEN Füllung: 150 g Putenfleisch, 1 Ei, 120 g Crème fraîche, 1 EL gehackte Petersilie, $^1/_2$ TL Salz, Pfeffer aus der Mühle, 1 EL Zitronensaft, 100 g Champignons, 125 g frischer Spinat, 1 Schweinenetz

VORBEREITUNG: Die Putenbrust unter kaltem Wasser abwaschen und mit Küchenpapier trockentupfen. 150 g Putenfleisch durch den Fleischwolf drehen und mit dem Ei, der Crème fraîche, der Petersilie, dem Salz, Pfeffer und dem Zitronensaft verrühren. Die Champignons abziehen und blättrig schneiden. Den Spinat putzen, sorgfältig waschen und im kochenden Salzwasser blanchieren. Auf ein Sieb schütten und abkühlen lassen. Das Schweinenetz gut unter kaltem Wasser abwaschen und auf ein großes Geschirrtuch ausbreiten.
ZUBEREITUNG: Die Putenbrust mit Salz und Pfeffer rundherum einreiben. Das Öl in einer Pfanne erhitzen und das Fleisch darin von allen Seiten kurz anbraten. Aus der Pfanne nehmen und abkühlen lassen. Im verbliebenen Bratfett die Champignons kurz dünsten, herausnehmen und abkühlen lassen. Den blanchierten Spinat sehr fein schneiden und zusammen mit den Champignons in die Putenfarce einrühren. Die Farce abschmecken und evtl. etwas nachwürzen. Das ausgebreitete Schweinenetz ca. 1 cm dick mit der Farce bestreichen und das Putenfilet einrollen. Die Enden zusammendrücken und das eingerollte Fleisch in eine leicht gefettete feuerfeste Form legen. Den Backofen auf 240° vorheizen und ca. 40–45 Minuten braten. Das Fleisch aus der Form nehmen und auf eine vorgewärmte Platte legen.
BEILAGEN: Kartoffelgratin, Möhrengemüse, Schwarzwurzeln

ZUBEREITUNG: Den Wildreis in viel Salzwasser weich kochen, abschütten und erkalten lassen. Mit dem Ei und Mehl verrühren, mit Salz und Muskat würzen und in Olivenöl kleine Plätzchen ausbacken.

TOPINAMBURSCHEIBEN MIT BUTTER

ZUTATEN: 750 g Topinambur, 50 g Butter, etwas Salz und Wasser zum Garen

VORBEREITUNG: Topinambur waschen, schälen und in Scheiben schneiden

ZUBEREITUNG: Die Topinamburscheiben in Salzwasser ca. 30 Minuten garen. Abgießen und mit zerlassener Butter servieren. Passt zu gebratenem Fleisch.

VARIATION: Polnisch, d. h. mit gerösteten Semmelbröseln, gehacktem, hart gekochtem Ei und gehackter Petersilie servieren.

TIPP: Der hohe Anteil an dem Kohlenhydrat Inulin (nicht Insulin) macht die Topinamburwurzel für Diabetiker als wohlschmeckende Diätbeilage interessant. Kräftig gewürzt kann sie auch als Salat zubereitet werden. Sie muss aber immer geschält werden.

Gemüse als Beilage

Heute bekommen wir eigentlich alle Gemüsesorten das ganze Jahr über zu kaufen. In diesen Rezepten möchten wir Rücksicht auf die Saison nehmen und vorrangig Wintergemüse verwenden. Auch hier wird uns eine große Auswahl geboten wie: Weißkohl, Rotkohl, Wirsing, Rosenkohl, Schwarzwurzeln, Schwarzer Winterrettich, Chicorée, Porree, Karotten, Navetten, Petersilienwurzeln, Pastinaken.

BAYRISCHES KRAUT

ZUTATEN: 1 kl. Weißkohl, 50 g Zucker, 50 g Butter, 1 kl. Zwiebel, etwas Kümmel, etwas Brühe oder Wasser, 1 EL Essig, Salz, Pfeffer aus der Mühle

VORBEREITUNG: Den Weißkohl vierteln und in feine Streifen schneiden. Die Zwiebel ebenfalls in dünne Scheiben schneiden.

ZUBEREITUNG: Die Butter zerlassen, den Zucker dazugeben und leicht braun werden lassen. Mit dem Essig ablöschen und die Zwiebel und das Kraut dazugeben. Sofort mit der Brühe aufgießen (etwa 1 fingerbreit Brühe). Mit Salz und Pfeffer würzen und 1 Prise Kümmel dazugeben. (Wer keinen Kümmel mag, kann ihn einfach weglassen.) Nicht zu lange kochen.

BLATTSPINAT

ZUTATEN: 1 kg Spinat, 2 Schalotten, 1 Knoblauchzehe, Salz, Pfeffer, 80 g Butter, $^1/_8$ l Rinderbrühe (Rezept S. 34)

VORBEREITUNG: Den Spinat putzen und waschen. Kurz in Salzwasser aufkochen, im Eiswasser abkühlen und auf einen Durchschlag schütten. Die Schalotten schälen und in kleine Würfel schneiden. Den Knoblauch durch die Presse drücken oder mit Salz fein zerreiben.
ZUBEREITUNG: Die Butter im Topf zerlassen und die Schalotten kurz darin anschwitzen ohne Farbe zu nehmen. Den Spinat und die Brühe dazugeben und mit Knoblauch, Salz und Pfeffer abschmecken.
VARIATION: Anstelle der Brühe Sahne oder Crème fraîche nehmen.

BOHNENBÜNDEL IM SPECKMANTEL

ZUTATEN: 0,8 kg feine grüne Bohnen, 12 Scheiben magerer Speck, etwas Salz, Pfeffer aus der Mühle, 60 g Butterschmalz

VORBEREITUNG: Die Bohnen putzen und in viel Salzwasser bissfest kochen. In Eiswasser abkühlen, damit die grüne Farbe erhalten bleibt.
ZUBEREITUNG: Den Speck auf die Arbeitsplatte legen. Die Bohnen darauf verteilen und jedes Bündel mit dem Speck fest einwickeln. Die Bohnen rechts und links gleichmäßig abschneiden, mit wenig Pfeffer aus der Mühle würzen. Nicht mehr salzen, da der Speck genug Salz abgibt. Die Bohnenbündel jetzt rundherum in Butterschmalz anbraten, bis der Speck kross ist.

BUNTE GEMÜSEPLATTE

ZUTATEN: 1 Romanesko, 3 Karotten, 2 Navetten, 2 Chicorée, 1 Tomate, 150 g Shiitake-Pilze, 250 g Blattspinat, 1 Schalotte, 1 kl. Bund Schnittlauch, 1 kl. Bund Petersilie, 1 Knoblauchzehe, Salz, Pfeffer aus der Mühle, 30 g Paniermehl, 1 Ei, etwas Muskatnuss

VORBEREITUNG: Den Romanesko putzen, den Strunk etwas ausschneiden, den Kopf aber nicht zerteilen. Das Ei hart kochen, abkühlen, schälen und in erbsengroße Würfel schneiden.
Die Karotten schälen und in Scheiben schneiden. Die Schalotten schälen und in feine Würfel schneiden.
Die Navetten schälen, halbieren und mit dem Buntmesser in Scheiben schneiden. In wenig Salzwasser garen.
Die Shiitake-Pilze in Streifen schneiden.
Den Spinat von Wurzeln und Stielen befreien und gut waschen. Danach in Salzwasser blanchieren, in Eiswasser abschrecken und auf einem Sieb gut abtropfen lassen. Die Knoblauchzehe schälen und zerreiben.

Den Chicorée halbieren, den Strunk ausschneiden und in fingerbreite Streifen schneiden. Die Tomate kreuzweise einschneiden und kurz ins kochende Wasser geben. Abkühlen lassen und die Haut abziehen. Die Tomate vierteln, die Kerne und den Stielansatz entfernen und in Würfel schneiden.
Die Petersilie fein hacken und den Schnittlauch in feine Röllchen schneiden.
ZUBEREITUNG: Den Romanesko in Salzwasser bissfest kochen, aus dem Wasser nehmen und als Mittelpunkt auf die Platte geben. Das Paniermehl in etwas Butter anrösten, das gehackte Ei, etwas Muskatnuss und einen Teil der gehackten Petersilie dazugeben. Alles über den Romanesko geben.
Die Karottenscheiben mit einem Teil der gewürfelten Schalotten in etwas Butter angehen lassen. Leicht salzen, mit wenig Mineralwasser ablöschen und 2–3 Minuten kochen. Die Schnittlauchröllchen dazugeben.
Die Navetten in etwas Fond mit wenig Butter erhitzen, mit Salz und Pfeffer aus der Mühle abschmecken.
Den Chicorée in wenig Butter angehen lassen, abgedeckt 2 Minuten garen. Die Tomatenwürfel und einen Teil der gehackten Petersilie dazugeben. Mit Salz und Pfeffer aus der Mühle abschmecken.
Den blanchierten Spinat in wenig Butter mit einem Teil der gehackten Schalotten angehen lassen und mit Salz und Pfeffer aus der Mühle abschmecken. Den zerriebenen Knoblauch dazugeben.
Die Shiitake-Pilze in Butter anbraten. Mit Salz und Pfeffer aus der Mühle abschmecken, Schnittlauch und Petersilie dazugeben.
Das Gemüse einzeln um den Romanesko geben. Dabei darauf achten, dass eine bunte Farbverteilung entsteht.

GEBRATENER CHICORÉE

ZUTATEN: 4 große weiße Chicorée, Salz, Pfeffer, Olivenöl

ZUBEREITUNG: Die Chicorée der Länge nach halbieren und den Strunk herausschneiden. Aber nur so viel, dass die Chicoréeblätter nicht auseinander fallen. Jetzt mit Salz und Pfeffer würzen und im Olivenöl braten. Lässt sich sehr schön als Fächer auf dem Teller anrichten.

GESCHMORTE GURKEN

ZUTATEN: 2 Salatgurken, 1 Schalotte, 2 Tomaten, 1 kl. Sträußchen Petersilie, Salz, Pfeffer aus der Mühle, Olivenöl

VORBEREITUNG: Die Gurken schälen, der Länge nach halbieren

und in Scheiben schneiden. Die Petersilie hacken. Die Tomaten kurz in heißes Wasser tauchen, Haut abziehen, die Kerne entfernen und in Würfel schneiden. Die Schalotten schälen und fein würfeln.
ZUBEREITUNG: Die Schalottenwürfel in Olivenöl angehen lassen ohne Farbe zu nehmen. Gurken dazugeben, mit Salz und Pfeffer würzen, abdecken und 2–3 Minuten schmoren. Die Tomatenwürfel und die gehackte Petersilie dazugeben.

GESCHMORTER CHICORÉE MIT ORANGEN

ZUTATEN: 6 große weiße Chicorée, 30 g Butter, 2 naturreine Orangen, Salz

VORBEREITUNG: Zesten (Streifen) von der Orangenschale schneiden und blanchieren. Orangen ausdrücken und den Saft erhitzen und reduzieren. Die Chicorée halbieren, die bitteren Strünke entfernen und in fingerbreite Streifen schneiden.
ZUBEREITUNG: Die Chicorée in Butter angehen lassen, mit dem reduzierten Orangensaft angießen und kurz aufkochen. Die Orangenzesten dazugeben und mit Salz abschmecken.

GESCHMORTER FENCHEL

ZUTATEN: 4 große Fenchelknollen, 1/2 l heller Geflügel- oder Gemüsefond (Rezept S. 32/33), Salz, Pfeffer, etwas Olivenöl

VORBEREITUNG: Fenchelknollen von oben nach unten so halbieren, dass zwei groß flächige Stücke entstehen. Den Strunk herausschneiden, ohne dass die Blätter auseinander fallen. Das feine Grün klein schneiden und als Garnitur aufheben.
ZUBEREITUNG: Die Fenchelknollen mit Salz und Pfeffer würzen und beidseitig leicht in Olivenöl anbraten. Mit dem Fond auffüllen und garen. Mit der runden Seite nach oben anrichten und mit dem klein geschnittenen Grün bestreuen.
VARIATION: Der übrige Fond kann leicht mit Mehlbutter und etwas Crème fraîche gebunden werden. So ergibt es auch ein vegetarisches Zwischengericht.

GEZUPFTER WIRSING

ZUTATEN: 1 Wirsing, 80 g Butter, Salz, Pfeffer aus der Mühle

ZUBEREITUNG: Den Wirsing in Stücke reißen, die dicken Rippen zurücklassen. Blanchieren und abschütten. Den Wirsing in die heiße Butter geben, kurz anschwitzen und mit Salz und Pfeffer abschmecken.

VARIATION: Mit gebratenem Speck und Zwiebelwürfeln.
Mit Sahne zerkochen oder auch etwas des jeweiligen Fleischfonds zusetzen.

LINSENGEMÜSE

ZUTATEN: 300 g grüne Linsen, 1/2 l Rinderbrühe (Rezept S. 34), 1 Karotte, 1 Stück Sellerie, 1 kl. Petersilienwurzel, 2 Schalotten, 2 EL Öl, Salz, Pfeffer aus der Mühle, Kreuzkümmel, 1 EL Essig

VORBEREITUNG: Das Gemüse und die Schalotten in kleine Würfel schneiden.
ZUBEREITUNG: Die Schalotten und das Gemüse in wenig Öl angehen lassen. Die Linsen dazugeben und mit Brühe auffüllen und weich kochen. Mit Salz, Pfeffer, Essig und dem gemahlenen Kreuzkümmel abschmecken.
VARIATIONEN: Mit roten Linsen oder Tellerlinsen, mit Wildfond oder Geflügelfond, passend zum Fleisch kochen.

MANGOLD

ZUTATEN: 1,5 kg Mangold, 2 Schalotten, 1 Knoblauchzehe, Salz, Pfeffer, 80 g Butter, 1/8 l Rinderbrühe (Rezept S. 34)

ZUBEREITUNG: Die grünen Blätter abzupfen und wie Blattspinat weiterverarbeiten.
Zur Verarbeitung der Stiele dient das nachfolgende Rezept.

MANGOLDSTIELE

ZUTATEN: 600 g Mangoldstiele, 80 g Butter, 1/8 l heller Kalbs- oder Geflügelfond (Rezept S. 33), 2 Schalotten, einige Stängel Schnittlauch und Petersilie, Salz, Pfeffer aus der Mühle

ZUBEREITUN: Die Schalotten schälen und in kleine Würfel schneiden. In Butter angehen lassen, mit Kalbsfond ablöschen und bis auf die Hälfte reduzieren. Die in dünne Streifen geschnittenen Mangoldstiele dazugeben und weich dünsten. Mit Salz und Pfeffer abschmecken. Die Kräuter fein hacken und dazugeben.

MÖHRENGEMÜSE MIT MINERALWASSER

ZUTATEN: 800 g Möhren, 2 Schalotten, 1/2 Bund Schnittlauch, 30 g Butter, Salz, Pfeffer aus der Mühle, etwas Zucker, 1/4 l Mineralwasser

VORBEREITUNG: Die Möhren schälen und in Scheiben schneiden.

Die Schalotten in kleine Würfel und den Schnittlauch in Ringe schneiden.
ZUBEREITUNG: Die Schalotten in Butter angehen lassen, die Möhren dazugeben und mit Mineralwasser auffüllen. Mit Deckel gar ziehen lassen. Schnittlauch dazugeben und mit wenig Zucker, Salz und Pfeffer nachschmecken.
VARIATION: Mit Petersilienwurzeln, Sellerie oder Pastinaken mischen.

PETERSILIENWURZELN ODER PASTINAKEN

ZUTATEN: 1 kg Petersilienwurzeln oder Pastinaken, 80 g Butter, Salz, Pfeffer aus der Mühle, Muskat

ZUBEREITUNG: Die Petersilienwurzeln (Pastinaken) schälen und in fingerdicke Stäbchen schneiden. Mit wenig Wasser angießen, etwas salzen und gar dünsten. Mit Salz, Pfeffer und Muskat abschmecken.
VARIATION: Wurzeln in Scheiben schneiden und mit Karotten und Kräutern mischen.

PORREEGEMÜSE MIT CRÈME FRAÎCHE

ZUTATEN: 3 Stangen Porree, 4 EL Olivenöl, 1/8 l Gemüsefond (Rezept S. 32), Salz, Pfeffer aus der Mühle, 4 EL Crème fraîche

ZUBEREITUNG: Den Porree in fingerdicke Ringe schneiden, waschen und gut abtropfen. In Olivenöl angehen lassen, salzen, pfeffern und mit Gemüsefond auffüllen. Gar dünsten und zum Schluss die Crème fraîche unterziehen.
VARIATION: Crème fraîche durch Sahne ersetzen. Einige Scheiben Karotten mitkochen, damit das Gemüse bunt aussieht.

ROSENKOHL IN BUTTER

ZUTATEN: 600 g Rosenkohl (möglichst kleine Röschen), 80 g Butter, Salz, Pfeffer

ZUBEREITUNG: Den Rosenkohl putzen, in Salzwasser nicht zu weich kochen und abschütten. Mit Butter ansautieren und mit Salz und Pfeffer abschmecken.
VARIATION: Mit Speck- und Zwiebelwürfeln. Großen Rosenkohl nach dem Kochen in dicke Scheiben schneiden und mit Speck und Zwiebeln ansautieren. 2 EL Crème fraîche unterziehen.
Als Blätter auseinander schneiden und vorsichtig dünsten. Bei dieser Variante geht leider der typische Rosenkohlgeschmack verloren.

ROTKOHL

ZUTATEN: 1 kl. Rotkohl, 2 Zwiebeln, 2 große Äpfel, 100 g Schweineschmalz oder Gänsefett, 2 EL Essig, Salz, 1 TL Zucker, Gewürzbeutel mit 2 Nelken, 2 Lorbeerblätter, 10 Pfefferkörner

VORBEREITUNG: Rotkohl vierteln und in feine Streifen schneiden. Die Zwiebeln halbieren und in dünne Scheiben schneiden. Die Äpfel schälen und vierteln, das Kerngehäuse entfernen und in dünne Scheiben schneiden. Den geschnittenen Rotkohl mit Essig, Zucker und wenig Salz 1 Stunde mind. marinieren (kann auch schon am Abend vorher geschehen).
ZUBEREITUNG: Zwiebeln im Fett angehen lassen und den Rotkohl dazugeben. Ebenso die Äpfel und den Gewürzbeutel. Zweifingerbreit mit Wasser auffüllen und unter gelegentlichem Rühren kochen. Mit Salz und Pfeffer abschmecken.
VARIATION: Mit Preiselbeeren oder Zimt abschmecken.

SCHWARZER WINTERRETTICH

ZUTATEN: 1 kg Winterrettich, Salz, Pfeffer aus der Mühle, Muskat, $^1/_4$ l brauner Fleischfond (Wild, Geflügel oder Fleisch) (Rezept S. 31/32)

VORBEREITUNG: Den Winterrettich schälen, in Stäbchen schneiden und blanchieren.
ZUBEREITUNG: Die Stäbchen im jeweiligen Fond im Schwenktopf oder einer Pfanne gar dünsten. Der Fond sollte so weit reduzieren, dass er das Gemüse glasiert. Mit Salz, Pfeffer und Muskat abschmecken.

SCHWARZWURZELN „POLNISCHE ART“

ZUTATEN: 1 kg Schwarzwurzeln, etwas Essig, 50 g Butter, 30 g Paniermehl, Salz, Muskat, 1 kl. Bund Petersilie

VORBEREITUNG: Die Schwarzwurzeln waschen, schälen und in 5 cm lange Stücke schneiden und sofort in leichtes Essigwasser legen (so bleiben die Schwarzwurzeln weiß). Petersilie fein hacken.
ZUBEREITUNG: Die Schwarzwurzeln in Salzwasser weich kochen, abschütten und gut abtropfen lassen. Die Butter im Schwenktopf oder Pfanne zerlassen und das Paniermehl und die Petersilie dazugeben. Die abgetropften Schwarzwurzeln einmal darin schwenken.
VARIANTE: Glasierte Schwarzwurzeln: Die Schwarzwurzeln in Scheiben schneiden, blanchieren und im braunen Fond des jeweiligen Fleisches (Geflügel, Wild, Fleisch) fertig kochen. Der Fond sollte dabei so weit reduzieren, dass er das Gemüse glasiert. Mit Salz und Pfeffer abschmecken.

VARIATION VON GEFÜLLTEM GEMÜSE AUF PAPRIKASCHAUM

ZUTATEN: 1 große Zucchini, 250 g Champignons, 1 große Aubergine, 250 g Blattspinat, 2 Fleischtomaten, 4 kleine Tomaten, 4 mittlere Zwiebeln, 1 Gemüsezwiebel, 1 Stängel Basilikum
ZUTATEN Paprikaschaum: 2 rote Paprikaschoten, 2 gelbe Paprikaschoten, 1/4 l Sahne, 1/4 l Gemüsefond (Rezept S. 32)

VORBEREITUNG: Aus je 1 1/2 Paprikaschoten Paprikaschaum herstellen (Rezept Paprikacreme S. 85).
Aus der Aubergine 8 lange, dünne Scheiben schneiden, in Olivenöl braten und salzen. 4 Champignonköpfe aushöhlen, 4 Zwiebeln in Salzwasser blanchieren und danach aushöhlen. Aus der Zucchini 4 gleich große, dicke Scheiben schneiden, aushöhlen und blanchieren. Den Blattspinat putzen und in Salzwasser blanchieren. Danach mit etwas Knoblauch, Salz und Pfeffer würzen. Den Tomaten den Stielansatz ausschneiden, einen fingerdicken Deckel abschneiden und die Kerne entfernen.
ZUBEREITUNG: Aus den Resten der Zucchini, Aubergine, Tomaten und 1/2 Zwiebel ein Ratatouille herstellen: Alles in kleine Würfel schneiden, in Olivenöl anschwitzen, mit Salz und Pfeffer würzen und weich dünsten.
Aus den Champignonresten mit fein geschnittenen Zwiebelwürfeln Duxelles herstellen: Die Champignon- und Zwiebelwürfel in Olivenöl so lange anrösten, bis keine Flüssigkeit mehr da ist.
Die Fleischtomaten kurz in heißes Wasser geben und die Haut abziehen. Die Kerne entfernen und in Würfel schneiden und mit Olivenöl und Basilikum mischen und mit Salz und Pfeffer würzen.
Die Champignonköpfe und die Zwiebeln werden nun mit dem Blattspinat, die Zucchini mit den Tomatenwürfeln gefüllt. Die Auberginenscheiben werden kreuzweise auf die Arbeitsplatte gelegt, mit Champignonduxelles gefüllt und zu einem Päckchen zusammengerollt. Die Tomaten werden mit Ratatouille gefüllt. Das gefüllte Gemüse in eine feuerfeste Form geben, mit wenig Gemüsefond angießen und im Backofen garen.
ANRICHTEN: Gemüse auf den Paprikaschaum stellen.
BEILAGE: Plätzchen von wildem Reis

GEBACKENER CAMEMBERT MIT SOSSE CUMBERLAND

ZUTATEN: 1/2 Camembert, 1 Bund krause Petersilie, 1 Ei, Paniermehl, etwas Weizenmehl, Öl zum Ausbacken, Soße Cumberland (Rezept S. 42)

VORBEREITUNG: Den Camembert durchs Mehl wälzen, durch das aufgeschlagene Ei ziehen und in Paniermehl wälzen. Die Petersilie von den Stielen zupfen, waschen und gut in einem Tuch oder Küchenpapier abtrocknen.
ZUBEREITUNG: Eine Fritteuse auf 160° erhitzen. Den panierten Camembert goldgelb darin ausbacken. Zum Schluss die Petersilie kurz ins heiße Fett geben und gleich wieder herausnehmen. Danach etwas salzen. Camembert auf den Teller geben, gebackene Petersilie als Garnitur. Soße Cumberland extra reichen.
VARIATION: Mit Ziegen- oder Schafskäse.
TIPP: Kann auch in einer tiefen Pfanne mit viel Fett ausgebacken werden. Vorsicht mit der Petersilie – das Fett schäumt stark, da die Petersilie viel Wasser hat.

ROQUEFORTTRÜFFEL

ZUTATEN: 200 g Roquefort, 40 g Butter, 2 cl Kirschwasser, 4 Scheiben Pumpernickel

ZUBEREITUNG: Den Roquefort mit der Butter durch ein Sieb drücken, glatt rühren, mit dem Kirschwasser abschmecken und kurze Zeit kalt stellen. Mit dem Spritzbeutel 12 gleichmäßige Häufchen auf Pergamentpapier spritzen. Davon 12 Kugeln drehen. Falls die Masse zu weich wird, ab und zu kalt stellen. Den Pumpernickel zwischen den Händen fein zerreiben und etwas im Backofen bei 60° antrocknen. Den trockenen Pumpernickel auf dem Tisch mit dem Rollholz fein zerdrücken. In diesem feinen Pumpernickel die Käsekugeln rollen, damit sie rundherum damit bedeckt sind. In kleine Pralinenkapseln servieren.
BEIGABE: Kleiner Salat von Staudensellerie und Radieschen.

ÜBERBACKENER CROTTIN DE CHAVIGNOL

ZUTATEN: 1 frischer Crottin de Chavignol von 200 g (Ziegenkäse), 4 Scheiben Stangenbrot, 1 Ei

ZUBEREITUNG: Die Brotscheiben von einer Seite toasten. Den

Crottin in 4 Viertel schneiden. Die Stücke sollten in etwa die Größe der Brotscheiben haben. Mit der Außenseite nach oben auf die nicht getoastete Seite der Brotscheibe legen, mit Eigelb bestreichen und unter dem Grill oder bei starker Oberhitze im Backofen gratinieren.
BEILAGE: Kleiner Feldsalat.

ZIEGENKÄSE MIT TOMATEN UND BASILIKUM IN OLIVENÖL

ZUTATEN: 1 St. Maure oder 2 frische Crottin de Chavignol, 2 Fleischtomaten, 2 Stängel Basilikum, 8 EL kaltgepresstes Olivenöl

ZUBEREITUNG: Die Tomaten kreuzweise einschneiden, den Stängelansatz ausschneiden und kurz in heißes Wasser geben. Mit Eiswasser abkühlen und die Haut abziehen. Die Tomaten vierteln, alle Kerne entfernen und in Würfel schneiden. Das Basilikum grob in Streifen schneiden. Tomatenwürfel und Basilikum über den in Scheiben geschnittenen Käse streuen, mit dem Olivenöl übergießen und 1–2 Stunden stehen lassen.
BEILAGE: Stangenbrot, Wasserbiskuit

DESSERT

Kalte Desserts

BAYRISCHE CREME

ZUTATEN: 3 Eigelb, 125 g Zucker, 1/2 Stange Vanille, 1/4 l Milch, 8 g Gelatine (4 Blätter weiß), 1/2 l Sahne, 1 Glas Sauerkirschen ca. 400 g

VORBEREITUNG: Milch mit der der Länge nach aufgeschnittenen Vanillestange erwärmen. Gelatine 10 Min. in kaltem Wasser einweichen. Kirschen in ein Sieb schütten und ablaufen lassen.

ZUBEREITUNG: Eigelb mit Zucker bei geringer Hitze schaumig rühren und langsam mit der heißen Milch verrühren. Im Wasserbad bei mittlerer Hitze bis zur Rose rühren (wenn man auf den Rührlöffel bläst, bildet sich eine Rose, d. h., die Eier fangen an zu binden). Die Masse darf aber nicht zu heiß werden. Vom Herd nehmen und die eingeweichte und ausgedrückte Gelatine beifügen und verrühren. Durch ein Sieb in eine Schüssel passieren. Unter mehrmaligem Rühren erkalten lassen, und sobald die Creme zu stocken beginnt, die geschlagene Sahne unterziehen.

Kirschen in eine Glasschüssel geben, evtl. mit etwas Kirschwasser beträufeln und die Creme darüber geben. Kalt stellen und später mit etwas geschlagener Sahne und Kirschen verzieren.

CREME VON AHORNSIRUP MIT ORANGENSOSSE

ZUTATEN: 4 Eigelb, 40 g Rohrzucker, 200 g Ahornsirup, 5 Blätter Gelatine, 1/2 l Sahne, Schokoladenspäne zum Garnieren

ZUTATEN Orangensoße: Saft 1 Orange, 1 Zitrone, 40 g Zucker, 3 cl Orangenlikör

VORBEREITUNG: Gelatine in kaltem Wasser einweichen. Von der Orange und Zitrone den Saft auspressen.

ZUBEREITUNG Orangensoße: Orangen- und Zitronensaft mit dem Zucker so lange einkochen, bis eine dickflüssige Soße entsteht. Den Orangenlikör unterrühren und erkalten lassen.

ZUBEREITUNG Creme: Das Eigelb mit dem Zucker verrühren und den Ahornsirup dazugeben. Im Wasserbad so lange aufrühren, bis eine cremige Masse entsteht. Vom Wasserbad nehmen und die ausgedrückte Gelatine darin auflösen. Erkalten lassen und vor dem Stocken die geschlagene Sahne unterziehen. Mit einem Spritzbeutel mit Sterntülle in eine Schüssel oder in Dessertschalen füllen und kalt stellen. Nach dem Erkalten mit der Orangensoße übergießen. Die Soße läuft in die von der Sterntülle entstandenen Spuren. Mit Schokoladenspäne garnieren.

EISPARFAIT GRAND MARNIER IM ORANGENKÖRBCHEN

ZUTATEN: 4 naturreine Orangen, 3 Eier, 0,2 l Sahne, 100 g Zucker, 2 cl Grand Marnier, etwas Kakao oder Schokoladenpulver (möglichst in der Streudose)

VORBEREITUNG: Von den Orangen einen Deckel abschneiden, ca. das obere Drittel. $^2/_3$ der Frucht nicht beschädigen. Die Orange auf den Stiel stellen und vorsichtig das Fruchtfleisch entfernen. Von dem Fruchtfleisch durch ein Sieb den Saft auspressen. Von dem Deckel die Schale reiben und mit dem Saft auf 2 EL Sirup einkochen. Das Eigelb vom Eiweiß trennen (Eiweiß für Gebäck verwenden). Die Sahne steif schlagen.
ZUBEREITUNG: Das Eigelb mit dem Zucker und dem Sirup im Wasserbad warm aufschlagen, bis die Masse Streifen zieht. Das heißt, wenn man von dem Schneebesen etwas Masse zurücklaufen lässt, müssen die Tropfen auf der Masse im Schneekessel kurze Zeit stehen bleiben, bis die Masse wieder zusammenläuft. Die Masse nun wieder kalt rühren, den Grand Marnier dazugeben und die Sahne vorsichtig unterheben. In die Orangen füllen und im Tiefkühlschrank frieren. Vor dem Servieren mit Schokoladenpulver bestreuen. Dazu einige Orangenfilets oder anderes Obst schön auf dem Teller anrichten.
TIPP: Mit einem Pariser Ausstecher 1 Kugel aus dem Eis ausstechen. In das entstandene Loch Grand Marnier füllen und die Kugel daneben legen.

EISPRALINEN

ZUTATEN: 1 Paket Vanilleeis, 100 g dunkle Kuvertüre

ZUBEREITUNG: Aus sehr kalt gefrorenem Vanilleeis mit dem Pariser Ausstecher Kugeln ausstechen. Diese mit einem Spieß versehen und wieder festfrieren lassen. Im Wasserbad die Kuvertüre auflösen und glatt rühren. Eiskugeln am Spieß festhalten und kurz in die Kuvertüre tauchen. Auf Pergamentpapier setzen und weiter einfrieren. Kurz vor dem Servieren erst herausnehmen. Der Spieß kann entfernt werden oder auch zum Anfassen dranbleiben.

FEIGEN IN PORTWEINSABAYONE

ZUTATEN: 8 schöne Feigen, 2 Eigelb, 4 EL Portwein, 50 g Zucker

VORBEREITUNG: Die Feigen in Achtel schneiden und kreisförmig

auf einem Teller anrichten. Grüne Feigen schälen, blaue Feigen mit der Schale verarbeiten. Das Eigelb vom Eiweiß trennen. Für das Wasserbad einen Topf mit viel Wasser erhitzen.
ZUBEREITUNG: Kurz vor dem Servieren das Eigelb mit Portwein und Zucker in einem Schneekessel im Wasserbad so lange schaumig schlagen, bis eine schöne schaumige Masse entstanden ist. Mit einer Kelle in die Mitte des Tellers geben und sofort servieren.

ITALIENISCHE KAKI MIT SAURER SAHNE UND ROHRZUCKER

ZUTATEN: 4 schöne reife Kaki, 6 EL saure Sahne, 4 EL Rohrzucker

ZUBEREITUNG: Die Kaki halbieren und mit der Schnittfläche nach oben auf den Teller legen. Je ein Löffel saure Sahne darauf geben und mit Rohrzucker bestreuen.
TIPP: Die Kaki sind reif, wenn sie von außen glasklar aussehen. Vanillekaki oder Sharonfrüchte bleiben auch im reifen Zustand relativ fest. Reife italienische Kakis lassen sich nicht in Spalten oder Stücke schneiden.

KOKOSNUSSCREME

ZUTATEN: 250 g Kokosnussraspeln, 0,4 l Milch, 4 Eigelb, 50 g Rübensirup, 4 Blätter Gelatine, 3 cl Rum, Saft 1 Limone, 50 g Zucker, 0,3 l Sahne, 0,1 l Kokosmilch (evtl. Konserve), einige gehackte Pistazien zum Garnieren

VORBEREITUNG: Die Milch aufkochen und über die Kokosraspeln geben. Die Kokosmilch zufügen und fast erkalten lassen. Durch ein Passiertuch oder feines Sieb schütten und ablaufen lassen und fest ausdrücken. Es sollten 0,3 l Kokosmilch übrig bleiben. Gelatine in kaltem Wasser einweichen. Die Sahne schlagen und kalt stellen.
ZUBEREITUNG: Das Eigelb mit dem Zucker und dem Sirup schaumig rühren, die Kokosmilch dazugeben und im Wasserbad bis zur Bindung rühren. Aus dem Wasserbad nehmen und die ausgedrückte Gelatine unterrühren, bis sie vollständig aufgelöst ist. Den Rum und den Limonensaft dazugeben und erkalten lassen. Bevor die Masse fest wird, die geschlagene Sahne unterziehen und in Gläser oder in eine Schüssel füllen. Mit gehackten Pistazien bestreuen.

LEBKUCHENCREME MIT PFLAUMENKOMPOTT

ZUTATEN: 150 g Aachener Printen (oder andere Lebkuchen ohne Schokoladenüberzug), $^1/_4$ l Milch, 4 Blätter Gelatine, $^1/_4$ l Sahne

ZUTATEN Pflaumenkompott: 16 getrocknete Pflaumen, $^1/_2$ Stange Zimt, 1 EL Zucker (muss nicht sein)

VORBEREITUNG: Pflaumen am Abend vorher einweichen. Kurz mit Zimt und Zucker in dem Einweichwasser aufkochen. Gelatine in kaltem Wasser einweichen.
ZUBEREITUNG: Lebkuchen klein bröseln, mit der Milch übergießen und einweichen, unter Rühren aufkochen und vom Herd nehmen. Die ausgedrückte Gelatine unterrühren und kalt stellen. Wenn die Masse anfängt zu stocken, Sahne steif schlagen und untermischen. Pflaumen auf den Boden der Schüssel legen und Creme darüber geben. Evtl. mit Sahne und einigen Pflaumenstückchen verzieren.

MELONE SURPRISE

ZUTATEN: 2 Melonen (nicht zu groß), 4 Eiweiß, 1 kl. Biskuitboden (vom Bäcker), 250 g Erdbeeren, 200 g Zucker, 4 Kugeln Vanilleeis, 4 cl Portwein, etwas Puderzucker in der Streudose

VORBEREITUNG: Die Melonen halbieren, die Kerne entfernen und mit dem Pariser Ausstecher Kugeln ausstechen, ohne die Melonenschale zu beschädigen. Die Melonenperlen mit den geputzten und halbierten Erdbeeren mit etwas Puderzucker und Portwein marinieren. Die 4 Eiweiß mit dem Zucker zu einer festen Baisermasse schlagen. Hierzu Eiweiß kurz anschlagen und unter weiterem Schlagen den Zucker einrieseln lassen.
ZUBEREITUNG: Die Melonenperlen mit den Erdbeeren in die Melonen füllen und mit einer dünnen Scheibe Biskuit abdecken. Darauf eine Kugel möglichst sehr fest gefrorenes Vanilleeis legen. Wieder mit einer Biskuitscheibe abdecken und mit der in einen Spritzbeutel gefüllten Baisermasse rundherum zuspritzen. Im vorgeheizten Ofen so lange überbacken, bis der Baiser braun wird. Aus dem Ofen nehmen und mit Puderzucker bestreuen und sofort servieren.
TIPP: Um die Melonen standfest zu machen, aus Alufolie einen Ring formen. Beim Servieren den Ring mit schönen Blättern oder Blumen abdecken.

MOHN-MARZIPAN-CREME

ZUTATEN: 1 Glas Mohn-Marzipan-Joghurt (500 g), 4 Blätter Gelatine, $^1/_4$ l Sahne, Schokoladenblätter als Garnitur

VORBEREITUNG: Gelatine in kaltem Wasser einweichen. Sahne schlagen.
ZUBEREITUNG: $^1/_3$ des Joghurts erhitzen und die ausgedrückte Gelatine in der heißen Masse auflösen. Unter den kalten Joghurt rühren

und die steif geschlagene Sahne unterziehen. In eine Schüssel oder in Dessertschalen füllen und mit Schokoladenblättchen garnieren.
TIPP: Kann auch mit einer anderen Joghurtart zubereitet werden.

MOKKACREME

ZUTATEN: 3 Eigelb, 125 g Zucker, 1/2 Stange Vanille, 6 gehäufte TL Instant Kaffee, 1/4 l Milch, 8 g Gelatine (4 Blätter weiß), 1/2 l Sahne

ZUBEREITUNG: Wie Bayrische Creme (Rezept S. 139). Den Instantkaffee der erwärmten Milch zugeben und darin auflösen. Mit Eigelb und Zucker verrühren, s. Bayrische Creme.

POTPOURRI VON ORANGEN UND PAMPELMUSEN MIT VANILLEEIS

ZUTATEN: 2 große naturreine Orangen, 2 rote Pampelmusen, 4–6 Zwergorangen (Kumquats), 1/4 l Orangensaft, 100 g Zucker, etwas Grand Marnier oder anderer Orangenlikör, Vanilleeis

VORBEREITUNG: Die Orangen gründlich waschen und mit dem Schäler die Schale ganz dünn abschälen. Schale in feine Streifen schneiden. Dann die Orangen und Pampelmusen filetieren (ganz von Haut befreien). Von den Früchten an beiden Enden einen Deckel abschneiden, die Schale von oben nach unten wegschneiden. Danach an den Häuten einschneiden und die Filets herauslösen. Restlichen Saft aus den Häuten drücken und mitkochen.
ZUBEREITUNG: Filets abwechselnd, immer 1 Orangenfilet und 1 Pampelmusenfilet, fächerartig auf Glasteller verteilen. Den Zucker in einen Topf geben, zerlaufen lassen und leicht braun werden lassen. Den Orangensaft dazugeben, ebenso die fein geschnittenen Orangenschalen und die in dünne Scheiben geschnittenen Zwergorangen. Kurz aufkochen lassen und mit Grand Marnier abschmecken. Die Soße auf die Orangen- und Pampelmusenfilets geben. In die Mitte das Vanilleeis.

REIS NACH KAISERINART

ZUTATEN: 125 g Langkornreis, 250 ml Milch, 60 g Zucker, 30 g Butter, 1 Vanilleschote
ZUTATEN: 5 Eigelb, 160 g Zucker, 375 ml Milch, 8 Blätter weiße Gelatine, 2 cl Kirschwasser, 500 ml Sahne, 2 rosa Grapefruit, 40 g Zucker, 4 cl weißer Rum, Ananassalbei zum Garnieren

VORBEREITUNG: 4 Kranzformen à 1/2 l Inhalt oder 1 Form mit 2 l Inhalt, mit Pflanzenöl ausstreichen und umgekehrt auf Küchenpapier abtropfen lassen (damit überschüssiges Öl entfernt wird). Den Reis in reichlich Wasser 5 Minuten sprudelnd kochen, in ein Sieb schütten, unter fließendem kalten Wasser abwaschen und abtropfen lassen.

ZUBEREITUNG: Milch, Zucker und Butter mit der halbierten Vanilleschote in einem Topf erhitzen, ab und zu umrühren, bis Butter und Zucker aufgelöst sind. Den abgetropften Reis zugeben und in etwa 30 Minuten weich kochen. Die Milch sollte vom Reis ganz aufgesogen sein. Die Vanilleschote entfernen. Die Eigelb mit Zucker cremig rühren und die erhitzte Milch in dünnem Strahl unterrühren. Diese Mischung in eine Kasserolle gießen, auf den Herd stellen und ununterbrochen rühren, bis die Creme beginnt dickflüssig zu werden. Sie darf auf keinen Fall kochen! Die eingeweichte, ausgedrückte Gelatine einrühren, bis sie ganz aufgelöst ist. Die Creme durch ein feines Sieb gießen. Den gekochten Reis unterheben, das Kirschwasser zugeben und die Masse auf Eiswasser kalt rühren. Sobald sie leicht dicklich wird, die steif geschlagene Sahne mit einem Kochlöffel vorsichtig unterziehen. Die Masse in die Formen füllen und im Kühlschrank fest werden lassen. Vor dem Servieren mit einem spitzen Messer an der Innenseite der Form entlangfahren, die Form kurz in heißes Wasser halten und den Reis auf eine Platte stürzen. Von der Grapefruit an beiden Enden einen Deckel abschneiden und mit einem scharfen Messer die Schale von oben nach unten abschneiden. Die Grapefruits an den Häuten einschneiden und die Filets herauslösen. Den Saft aus dem an den Häuten verbliebenen Fruchtfleisch ausdrükken, die Filets dazugeben, mit dem Zucker bestreuen und dem Rum begießen. 2–3 Stunden marinieren. Die überschüssige Marinade abgießen, in einen Topf geben und zum Kochen bringen. Bis auf etwa 3 EL reduzieren und wieder abkühlen lassen. Die Grapefruitfilets in die Mitte des Reises geben, mit der Soße beträufeln und mit Ananassalbei garnieren.

ROTE GRÜTZE

ZUTATEN: 500 g gemischte rote Beeren (TK), 250 g Sauerkirschen aus dem Glas, 100 g Zucker, ½ l Flüssigkeit (Saft und Wasser), 40 g Speisestärke

VORBEREITUNG: Tiefkühlfrüchte auftauen, den Saft abtropfen lassen (auffangen), Kirschen auf ein Sieb schütten und den Saft auffangen.

ZUBEREITUNG: Den aufgefangenen Saft mit Wasser auf ½ l auffüllen. Etwas Flüssigkeit für die Speisestärke zur Seite stellen. Saftmi-

GRIESSAUFLAUF MIT MANGOPÜREE

ZUTATEN: 150 g Vollkorngrieß, $^1/_2$ l Milch, 1 Stück naturreine Zitronenschale, $^1/_2$ Vanillestange, 80 g Zucker, 1 Ei, 1 Eiweiß

VORBEREITUNG: Eigelb vom Eiweiß trennen. 2 Eiweiß steif schlagen und 50 g Zucker vorsichtig unterschlagen.
ZUBEREITUNG: Milch, Zitronenschale und das Mark der Vanillestange aufkochen, die Zitronenschale entfernen und den Grieß einlaufen lassen. Bei schwacher Hitze unter ständigem Rühren 10 Minuten kochen. Vom Herd nehmen und abkühlen lassen. Das Eigelb mit dem restlichen Zucker (30 g) schaumig rühren und unter die abgekühlte Grießmasse untermischen. Den festen Eischnee zuletzt vorsichtig unterheben und in eine gebutterte und mit Semmelmehl ausgestreute Auflaufform oder in entsprechende Portionsformen füllen. In eine mit Wasser gefüllte Fettpfanne stellen und im vorgeheizten Backofen bei 180° ca. 55 Minuten backen. Mit Mangopüree oder Fruchtmark servieren.

MANGOPÜREE

ZUTATEN: 1 vollreife Mango (ca. 400 g), Saft $^1/_2$ Limone, 2 TL Honig

VORBEREITUNG: Die Mango schälen und das Fruchtfleisch vom Kern schneiden.
ZUBEREITUNG: Das Fruchtfleisch mit dem Saft der Limone und dem Honig fein pürieren.
Passt gut zu anderen Aufläufen und Puddings.

BRATÄPFEL MIT ZIMT-KÄSE-CREME – geschält

Siehe Rezept Seite 147

ROTE GRÜTZE

Siehe Rezept Seite 144

schung mit dem Zucker und den Früchten aufkochen und die glatt gerührte Speisestärke einrühren und nochmals unter vorsichtigem Rühren aufkochen. In eine mit kaltem Wasser ausgespülte Glasschüssel oder in Portionsschalen geben und kalt stellen. Mit flüssiger Sahne oder Vanillesoße servieren.

SCHOKOLADENCREME

ZUTATEN: 3 Eigelb, 100 g Zucker, 100 g dunkle Kuvertüre oder Zartbitter Schokolade, 1/4 l Milch, 8 g Gelatine (4 Blätter weiß), 1/2 l Sahne

VORBEREITUNG: Kuvertüre oder Schokolade raspeln oder fein hacken.
ZUBEREITUNG: Wie Bayrische Creme (Rezept S. 139). Die fein gehackte Schokolade wird mit der Milch erhitzt, bis sie sich vollständig auflöst. Dann mit dem Eigelb und dem Zucker verrühren, s. Bayrische Creme.
Mit geschlagener Sahne und Schokoladenblättern verzieren.

SCHOKOLADENEIS-AUFLAUF

ZUTATEN: 3 Eigelb, 80 g Zucker, 0,2 l Sahne, 80 g bittere Schokolade, 1 cl Rum 54%, 1 Stück Schokolade zum Reiben

VORBEREITUNG: Das Eiweiß vom Eigelb trennen (Eiweiß für Gebäck verwenden). Die Sahne steif schlagen. Die Schokolade im Wasserbad auflösen. 4 kleine Näpfe (0,1 l Inhalt) mit einem Streifen Pergamentpapier umwickeln (mit Butter kleben), damit eine höhere Form entsteht. Nach dem Frieren wird das Papier entfernt und das Eis sieht wie ein Auflauf aus.
ZUBEREITUNG: Das Eigelb mit dem Zucker im Wasserbad warm aufschlagen, bis die Masse Streifen zieht. Das heißt, wenn man von dem Schneebesen etwas Masse zurücklaufen lässt, müssen die Tropfen auf der Masse im Schneekessel kurze Zeit stehen bleiben, bis alles wieder zusammenläuft. Die Schokolade vorsichtig unterziehen und die Masse wieder kalt schlagen. Mit dem Rum abschmecken und die geschlagene Sahne unterziehen. In die Formen füllen und im Tiefkühlschrank frieren. Das Papier entfernen, mit Schokoladenflocken (auf grober Reibe geraspelt) bestreuen und sofort servieren.
TIPP: Kleine Tannenzweige mit Puderzucker bestreut rund um den Auflauf gelegt, sieht sehr festlich aus.

SCHOKOLADENSCHAUM

ZUTATEN: 100 g Schokolade, 1/4 l Sahne

ZUBEREITUNG: Die Schokolade über dem Wasserbad auflösen und

100 g Sahne dazugeben, glatt rühren und erkalten lassen. 150 g Sahne schlagen und unterziehen.

TEECREME

ZUTATEN: 3 Eigelb, 80 g Zucker, Schale von 1 naturreinen Orange und $^1/_2$ naturreinen Zitrone, $^1/_4$ l Wasser, 6 gehäufte TL schwarzer Tee, 6 Blätter Gelatine, 2 Gläschen Rum, $^1/_2$ l Sahne

VORBEREITUNG: Den Tee mit dem $^1/_4$ l kochenden Wasser aufgießen und 5 Minuten ziehen lassen. Über ein feines Sieb abgießen.
ZUBEREITUNG: Eigelb, Zucker und abgeriebene Schale von Orange und Zitrone auf kleiner Hitze oder im Wasserbad cremig rühren, den heißen Tee langsam einrühren und weiterrühren, bis die Masse bindet. Sie darf nicht kochen, da das Ei sonst gerinnt. Den Topf vom Herd nehmen und die in kaltem Wasser aufgelöste Gelatine in der Masse auflösen. Durch ein Sieb passieren, den Rum unterrühren und kalt werden lassen. Unter die kalte Masse, sie darf noch nicht anfangen zu stocken, die geschlagene Sahne unterheben. In eine Glasschüssel geben und kalt stellen. Später als Garnitur Sahnehäufchen aufspritzen, die mit etwas Zucker und Zimt bestreut werden.

WEISSE MOKKACREME MIT SCHOKOLADENSCHAUM

ZUTATEN: 3 Eigelb, 125 g Zucker, $^1/_4$ l Mich, 0,3 l Sahne, 120 g ganze Kaffeebohnen, 4 Blätter weiße Gelatine
Schokoladenschaum, siehe Rezept S. 145

VORBEREITUNG: Die Milch mit den ganzen Kaffeebohnen zum Kochen bringen und 10 Minuten ziehen lassen. Durch ein Sieb passieren. Die Gelatine in kaltem Wasser einweichen.
ZUBEREITUNG: Das Eigelb mit dem Zucker in einem Schneekessel im Wasserbad verrühren, die heiße Milch dazugeben und so lange rühren, bis eine Bindung erfolgt. Die Masse darf nicht kochen, da sie sonst gerinnt. Vom heißen Wasserbad nehmen, die ausgedrückte Gelatine hineinrühren. Durch ein feines Sieb schütten und in ein kaltes Wasserbad stellen. Unter die kalte, dickflüssige Creme, sie darf noch nicht fest geworden sein, die geschlagene Sahne unterrühren. In Portionsformen oder in eine Schüssel geben und im Kühlschrank fest werden lassen. Vor dem Servieren die Portionsformen stürzen und die Creme mit Schokoladenkaffeebohnen und geschlagener Sahne garnieren.

BRATÄPFEL MIT VANILLESOSSE

ZUTATEN: 4 Boskop oder Cox Orange Äpfel, 4 TL Rosinen, 4 TL Marzipanrohmasse, 4 TL gehobelte Mandeln, 4 EL Zucker, 1 Prise Zimt, Vanillesoße (Rezept S. 155)

VORBEREITUNG: Den Äpfeln das Kerngehäuse ausstechen. Marzipanrohmasse mit dem Zucker, Zimt und den Rosinen mischen.
ZUBEREITUNG: Die Äpfel auf ein gefettetes Blech oder Auflaufform setzen und mit der Marzipanmischung füllen. Die Mandeln darüber streuen und 20–25 Minuten bei 220° im Backofen backen. Auf einen Teller setzen und mit Vanillesoße servieren

BRATÄPFEL MIT ZIMT-KÄSE-CREME – geschält

ZUTATEN: 4 mittelgroße Äpfeln (möglichst Cox Orange) 6 EL Orangensaft, 2 geh. TL Zucker, Mark 1/2 Vanillestange, 2 EL Rosinen, 1 TL Zucker
ZUTATEN Zimtkäsecreme: 300 g Sahnequark, 4 EL Orangensaft, 4 EL Milch, 1/2 TL Zimt, 2 gestr. EL Zucker

VORBEREITUNG: Den Orangensaft mit Zucker und Vanille ca. 2 Minuten zu einem Sirup einkochen. Die Äpfel schälen und vom Kerngehäuse befreien.
ZUBEREITUNG: Die Äpfel in eine gebutterte Auflaufform setzen, mit den leicht gezuckerten Rosinen füllen, mit dem Orangensirup übergießen und je nach Apfelsorte 15–20 Minuten bei 220 Grad im Backofen garen.
ZUBEREITUNG Zimtquark: Alle Zutaten, mit Ausnahme der Rosinen, zu einer cremigen Masse rühren. Der Zucker kann auch durch Honig oder Ahornsirup ersetzt werden. Zu den heißen Äpfeln servieren.

BUTTERWAFFELN MIT HEISSEN SAUERKIRSCHEN UND SAHNE

ZUTATEN: 4 Eier, 200 g Butter, 4 EL Zucker, 8 EL Mehl, abgeriebene Schale 1/2 naturreinen Zitrone, 2 EL Sahne
ZUTATEN Sauerkirschen: 1 Glas Sauerkirschen ohne Kerne, 1–2 EL Speisestärke, 1/4 l Sahne

VORBEREITUNG: Eiweiß vom Eigelb trennen.
ZUBEREITUNG: Butter und Zucker schaumig rühren, nach und nach das Eigelb zufügen und mit der abgeriebenen Zitronenschale, dem Mehl und der Sahne gut verrühren. Das Eiweiß sehr steif schlagen und

dem etwas fest erscheinenden Teig unterheben. Waffeleisen ausbuttern und je nach Größe des Waffeleisens 2–3 EL Teig auf das Eisen geben und den Deckel fest andrücken. Die Waffel goldgelb backen, herausnehmen und mit Puderzucker besieben. Für die Sauerkirschen das Stärkemehl mit 2 EL Kirschsaft glatt rühren und unter Rühren mit den Sauerkirschen aufkochen. Die Sauerkirschen sollen dickflüssig gebunden sein, evtl. noch etwas nachzuckern. Sahne steif schlagen und zu den Waffeln und den Sauerkirschen servieren.

GLASIERTE FRÜCHTE

ZUTATEN: 2–3 Kiwi, 2 Sternfrüchte (Karambole), 3 Mandarinen, 100 g Kumquats, 150 g Erdbeeren, Kerne von 1 Granatapfel, 50 g Butter, 70 g brauner Zucker, 1/8 l frischer Mandarinensaft, 4 cl Rum (54%), Minzblättchen zum Garnieren

VORBEREITUNG: Die Kiwi schälen und in Scheiben schneiden. Die Sternfrüchte waschen und ebenfalls in Scheiben schneiden. Von den Mandarinen an beiden Enden einen Deckel abschneiden und mit einem scharfen Messer die Schale von oben nach unten abschneiden. Die Mandarinen an den Häuten einschneiden und die Filets herauslösen. Den Saft aus dem an den Häuten verbliebenen Fruchtfleisch ausdrücken. Die Kumquats und die Erdbeeren waschen. Die Kumquats quer halbieren und die Kerne entfernen. Die Erdbeeren je nach Größe halbieren oder vierteln. Granatapfel halbieren und mit einem Löffel die Kerne herausnehmen.
ZUBEREITUNG: Die Butter in einer Pfanne zerlassen und die Früchte (außer den Erdbeeren und den Granatapfelkernen) kurz von beiden Seiten anbraten. Herausnehmen und warm stellen. Den Zucker in der gleichen Pfanne mit dem restlichen Bratfond schmelzen. Mit dem Mandarinensaft aufgießen und 5 Minuten kochen lassen. Den Rum darüber gießen, die Pfanne schräg halten und den Rum entzünden. Abbrennen lassen, sämtliche Früchte zugeben und kurz erwärmen. Auf Tellern anrichten und mit Minzblättchen garnieren. Passt auch hervorragend zu Aufläufen und Puddings.

HASELNUSSPUDDING

ZUTATEN: 50 g Mehl, 50 g Speisestärke, 1 gestr. TL Backpulver, 150 g geriebene Haselnüsse, 3 Eier, 120 g Zucker, 3 EL Wasser, 1 Prise Salz, 1 naturreine Orange, Butter und Semmelmehl für die Form

VORBEREITUNG: Das Eiweiß vom Eigelb trennen. Die Schale der Orange reiben und den Saft auspressen. Die Haselnüsse mit der Mandelmühle reiben. Mehl, Speisestärke, Backpulver und Haselnüsse mi-

schen. Puddingform (auch den Deckel) gut buttern und mit Semmelmehl ausstreuen.
ZUBEREITUNG: Das Eigelb mit 3 EL warmem Wasser cremig rühren. Die Hälfte des Zuckers, Salz, Orangensaft und -schale dazugeben und gut unterrühren. Das Eiweiß steif schlagen und den restlichen Zucker löffelweise darunter schlagen. Die Eigelbmasse darüber geben und vorsichtig unterziehen. Die Mehlmischung darüber geben und locker vermischen. In die Puddingform geben und verschließen. Im Wasserbad bei geringer Hitze ca. 60 Minuten köcheln lassen. Aus der Form auf einen Teller stürzen. Man reicht dazu Vanillesoße oder nur leicht geschlagene Sahne.

KANARISCHER PUDDING

ZUTATEN: 100 g Mehl, 1 TL Backpulver, 100 g Butter, 100 g Zucker, 2 Eier, 2 EL Milch, 1 Prise Salz, $^1/_2$ Stange Vanille, Butter und Semmelmehl für die Form

ZUBEREITUNG: Butter und Zucker schaumig rühren. Nach und nach die beiden Eier unterrühren, Salz und das Mark der Vanille zufügen, Mehl und Backpulver darüber sieben und mit der Milch zu einem glatten Teig verrühren. In eine gefettete und mit Semmelmehl bestäubten Puddingform geben und $1^1/_2$ Std. im Wasserbad kochen. Die Form mit kaltem Wasser abschrecken, den Deckel öffnen und den Pudding ausdämpfen lassen. Auf einen Teller stürzen und mit Vanillesoße oder Fruchtsoße servieren.
TIPP: Auf den Boden der Form kann man auch Ananasstückchen oder anderes Obst legen und den Teig darüber geben.

LEBKUCHENAUFLAUF MIT RUMSABAYONE

ZUTATEN: 125 g Butter, 140 g Staubzucker, 7 Eier, 125 g Lebkuchenbrösel, 70 g dunkle Kuvertüre, 70 g geriebene Haselnüsse, Rumsabayone (Rezept S. 153)

VORBEREITUNG: Kuvertüre reiben. Eigelb vom Eiweiß trennen.
ZUBEREITUNG: Die Butter mit 70 g Staubzucker schaumig rühren und nach und nach das Eigelb dazugeben. Die Lebkuchenbrösel, die fein geriebenen Haselnüsse und die Kuvertüre darunter rühren.
Das Eiweiß mit den anderen 70 g Staubzucker zu festem Schnee schlagen und vorsichtig unter die Masse heben. In 4 kleine, gebutterte Cocotten geben. Die Formen bis zur Hälfte in heißes Wasser stellen (tiefe Fettpfanne oder Bräter) und im Ofen 40 Minuten bei 225° Unterhitze und 200° Oberhitze pochieren. Den Auflauf warm auf einen Teller stürzen und die Rumsabayone dazugeben.

MAKRONENPUDDING

ZUTATEN: 250 g Makronen, 70 g Butter, 3 Eier, 50 g Zucker, 250 g Rosinen, 1/2 l Milch, 120 g altbackenes Weißbrot ohne Rinde, Butter und Semmelmehl für die Form

VORBEREITUNG: Das Eiweiß von dem Eigelb trennen. Das Weißbrot mit der Milch 10 Minuten kochen und mit dem Stabmixer pürieren. Puddingform buttern und mit Semmelmehl ausstreuen.

ZUBEREITUNG: Die Butter cremig rühren. Eigelb mit dem Zucker schaumig schlagen. Die Rosinen mit der Butter hineinrühren und das Weißbrotpüree unterrühren. Das Eiweiß steif schlagen und unterheben. Die Masse schichtweise mit den Makronen in die Puddingform füllen und verschließen. Im Wasserbad 2 Stunden kochen. Puddingform öffnen und vorsichtig auf einen Teller stürzen. Mit Rumsabayone (Rezept S. 152) servieren.

MARONENPUDDING

ZUTATEN: 400 g Maronen, 100 g Zucker, 3/8 l Milch, 1 Brötchen, 1/2 Stange Vanille, 1 Prise Salz, 60 g Butter, 6 Eier, 125 g Rosinen, Butter und Semmelmehl für die Form

VORBEREITUNG: Die Maronen kreuzweise einschneiden und in Wasser kurz aufkochen. Von der Schale und Innenhaut befreien. Brötchen in 1/8 l Milch einweichen.

ZUBEREITUNG: Maronen, Zucker, der Länge nach aufgeschnittene Vanillestange, Salz und Milch aufkochen und die Maronen bei schwacher Hitze ca. 20 Minuten garen. Die Vanillestange herausnehmen und den Rest fein pürieren.

Die Butter schaumig rühren und das Eigelb nach und nach unterrühren. Die Maronenmasse hineinrühren. Das Brötchen ausdrücken, zerbröseln und mit der Milch unterrühren. Alles gut vermischen. Das Eiweiß steif schlagen und mit den Rosinen unter die Maronenmasse heben. In die Puddingform füllen und verschließen. Im kochenden Wasserbad ca. 50 Minuten garen. Puddingform mit kaltem Wasser abschrecken, öffnen und den Maronenpudding vorsichtig auf einen Teller stürzen. Mit Vanillesoße (evtl. mit einem Likör verfeinert) servieren. Der Maronenpudding ist recht mächtig und deshalb als Dessert nach kleineren Gerichten geeignet.

PFANNKUCHEN MIT MARZIPAN GEFÜLLT

ZUTATEN Pfannkuchen: 100 g Weizenmehl, 1/8 l Milch, 4 EL Sahne, 2 Eier, 1 Prise Salz, 1/2 EL Zucker, 0,1 l Pflanzenöl, Butterschmalz zum Backen
ZUTATEN Marzipanfüllung: 100 g Marzipanrohmasse, Saft 1 Zitrone,

20 g Zucker, 2 EL Wasser, 1 cl Kirschwasser, 30 g Butter, etwas Eierlikör, 4 EL Fruchtmark als Garnitur

VORBEREITUNG Pfannkuchen: Mit allen Zutaten einen glatten Teig rühren und 1 Std. ruhen lassen. Danach nochmals durchrühren und in der Pfanne kleine Pfannkuchen von ca. 15 cm Durchmesser backen. Ergibt ca. 10 Stück.
VORBEREITUNG Marzipanfüllung: Den Zucker in 2 EL heißem Wasser auflösen. Die Marzipanrohmasse mit dem Zitronensaft, dem aufgelösten Zucker und dem Kirschwasser glatt verrühren.
ZUBEREITUNG: Die gebackenen Pfannkuchen mit Marzipanfüllung bestreichen, einrollen und in eine Auflaufform legen. Mit Butter bestreichen und im 200° heißen Ofen überbacken. Mit dünnen Eierlikör- und Fruchtmarkstreifen (vom Löffel laufen lassen) garnieren und in der Form servieren oder je 2 Stück auf dem Teller anrichten.
TIPP: Schokoladen- oder Vanilleeis passt gut zu warmen Pfannkuchen.

PFLAUMENPUDDING

ZUTATEN: 100 g Mehl, 1 TL Backpulver, 50 g Butter, 50 g Zucker, 2 Eier, 10 getrocknete Pflaumen, Schale 1/2 naturreinen Zitrone, 25 g Semmelmehl, Butter und Semmelmehl für die Form

VORBEREITUNG: Die Pflaumen einige Stunden vorher einweichen, abtropfen lassen und klein schneiden. Zitronenschale reiben.
ZUBEREITUNG: Butter und Zucker cremig rühren und die Eier nach und nach unterrühren. Das Mehl mit dem Backpulver sieben und mit dem Semmelmehl und den klein geschnittenen Pflaumen vermischen. Diese Mischung über die Butter-Eier-Masse geben und zu einer cremigen Masse verrühren. Evtl. etwas Milch oder Sahne zufügen, um eine weiche, halbflüssige Masse zu bekommen. In die Puddingform füllen und verschließen. Ca. 1 1/2 Std. im Wasserbad kochen. Puddingform mit kaltem Wasser abschrecken, öffnen und den Pflaumenpudding vorsichtig auf einen Teller stürzen. Dazu Rumsabayone (Rezept S. 153) oder Vanillesoße (Rezept S. 155) reichen.

PFLAUMENSOUFFLÉ MIT INGWER

ZUTATEN: 250 g Trockenpflaumen ohne Stein (oder ein Glas Pflaumenmus ohne Zucker siehe S. 25), 20 g frischer Ingwer, 1/2 TL Zimt, 35 g Butter, 3 Eier, 70 g Zucker, 2 EL Zwetschgenwasser

VORBEREITUNG: Trockenpflaumen 1–2 Stunden einweichen. Den frischen Ingwer schälen und in dünne Scheiben schneiden. Eiweiß vom Eigelb trennen. 4 Soufflé-Förmchen buttern und mit Zucker ausstreuen.

ZUBEREITUNG: Pflaumen, Ingwer und Zimt mit dem Stabmixer fein pürieren. Butter erhitzen, alles zufügen und bei kleiner Hitze 15–20 Minuten zu Mus einkochen lassen, abkühlen lassen. Eigelb mit der Hälfte des Zuckers schaumig rühren. Eiweiß steif schlagen, den restlichen Zucker löffelweise dazugeben und weiter schlagen, bis die Masse fest ist. Das Pflaumenpüree, die Eigelbmasse und $^1/_4$ des Eischnees locker vermischen. Den restlichen Eischnee mit dem Zwetschgenwasser vermischen und unterziehen. Die Förmchen zu $^4/_5$ füllen, sofort in den Ofen schieben und 12–15 Minuten backen. Mit Puderzucker bestreuen und in den Förmchen sofort servieren.
TIPP: Das Soufflé kann auch mit Aprikosen oder Nektarinen zubereitet werden.
Dazu passt eine Fruchtsoße aus den gleichen Früchten wie im Soufflé. Früchte mit etwas geriebenem Ingwer, Vanillezucker, Honig und entsprechendem Alkohol pürieren und zum Soufflé servieren.

PLUMPUDDING (engl. Weihnachtspudding)

ZUTATEN: 1 EL gehackte Mandeln, 100 g Sultaninen, 50 g Korinthen, 100 g Rosinen, 35 g Zitronat, 35 g Orangeat, 100 g Mehl, $^1/_2$ TL Salz, 50 g Semmelmehl, 75 g brauner Zucker, 75 g Rindernierenfett od. Schmalz, je 1 Messerspitze Muskatnuss und Zimt, 2 Eier, 25 g Sirup, 1 TL Orangenmarmelade, 100 ml Milch, $^1/_2$ Stange Vanille

VORBEREITUNG: Das Rinderfett durch den Fleischwolf drehen oder fein hacken. Die Eier verquirlen.
ZUBEREITUNG: Alle Zutaten mischen und zu einem weichen Teig verarbeiten. 2–3 Std. ruhen lassen und nochmals durcharbeiten. Eine Puddingform oder Steingutschüssel buttern und bis zum Rand füllen. Mit gut gefettetem Deckel oder Pergamentpapier verschließen. Die Steingutschüssel muss noch mit einem Geschirrtuch fest zugebunden werden. Die überhängenden Ränder nach oben binden. In kochendem Wasserbad 5 Std. kochen. Die Form öffnen und abkühlen lassen. Wieder neu verschließen und 4 Wochen an einem kühlen Ort aufbewahren. Zu Weihnachten 4 Std. im Wasserbad kochen oder 6 Std. dämpfen. Auf einen heißen Teller stürzen, mit etwas warmem Cognac übergießen und anzünden. Mit Vanillesoße oder Rumsabayone servieren.

QUARKAUFLAUF AUF PFLAUMENMUS

ZUTATEN: 250 g Quark, 60 g Butter, 60 g Zucker, 3 Eier, 10 g Grieß, 4 EL Pflaumenmus (Rezept S. 25), etwas Butter und Zucker zum Ausstreichen der Förmchen

VORBEREITUNG: 4 feuerfeste Auflaufförmchen buttern und mit

Zucker ausstreuen. (Dafür reichlich Zucker in die Förmchen geben und wieder ausschütten und auf 60 g auffüllen für den Auflauf.) Eigelb vom Eiweiß trennen.
ZUBEREITUNG: Butter und Zucker schaumig rühren und die Eigelb nach und nach dazugeben. Danach Quark und Grieß einrühren. Das Eiweiß steif schlagen und vorsichtig unter die Masse heben. Je 1 Löffel Pflaumenmus in die Förmchen geben und gut $^3/_4$ mit der Masse füllen. Ca. 15 Minuten bei 200° backen. Wenn man eine große Form benutzt, dauert die Backzeit ca. 50 Minuten. Mit Puderzucker bestreuen und in den Förmchen servieren.

RUMSABAYONE

ZUTATEN: 4 Eigelb, 2 EL Zucker, 4 cl Rum, 1 Glas Weißwein

ZUBEREITUNG: Alle Zutaten werden in eine Schüssel mit rundem Boden gegeben und im Wasserbad warm aufgeschlagen, bis eine dickflüssige Masse entsteht.

SCHOKOLADENAUFLAUF MIT VANILLESOSSE UND EISPRALINEN

ZUTATEN: 3 Eier, 50 g Butter, 50 g Zucker, 50 g Schokoladenspäne, 50 g gehobelte Mandeln, $^1/_4$ l Sahne, Eispralinen (Rezept S. 140)

VORBEREITUNG: Eiweiß vom Eigelb trennen.
ZUBEREITUNG: Eigelb und Zucker schaumig schlagen. Die Butter flockenweise dazugeben, ebenso die Schokoladenspäne und Mandeln. Zuletzt wird das zu Schnee geschlagene Eiweiß untergezogen. Eine feuerfeste Form ausbuttern, mit Zucker ausstreuen und die Masse einfüllen. Im Wasserbad ca. 20 Minuten bei 200° im Backofen backen. Mit der Nadel probieren, ob der Auflauf gar ist. Stürzen und mit der in der Zwischenzeit steif geschlagenen Sahne einhüllen. Schnell servieren. Dazu warme Vanillesoße geben (Rezept S. 155).

SCHOTTISCHER PREISELBEERPUDDING

ZUTATEN: 125 g Butter, 4 Eier, 50 g Zucker, 75 g Mehl, 1 TL Backpulver, 75 g geriebene Haselnüsse, 250 g Preiselbeeren im Glas, 1 TL Zimt, 1 Messerspitze gemahlene Nelken, Schale 1 naturreinen Zitrone, 1 Prise Salz, Butter und Mehl für die Form

VORBEREITUNG: Das Eiweiß vom Eigelb trennen. Die Haselnüsse mahlen und die Zitronenschale reiben. Puddingform buttern und mit Mehl bestäuben.
ZUBEREITUNG: Die Butter schaumig rühren und nach und nach das

Eigelb unterrühren. Zimt, Nelken, Zitronenschale und 75 g Preiselbeeren hineinrühren. Den Rest für die Soße aufheben. Das Eiweiß steif schlagen und Salz und Zucker löffelweise hineinschlagen. Auf die Butter-Eigelb-Masse geben. Das Mehl mit dem Backpulver sieben, mit den Haselnüssen mischen und auf den Eischnee geben. Alles zusammen vorsichtig unterheben. In die Puddingform geben und verschließen. Im kochenden Wasserbad ca. 100 Minuten kochen. Die Form unter kaltem Wasser abschrecken, öffnen und 5 Minuten ausdämpfen lassen. Vorsichtig auf einen Teller stürzen. Die restlichen Preiselbeeren erhitzen und über den Pudding gießen. Mit leicht geschlagener Sahne servieren.

SCHUPFNUDELN MIT MOHN UND EINGELEGTEN BACKPFLAUMEN

ZUTATEN: 400 g mehlige Kartoffeln, 150 g Weizenmehl, 2 Eier, 1 Prise Salz, 50 g Zucker, 80 g Butterschmalz, 50 g Mohn, etwas Puderzucker in der Streudose

ZUTATEN Backpflaumen: 16 Backpflaumen ohne Kern, 4 cl Slibowitz

VORBEREITUNG: Die Kartoffeln schälen, weich kochen, abschütten und auf einem Backblech im Ofen bei 200° gut ausdämpfen. Einen Topf mit gesalzenem Wasser aufsetzen.

ZUBEREITUNG Backpflaumen: Die Backpflaumen knapp mit Wasser bedeckt einweichen und ganz kurz erhitzen, jedoch nicht kochen. Erkalten lassen und den Slibowitz dazugeben.

ZUBEREITUNG Schupfnudeln: Die Kartoffeln durch eine Presse drücken und mit Mehl, Eiern und Zucker zu einem Teig verarbeiten. Aus dem Teig jetzt fingerdicke Rollen formen und in 5 cm lange Stücke schneiden. Beide Enden etwas zuspitzen und ins heiße Wasser geben. Einmal aufkochen, mit dem Schaumlöffel herausnehmen und auf Küchenpapier abtropfen lassen. Die Butter in einer Pfanne zerlassen und die Schupfnudeln darin schön braun braten. Mit Mohn bestreuen und auf den Teller geben. Rundherum die Backpflaumen anrichten und mit etwas Puderzucker bestreuen.

TIPP: Anstatt Slibowitz andere Schnäpse oder Armagnac verwenden. Dies ist kein Dessert für Kinder, entweder einfaches Pflaumenkompott oder anderes Kompott verwenden.

SCHWARZ-WEISS-PUDDING

ZUTATEN: 100 g Mehl, 1 TL Backpulver, 100 g Butter, 100 g Zucker, 2 Eier, 2 EL Milch, 1 Prise Salz, 25 g Kakao, Schale ½ naturreinen Zitrone, Butter und Semmelmehl für die Form

ZUBEREITUNG: Butter und Zucker schaumig rühren. Nach und nach die beiden Eier unterrühren, Salz zufügen, Mehl und Backpulver darüber sieben und mit der Milch zu einem glatten Teig verrühren. Eine Hälfte des Teiges mit dem Kakao und die andere Hälfte mit der abgeriebenen Zitronenschale verrühren. Erst den dunklen Teig in die gefettete und mit Semmelmehl bestäubte Puddingform geben und darüber den hellen Teig füllen. Die Form mit dem Deckel gut verschließen und $1^1/_2$ Std. im Wasserbad kochen. Die Form mit kaltem Wasser abschrecken, den Deckel öffnen und den Pudding ausdämpfen lassen. Auf einen Teller stürzen und mit Vanillesoße servieren.

VANILLESOSSE

ZUTATEN: 2 Eigelb, 2 EL Zucker, $^1/_2$ Stange Vanille, $^1/_4$ l Milch

ZUBEREITUNG: Milch mit der der Länge nach aufgeschnittenen Vanillestange erhitzen. Eigelb mit dem Zucker schaumig rühren, mit der warmen Milch auffüllen und unter Rühren erhitzen, bis die Soße sämig wird. Sie darf nicht kochen. Durch ein Sieb gießen und servieren.
Kann auch kalt serviert werden.

WAFFELN

ZUTATEN: 175 g Butter, 175 g Zucker, 1 gestr. TL Zimt gemahlen, 1 Prise Salz, 4 Eier, 2 cl brauner Rum, 200 g Mehl, $^1/_2$ gestr. TL Backpulver, $^1/_4$ l Sahne, 20 g Puderzucker, $^1/_2$ gestr. TL Zimt gemahlen, 150 g Himbeeren, Minze zum Garnieren, 3 EL Öl zum Ausfetten, Puderzucker zum Besieben

ZUBEREITUNG: Für den Teig die Butter mit dem Zucker, Zimt und Salz schaumig rühren. Unter ständigem Rühren nacheinander die Eier zugeben. Darauf achten, dass jedes Ei gut verrührt ist, bevor das nächste zugegeben wird. Den Rum unterrühren. Das Mehl mit dem Backpulver sieben, zugeben und gut vermengen. Das Waffeleisen auf Stufe 3 vorheizen und die Innenflächen gut mit Öl bestreichen. Den Teig in 6 Portionen teilen. Dafür jeweils 2 EL Teig auf das Waffeleisen streichen, schließen und die Waffeln hellbraun backen. Das dauert je nach Temperatur des Waffeleisens 4–5 Minuten. Die fertigen Waffeln in die vorgegebenen 3 Stücke teilen, so dass 18 kleine Waffeln entstehen.
Die Sahne mit dem Puderzucker und dem Zimt steif schlagen. Die Waffeln mit Puderzucker besieben und mit der Sahne und den Himbeeren anrichten. Mit Minze garnieren.

GEBÄCK

AACHENER PRINTEN

ZUTATEN: 500 g Sirup, 3 EL Wasser, 5 g Pottasche, 100 g Zucker, 150 g Kandiszucker, 600 g Mehl, 50 g Orangeat, 3 gehäufte TL Anis, 2 gehäufte TL Zimt, 2 TL Koriander, je 1 Prise Piment, Nelkenpfeffer, Kardamom, Muskatnuss und Natron

VORBEREITUNG: Orangeat in kleine Würfel schneiden. Kandiszucker im Plastikbeutel oder zwischen Folie klein schlagen.
ZUBEREITUNG: Die Pottasche im Wasser auflösen und mit dem Sirup erhitzen. Den klein geschlagenen Kandiszucker und alle anderen Zutaten dazugeben und vermischen. Den Teig gut durchkneten und über Nacht stehen lassen. 3 mm dick ausrollen und in 3 cm große Rechtecke schneiden. Auf einem mit Wasser bestrichenem Backblech ca. 15 Minuten bei 220° backen. Nach dem Erkalten mit dünnem Zuckerguss oder Schokolade überziehen.

ANISPLÄTZCHEN

ZUTATEN: 400 g Zucker, 6 Eier, 500 g Mehl, einige Tropfen Zitronensaft, 15 g Anissamen, 100 g Zucker zum Bestreuen

VORBEREITUNG: Anissamen grob zerstoßen.
ZUBEREITUNG: Zucker und Eier im warmen Wasserbad schaumig rühren. Das gesiebte Mehl nach und nach unterziehen, Anis und Zitronensaft dazugeben und den weichen Teig in einen Spritzbeutel füllen. Mit großer Tülle Tupfer auf ein mit Backpapier ausgelegtes Blech setzen und diese dick mit Zucker bestreuen. Die Teigtupfer etwa 4 Stunden bei Zimmertemperatur trocknen lassen, bis sich eine Kruste auf der Oberfläche gebildet hat. Die Zuckerreste in den Zwischenräumen vorsichtig abklopfen. Im vorgeheizten Backofen etwa 20–25 Minuten bei 160° hell backen. Sofort vom Backpapier lösen, auf ein Kuchenrost legen und erkalten lassen.

BERNER LECKERLI

ZUTATEN: 2 EL Honig, 2 EL Kirschwasser od. Rum, 2 Eiweiß, 175 g gemahlene Mandeln, 175 g gemahlene Haselnüsse, 250 g Zucker, je 65 g gehacktes Zitronat und Orangeat, 1 Prise Zimt
ZUTATEN Zuckerglasur: 4 gehäufte EL Puderzucker, so viel Zitronensaft, bis eine dickflüssige Masse entsteht.

VORBEREITUNG: Mandeln und Haselnüsse mahlen, Zitronat und Orangeat in kleine Würfel schneiden.
ZUBEREITUNG: Alle trockenen Zutaten mischen, Kirschwasser

und Honig zufügen. Eiweiß steif schlagen und ebenfalls untermischen. Den Teig gründlich durchkneten. Auf einer mit Zucker bestreuten Arbeitsfläche 1 cm dick ausrollen. Mit Zucker bestreute Leckerlimodels darauf drücken, herunternehmen und mit einem scharfen Messer in viereckige Leckerlis ausschneiden (geht auch ohne Models). Auf einem gefetteten Blech über Nacht bei Zimmertemperatur stehen lassen und im vorgeheizten Ofen bei mäßiger Hitze backen. Wenn sie auf der Oberseite leicht bräunen, herausnehmen und mit Zuckerglasur bestreichen. Danach vom Blech nehmen.

BETHMÄNNCHEN

ZUTATEN: 300 g Marzipan-Rohmasse, 1 Ei, 80 g Puderzucker, 20 g Stärkemehl, Mark 1/4 Vanilleschote, 1 Prise gemahlener Ingwer, ca. 240 ganze, geschälte Mandeln

ZUBEREITUNG: Das Eigelb vom Eiweiß trennen und das Eigelb kühl stellen (zum Bestreichen). Eiweiß mit allen Zutaten zu einem Teig verarbeiten. Teig zu Rollen formen und davon gleich dicke Scheiben abschneiden und zu Kugeln formen (ergibt ca. 75). Die Kugeln auf ein mit Backpapier belegtes Blech legen und mit dem verquirlten Eigelb bestreichen. An jede Kugel hochkant drei halbierte (oder ganze) Mandeln drücken und im vorgeheizten Backofen bei 200° hellgelb backen.

BUTTERGEBÄCK

ZUTATEN: 250 g Butter, 250 g Zucker, 8 Eigelb, 1 Zitrone, 500 g Mehl, 3–4 Eigelb zum Bestreichen

VORBEREITUNG: Eigelb vom Eiweiß trennen. (Eiweiß kühl stellen, kann für andere Gebäcksorten verwendet werden.)
ZUBEREITUNG: Butter schaumig rühren, Zucker dazugeben und nochmals gut verrühren. Nach und nach das Eigelb unterrühren, Mehl darüber sieben und geriebene Zitronenschale dazugeben. Nochmals gut verrühren und in Frischhaltefolie mind. 1 Std. im Kühlschrank kühl stellen. Der Teig ist dann so fest, dass er vorsichtig auf gut gemehlter Arbeitsfläche ausgerollt und mit Förmchen ausgestochen werden kann. Reste jedes Mal wieder in den Kühlschrank legen, da der Teig schnell weich wird. Die ausgestochenen Plätzchen auf ein mit Backpapier ausgelegtes Blech legen und mit verquirltem Eigelb bestreichen. Bei mittlerer Hitze hellgelb backen. Die Plätzchen können vor dem Backen noch mit Mandeln, kandierten Kirschen und Schokoladenstreuseln bestreut werden.

EIGELBMAKRONEN

ZUTATEN: 500 g Marzipan-Rohmasse, 5 Eigelb, 250 g Zucker, abgeriebene Schale 1 naturreinen Zitrone, 1 Prise Zimt, runde Oblaten 4 cm Durchmesser

ZUBEREITUNG: Alle Zutaten verkneten, in einen Spritzbeutel mit Sterntülle füllen. Backblech mit Oblaten belegen und kleine Häufchen darauf spritzen. Mit Mandeln, Nüssen und Zitronat belegen und im vorgeheizten Ofen bei 200° hellbraun backen. Vom Blech nehmen und auskühlen lassen.

FRANKFURTER SAHNEHÄUFCHEN

ZUTATEN: 250 g Mandelsplitter, 250 g Zucker, 3 Eiweiß, Saft 1/2 Zitrone, Zimt

ZUBEREITUNG: Eiweiß zu Schnee schlagen, nach und nach den Zucker einschlagen. Wenn das Eiweiß schnittfest ist, die Mandelsplitter unterziehen. Mit zwei TL kleine Häufchen auf ein mit Backpapier ausgelegtes Blech setzen, mit Zimt bestäuben und ca. 25 Minuten bei 140° backen.

GEFÜLLTE STERNE

ZUTATEN: 200 g weiche Butter, 120 g Puderzucker, abgeriebene Schale 1/2 unbehandelten Zitrone, 1 Eigelb, 180 g gemahlene, geschälte Mandeln, 270 g Mehl

ZUTATEN Füllung: 80 g Aprikosenmarmelade, 80 g Johannisbeergelee, Puderzucker zum Bestäuben

ZUBEREITUNG: Die Butter mit dem Puderzucker und der Zitronenschale schaumig rühren. Das Eigelb zugeben und unterrühren. Die Mandeln und das Mehl untermischen und alles rasch zu einem glatten Teig kneten, in Folie wickeln und ca. 2 Stunden im Kühlschrank ruhen lassen. Den Teig auf bemehlter Arbeitsfläche 3–4 mm stark ausrollen und Sterne von 6 cm Durchmesser ausstechen. Die Sterne auf ein mit Backpapier belegtes Blech legen und aus der Hälfte der Sterne in der Mitte einen Kreis von 2 cm Durchmesser ausstechen. Im vorgeheizten Backofen bei 180° auf der mittleren Schiebeleiste etwa 10 Minuten nach Sicht backen. Die Plätzchen mit einer Palette vom Blech heben und auf einem Kuchengitter abkühlen lassen. Die Sterne mit Loch mit Puderzucker besieben. Marmelade und Gelee in je einem Topf bei schwacher Hitze glatt rühren. Die Hälfte der ganzen Plätzchen mit Marmelade, die andere mit Gelee bestreichen und die mit Puderzucker besiebten Plätzchen darauf setzen. In die Mitte noch etwas Marmelade geben. Ergibt ca. 60 Stück.

HASELNUSSMAKRONEN

ZUTATEN: 3 Eiweiß, 1 Prise Salz, 300 g Puderzucker, 300 g geriebene Haselnüsse, 1 Messerspitze Zimt, ca. 30 ganze Haselnüsse zum Garnieren

VORBEREITUNG: Haselnüsse mit der Mandelmühle reiben.
ZUBEREITUNG: Das Eiweiß mit einer Prise Salz schnittfest schlagen (ein Schnitt mit dem Messer muss zu sehen sein). Puderzucker darüber sieben und unterheben. Haselnüsse und Zimt vorsichtig untermischen. Mit zwei TL Häufchen auf ein mit Backpapier ausgelegtes Blech setzen, in die Mitte eine Haselnuss drücken und ca. 40 Minuten bei 140° backen. Dabei die Tür einen Spalt offen lassen, damit die Makronen mehr trocknen als backen. Vom Blech lösen und auskühlen lassen.

HONIGSCHNITTEN

ZUTATEN: 250 g Honig, 50 g Zitronat, 125 g Mandeln, 125 g Zucker, abgeriebene Schale 1 naturreinen Zitrone, 1 TL Zimt, je 1/2 TL Nelkenpfeffer und Kardamom, 1 TL Rum, 1/2 EL Pottasche oder 1TL Backpulver, 375 g Mehl
ZUTATEN Guss: 120–150 g Puderzucker, 1 TL Zitronensaft

VORBEREITUNG: Das Zitronat in feine Würfel schneiden und die Mandeln mit der Schale in der Mandelmühle reiben. Zitronenschale reiben.
ZUBEREITUNG: Die Pottasche in dem Rum auflösen, wenn Backpulver verwendet wird, dieses mit dem Mehl zusammen sieben. Den Honig erhitzen und alle Zutaten untermischen. Alles gut verkneten und den Teig auf einer bemehlten Arbeitsplatte ausrollen. Rechteckige Schnitten ausschneiden und auf ein mit Backpapier ausgelegtes Blech legen. Bei mäßiger Hitze ca. 10 Minuten backen. Die noch warmen Schnitten mit dem Zitronenguss bestreichen.

INGWERHERZEN

ZUTATEN: 120 g Butter, 120 g Zucker, 1 Ei, 200 g Mehl, 50 g Speisestärke, 1 TL Backpulver, Mark 1/2 Vanilleschote, 1 Messerspitze Salz, 1 TL Ingwerpulver, 200 g Kuvertüre und 20 g Hagelzucker

ZUBEREITUNG: Butter, Zucker und Ei zusammen glatt rühren. Mehl, Speisestärke und Backpulver dazusieben, Gewürze dazugeben und zu einem glatten Teig kneten. Auf einer bemehlten Arbeitsplatte 5 mm dick ausrollen und Herzen ausstechen. Auf ein mit Backpapier ausgelegtes Blech legen und im vorgeheizten Ofen ca. 10 Minuten bei 180° backen. Auskühlen lassen. Mit aufgelöster, glatt gerührter Kuvertüre bestreichen und mit Hagelzucker bestreuen.

KOKOSMAKRONEN

ZUTATEN: 4 Eiweiß, 200 g Zucker, 280 g Kokosraspeln, abgeriebene Schale 1/2 naturreinen Zitrone

ZUBEREITUNG: Eiweiß steif schlagen und den Zucker löffelweise darunter schlagen. Der Eischnee sollte so steif sein, dass ein Messerschnitt zu sehen ist. Die Kokosraspeln und Zitronenschale vorsichtig darunter heben. Mit 2 TL Häufchen auf ein mit Backpapier ausgelegtes Blech setzen. Im vorgeheizten Ofen ca. 30 Minuten bei 160° backen. Vom Blech lösen und auskühlen lassen.

KOKOSRINGE

ZUTATEN: 250 g Kokosraspeln, 100 g Zucker, abgeriebene Orangenschale 1 naturreinen Orange, 4 Eiweiß, runde Oblaten, 3–4 EL Orangenmarmelade

ZUBEREITUNG: Alle Zutaten, bis auf die Orangenmarmelade, schnell zu einem Teig verrühren und in einen Spritzbeutel mit Sterntülle geben. Oblaten auf ein mit Backpapier ausgelegtes Blech legen. Die Oangenmarmelade etwas verrühren. Mit dem Spritzbeutel runde Kreise auf die Oblaten spritzen und in die Mitte etwas Marmelade geben. Im vorgeheizten Ofen ca. 25 Minuten bei 160° backen.

LEBKUCHEN

ZUTATEN: 200 g Honig, 200 g Zucker, 2 Eier, 500 g Mehl, 2 gestrichene TL Backpulver, abgeriebene Schale 1 naturreinen Zitrone, je 70 g Zitronat und Orangeat, 70 g Mandeln, 1/2 TL gemahlener Zimt, je 1 Prise Salz, Muskatnuss, Kardamom, Nelkenpfeffer

VORBEREITUNG: Zitronat und Orangeat in kleine Würfel schneiden, Mandeln blanchieren, schälen und hacken. Zitronenschale reiben.
ZUBEREITUNG: Honig und Zucker erhitzen und abkühlen lassen. Eier, abgeriebene Zitronenschale, Zitronat, Orangeat, gehackte Mandeln und Gewürze dazugeben und verrühren. Mehl und Backpulver darüber sieben und unterrühren. Den Teig kräftig durchkneten. Auf einer bemehlten Arbeitsplatte 1/2 cm dick ausrollen und 8 x 5 cm große Rechtecke ausschneiden. Das Backblech mit Wasser bestreichen und die Lebkuchen darauf legen. Im vorgeheizten Backofen ca. 15 Minuten bei 220° backen. Vom Blech nehmen und abkühlen lassen. Mit Zitronen-, Zucker- oder Schokoladenglasur überziehen.

MANDELKIPFERL

ZUTATEN: 300 g Rohmarzipan, 180 g Puderzucker, 3 Eiweiß, einige

MARZIPANSTOLLEN

ZUTATEN: 1 kg Mehl, 120 g Hefe, 400 g Butter, 300 g Zucker, Mandelöl, 1/2 Stange Vanille, Salz, 0,4 l Milch, 300 g gehackte Mandeln, 250 g Rosinen, 250 g Sultaninen, 125 g Zitronat, 125 g Orangeat, naturreine Zitronenschale, etwas Rum, 200 g Marzipan-Rohmasse, 50 g Puderzucker, 2 EL Rum, Butter zum Bestreichen und Puderzucker zum Bestreuen

VORBEREITUNG: Von den Rosinen und Sultaninen die Stiele entfernen, Orangeat und Zitronat klein schneiden, Mandeln schälen und hacken. Alles mit Rum vermischen und in einem Behälter verschlossen stehen lassen.

ZUBEREITUNG: Mehl in eine Schüssel geben, Hefe in einer Tasse mit 2 EL Zucker und etwas warmer Milch verrühren, in die Mitte des Mehls geben und mit ein wenig Mehl bestäuben. Alles zudecken und gehen lassen. Wenn das Mehl reißt, mit Butter, Zucker, Mandelöl, Vanillemark, Salz und mit so viel warmer Milch wie nötig zu einem griffigen Teig kneten. Alle weiteren in Rum getränkten Zutaten unterkneten und den Teig zugedeckt gehen lassen. Marizpan-Rohmasse mit Puderzucker und Rum verkneten und zu einer Rolle formen. Man formt aus dem Teig ein Oval, bestreicht die Hälfte dick mit Butter, legt die Marzipanrolle in die Mitte und klappt die andere Hälfte darüber. Vorsichtig, aber sorgfältig andrücken. Der untere Teil muss etwas überstehen, dann hat man die übliche Stollenform. Nach neuerlichem Gehen den Stollen bei Mittelhitze ausbacken, dabei zweimal mit Butter bestreichen. Nach dem Backen den noch heißen Stollen so lange mit Butter bestreichen, bis er keine mehr aufnimmt. Nach dem Erkalten dick mit Puderzucker bestreuen.

Man kann aus diesem Teig entweder einen ganz großen, zwei mittelgroße oder vier kleine Stollen backen.

Tropfen Zitronensaft, 50 g gehobelte Mandeln, Puderzucker mit Vanille zum Bestreuen

ZUBEREITUNG: Alle Zutaten, bis auf die gehobelten Mandeln, zu einem glatten Teig verarbeiten und mit dem Spritzbeutel Kipferl (Hörnchen) auf Backfolie spritzen. Mit geschälten, gehobelten Mandeln bestreuen und 10–12 Minuten bei 160° hellgelb backen. Heiß vom Blech lösen und in Puderzucker mit Vanille wenden.

MANDELMAKRONEN

ZUTATEN: 200 g geriebene Mandeln (od. Nüsse), 400 g Zucker, ca. 220 g Eiweiß

VORBEREITUNG: Mandeln blanchieren und noch heiß schälen. Durch die Mandelmühle drehen.

ZUBEREITUNG: Alle Zutaten in einem Schneekessel im Wasserbad zusammenrühren und abrösten. Dabei immer wieder mit dem Teigschaber vom Schneekessel lösen.

Masse erkalten lassen und mit dem Spritzbeutel oder 2 TL kleine Häufchen auf ein mit Backpapier ausgelegtes Blech setzen. Ca. 30 Minuten bei 160° backen. Vom Blech lösen und auskühlen lassen.

MANDELPLÄTZCHEN

ZUTATEN: 250 g Mehl, 100 g Stärkemehl, 100 g Puderzucker, 250 g Butter, 125 g ganze Mandeln, Mark 1 Vanilleschote, etwas Salz; 2 EL Sahne

VORBEREITUNG: Mandeln blanchieren und die Haut abziehen.

ZUBEREITUNG: Mit Ausnahme der Mandeln alle Zutaten zu einem Mürbteig verarbeiten. Die Mandeln untermischen und mit Hilfe von Frischhaltefolie 3–4 Rollen mit einem Durchmesser von 3–4 cm formen. Einige Stunden im Kühlschrank kalt stellen. Mit einem scharfen Messer in knapp 1 cm dicke Scheiben schneiden und auf ein mit Backpapier ausgelegtes Blech bei 170° nur sehr hellgelb backen.

MANDELRAUTEN

ZUTATEN: 250 g Butter, 200 g Zucker, 2 Eier, 3 Eigelb, 200 g Mehl, 100 g Stärkemehl, 1 gestr. TL Backpulver, 3 gestr. TL Kakao, 1/2 gestr. TL Zimt, je 1 Messerspitze Kardamom und gemahlene Nelken
Zum Bestreichen: 3 EL Orangenmarmelade
ZUTATEN Baisermasse: 3 Eiweiß, 75 g Zucker, 50 g Stärkemehl, 125 g Mandeln, abgeriebene Schale 1 naturreinen Orange
VERZIERUNG: Schokoladen-Fettglasur

VORBEREITUNG: Mandeln blanchieren und mit der Mandelmühle mahlen. Von 3 Eiern das Eiweiß vom Eigelb trennen. Mehl, Stärkemehl, Backpulver und Kakao zusammensieben.
ZUBEREITUNG: Die zimmerwarme Butter mit dem Zucker, den Eiern, dem Eigelb, den Gewürzen und der Mehlmischung mit dem Rührgerät zu einem geschmeidigen Teig verarbeiten. Auf ein mit Backpapier ausgelegtes Blech streichen und im vorgeheizten Backofen ca. 10–12 Minuten bei 200–225° vorbacken. In der Zwischenzeit Eiweiß steif schlagen, Zucker nach und nach unterschlagen. Das Stärkemehl darüber sieben und mit den gemahlenen Mandeln und der geriebenen Orangenschale unterheben. Den vorgebackenen Kuchen mit der Orangenmarmelade bestreichen und die Baisermasse darauf verteilen. Den Kuchen bei 200–225° ca. 15–20 Minuten fertig backen. Den Kuchen erkalten lassen und in Rauten schneiden. Aufgelöste Schokoladenglasur in eine Plastiktüte geben, eine ganz kleine Ecke abschneiden und dünne Streifen kreuz und quer über die Rauten spritzen.

MANDELSHORTBREAD

ZUTATEN: 100 g Butter, 150 g Mehl, 75 g Zucker, 75 g gemahlene Mandeln, 1/4 TL Salz

VORBEREITUNG: Mandeln mit kochendem Wasser übergießen, abschütten und abziehen. In der Mandelmühle mahlen. Mehl sieben.
ZUBEREITUNG: Gesiebtes Mehl mit Mandeln, Zucker und Salz mischen und die Butter einkneten. Wenn alle Zutaten eine gebundene Masse ergeben, knapp 1 cm dick auf ein kleines Blech oder auf den Boden einer runden Form ausrollen. Mit einer Gabel einige Löcher und Muster markieren (auf dem Blech Rechtecke von 2 x 7 cm und in der runden Form Tortenstückchen). Bei 150° ca. 1–1 1/2 Std. backen, bis das Gebäck fest und leicht gebräunt ist. Vom Blech vorsichtig auf ein Rost kippen und Backfolie entfernen. Wieder umdrehen und nach dem Abkühlen an den Markierungen in kleine Stücke schneiden. Kann gut in einer Dose aufbewahrt werden.

MANDELSPEKULATIUS

ZUTATEN: 250 g Mehl, 1/2 TL Backpulver, 100 g kalte Butter, 125 g brauner Zucker, 1 Ei, 50 g gehackte Mandeln, je 1 TL Zimt und Nelkenpfeffer, 1/2 TL Kardamom, 50 g gehobelte Mandeln

ZUBEREITUNG: Von alle Zutaten, außer den gehobelten Mandeln, zügig einen Teig kneten. An einem kühlen Ort über Nacht stehen lassen. Den Teig auf einer bemehlten Arbeitsplatte nochmals durch-

kneten. Spekulatiusmodel mit Mehl bestäuben und den Teig stückweise hineindrücken. Mit einem bemehlten Messer den überstehenden Teig abschneiden. Teigreste kühl stellen und weiterverarbeiten. Backblech mit Backpapier auslegen und mit den gehobelten Mandeln bestreuen. Spekulatius vorsichtig aus dem Model heben und auf die Mandeln legen. Im vorgeheizten Backofen ca. 10 Minuten bei 200° backen.
TIPP: Spekulatius wird normalerweise mit Holzmodels geformt. Man kann den Teig aber auch 3 mm dünn ausrollen und mit beliebigen Formen ausstechen.

MANDELSPRITZGEBÄCK

ZUTATEN: 200 g Butter, 80 g Puderzucker, 250 g Mehl, 2 Eigelb, 2 EL Sahne, Mark 1 Vanilleschote, 1 Prise Salz, 100 g gehobelte Mandeln, 100 g Kuvertüre

VORBEREITUNG: Butter einige Stunden vor dem Verarbeiten aus dem Kühlschrank nehmen und zimmerwarm werden lassen.
ZUBEREITUNG: Butter, Puderzucker, Salz, Vanille und Eigelb schaumig rühren und die Sahne dazugeben. Das Mehl unterheben und mit dem Spritzbeutel mit nicht zu kleiner Sterntülle runde Plätzchen auf Backfolie spritzen. Mit den gehobelten Mandeln bestreuen und etwa 10 Minuten bei 190° backen. Nach dem Erkalten der Plätzchen die aufgelöste Kuvertüre in einen kleinen Gefrierbeutel füllen und eine ganz kleine Ecke abschneiden und dünne Streifen und Spritzer kreuz und quer über das Gebäck spritzen.

MANDEL-ZIMT-MAKRONEN

ZUTATEN: 350 g Mandeln, Mark ½ Vanilleschote, 250 Zucker, 3 Eiweiß, 1 TL Zitronensaft, 1 Messerspitze Zimt, 40 runde Oblaten 4 cm Durchmesser

VORBEREITUNG: Mandeln blanchieren, abziehen und durch die Mandelmühle drehen. Vanillemark mit dem Zucker mischen.
ZUBEREITUNG: Eiweiß steif schlagen, den Zucker löffelweise zufügen und weiterschlagen. Gemahlene Mandeln, Zimt und den Zitronensaft unterziehen. Backblech mit Oblaten belegen und mit dem Spritzbeutel oder mit 2 TL kleine Häufchen darauf geben. Im vorgeheizten Backofen ca. 40 Minuten bei 140° backen. Sollte die Makronenmasse verlaufen, noch einige gemahlene Mandeln untermischen.

NÜRNBERGER ELISENLEBKUCHEN

ZUTATEN: 3 Eier, 250 g brauner Zucker, ½ Stange Vanille, 2 EL

Speisestärke, 1/2 Päckchen Lebkuchengewürz, 2 cl Rum, 75 g Orangeat, 250 g Mandeln, geriebene Schale 1 naturreinen Zitrone, runde Oblaten 7 cm Durchmesser
ZUTATEN helle Glasur: 75 g Puderzucker, 1 EL heißes Wasser
ZUTATEN Schokoladenglasur: 100 g zartbittere Kuvertüre, 30 g Hagelzucker zum Bestreuen und 17 ganze, geschälte Mandeln

VORBEREITUNG: Orangeat in feine Würfel schneiden. Ungeschälte Mandeln in der Mandelmühle mahlen. Zitronenschale reiben.
ZUBEREITUNG: Die Eier schaumig rühren, Zucker mit Vanillemark dazugeben und cremig rühren. Alle anderen Zutaten zugeben und gut verrühren. Ein Teighäufchen auf jede Oblate geben und über Nacht kühl stellen. Dann im vorgeheizten Backofen ca. 20 Minuten bei 160° backen. Vom Blech nehmen, auskühlen lassen und glasieren.
Eine Hälfte mit heller Glasur bestreichen und mit Hagelzucker bestreuen. Die andere Hälfte mit aufgelöster Schokoladenglasur bestreichen und eine Mandel in die Mitte legen.

NÜRNBERGER LEBKUCHEN

ZUTATEN: 4 Eier, 250 g Zucker, je 70 g Zitronat und Orangeat, 250 g Mehl, 2 gestrichene TL Backpulver, 70 g gehackte Mandeln, 5 g Zimt, je 1 Messerspitze Nelkenpulver, Muskatnuss und Kardamom, 35 Oblaten 12 x 5 cm

VORBEREITUNG: Zitronat und Orangeat in feine Würfel schneiden.
ZUBEREITUNG: Eier und Zucker schaumig rühren. Zitronat, Orangeat und Mandeln zugeben. Mehl mit Backpulver und Gewürzen mischen und in die Zuckermasse rühren. Alles gut verrühren und dann 5 Stunden ruhen lassen. Die Oblaten mit dem Teig bestreichen, in die Mitte einen dünnen Streifen Zitronat legen und über Nacht trocknen lassen. Im vorgeheizten Ofen ca. 20 Minuten bei 160° backen. Dabei die Ofentür nicht ganz schließen (evtl. Kochlöffel dazwischen klemmen). Die Lebkuchen müssen erst 14 Tage in einer Blechdose aufbewahrt werden, bevor sie weich sind (evtl. ein Stück Apfel dazulegen).

NUSSKRINGEL

ZUTATEN: 125 g Butter, 2 Eier, 80 g Zucker, Mark 1/2 Vanilleschote, 60 g gemahlene Mandeln, 60 g gemahlene Haselnüsse, 250 g Mehl, 1 TL Backpulver, 3 EL Speisestärke, 1 Prise Salz, 3 Tropfen Bittermandelöl oder 3–4 gemahlene Bittermandeln, je 1 Messerspitze Ingwerpulver und geriebene Muskatnuss

VORBEREITUNG: Mandeln und Haselnüsse mahlen.
ZUBEREITUNG: Butter und Zucker und Vanillemark schaumig rüh-

ren und Eier nach und nach unterrühren. Die gemahlenen Mandeln und Haselnüsse mit Mehl, Backpulver, Speisestärke und den Gewürzen mischen und unter die Masse rühren. Den halbfesten Teig in einen Spritzbeutel mit Sterntülle füllen. Kringel von ca. 6 cm Durchmesser auf ein mit Backpapier ausgelegtes Backblech spritzen. Im vorgeheizten Ofen ca. 10 Minuten bei 180° backen. Vom Blech nehmen und auskühlen lassen.
TIPP: Man kann die Kringel halb in Schokoladenglasur tunken.

ORANGENMAKRONEN

ZUTATEN: 3 Eiweiß, 200 g Zucker, 1/2 Vanilleschote, abgeriebene Schale 1 naturreinen Zitrone, 3 EL Orangensaft, 200 g gehobelte Mandeln, 50 g Semmelmehl, 1 EL Orangeat

VORBEREITUNG: Orangeat in kleine Würfel schneiden. Zitronenschale reiben.
ZUBEREITUNG: Eiweiß, Zucker und das Mark der Vanilleschote über Wasserdampf in einem Schneekessel steif schlagen. Abgeriebene Schale der Zitrone und Orangensaft hinzufügen und weiter sehr steif schlagen. Aus dem Wasserbad nehmen und die gehobelten Mandeln, das Semmelmehl und Orangeat vorsichtig unterheben. Mit zwei TL Häufchen auf ein mit Backpapier ausgelegtes Blech geben und ca. 25 Minuten bei 140–150° backen. Vom Papier lösen und auskühlen lassen.

ORANGENSTÄBCHEN

ZUTATEN: 125 g Butter, 100 g Puderzucker, 100 g Stärkemehl, 150 g Mehl, 100 g Marzipan-Rohmasse, 1 Ei, abgeriebene Schale 1 naturreinen Orange
ZUTATEN Füllung: Orangenmarmelade (Rezept S. 24), 150 g dunkle Kuvertüre für Glasur

ZUBEREITUNG: Die weiche Butter mit allen Zutaten zügig zu einem geschmeidigen Teig verarbeiten. In einen Spritzbeutel mit großer Tülle geben und damit 3 cm lange Streifen auf ein mit Backpapier ausgelegtes Blech spritzen. Im vorgeheizten Backofen ca. 10 Minuten bei 200–225° backen. Vom Blech nehmen und auskühlen lassen. Ein Stäbchen mit Orangenmarmelade bestreichen, ein zweites darauf drücken und bis knapp zur Hälfte in aufgelöste Kuvertüre tauchen.

PFEFFERKUCHEN

ZUTATEN: 250 g Honig, 250 g Sirup (Rübenkraut) 250 g Zucker, 125 g Butter, 1 kg Mehl, 5 g Pottasche, 5 g Hirschhornsalz, 3 EL Was-

ser, 25 g Mandeln, 25 g Zitronat, 1/2 TL Zimt, 2 Messerspitzen gemahlene Nelken
ZUTATEN Zuckerguss: 150 g Puderzucker, 2 EL Zitronensaft, 2 EL Wasser

VORBEREITUNG: Zitronat in kleine Würfel schneiden. Mandeln in der Mandelmühle mahlen.
ZUBEREITUNG: Honig, Sirup, Zucker und Butter bei kleiner Hitze verrühren, bis der Zucker sich aufgelöst hat, und abkühlen lassen. Pottasche und Hirschhornsalz getrennt in Wasser auflösen und 10 Minuten stehen lassen. Mehl mit den Gewürzen vermischen, die Honigmasse dazugeben und verrühren. Pottasche, Hirschhornsalz, Mandeln und Zitronat zugeben und alles zu einem Teig verkneten. Den Teig über Nacht ruhen lassen. Auf bemehlter Arbeitsplatte ca. 1/2 cm dick ausrollen, in 3 x 7 cm große Rechtecke schneiden und auf ein mit Backpapier ausgelegtes Blech legen. Im vorgeheizten Ofen ca. 15 Minuten bei 180° backen. Vom Blech nehmen und auskühlen lassen.
Puderzucker mit Zitronensaft und Wasser glatt rühren und die Hälfte der Pfefferkuchen damit bestreichen. Den Rest mit Schokoladenglasur überziehen.

PFEFFERNÜSSE

ZUTATEN: 5 Eier, 500 g Zucker, abgeriebene Schale einer naturreinen Zitrone, 60 g Zitronat, 60 g Orangeat, 750 g Mehl, 1 EL Rum, 1 Messerspitze Hirschhornsalz, 1 Prise Salz, je 1 Messerspitze Zimt, Muskatnuss, Ingwer, Piment und Kardamom, 3 Messerspitzen weißer Pfeffer

VORBEREITUNG: Zitronat und Orangeat in feine Würfel schneiden. Hirschhornsalz im Rum auflösen.
ZUBEREITUNG: Eier schaumig rühren und den Zucker löffelweise dazugeben und unterrühren. Zitronenschale, Gewürze, Zitronat und Orangeat mit dem Mehl vermischen und mit dem aufgelösten Hirschhornsalz und der Eier-Zucker-Masse zu einem geschmeidigen Teig verarbeiten. Zugedeckt über Nacht an einem kühlen Ort ruhen lassen. Aus dem Teig kleine Kugeln von 2 cm Durchmesser formen. In ein wenig Mehl wälzen und auf ein mit Backpapier belegtes Blech legen. Im vorgeheizten Ofen ca. 20 Minuten bei 180° backen. Vom Blech nehmen und auskühlen lassen. Pfeffernüsse werden weich, wenn man sie einige Tage in einer Blechdose aufbewahrt.

QUARKTEIGSTERNE

ZUTATEN: 125 g Butter, 125 g Zucker, 200 g Quark, 1 Prise Salz,

1 Ei, 375 g Mehl, 3 TL Backpulver, Sahne zum Bestreichen, Pflaumenmus zum Füllen

ZUBEREITUNG: Butter und Zucker cremig rühren. Das Ei, Salz und die Hälfte des Quarks unterrühren. Den restlichen Quark mit dem Mehl und Backpulver darunter kneten. Den Teig ca. 1/2 Std. ruhen lassen. Auf der bemehlten Arbeitsplatte gut 1 cm dick ausrollen und mit einer 10 cm großen Sternform ausstechen. Die Hälfte der Sterne auf ein mit Backpapier ausgelegtes Blech legen und mit Sahne bestreichen. Von der anderen Hälfte der Sterne mit einem kleinen Ausstecher die Mitte ausstechen (kann extra gebacken werden). Den ausgestochenen Stern auf den ganzen legen, nochmals mit Sahne bestreichen und 1 TL Pflaumenmus in das Loch geben, ca. 10 Minuten bei 175–200° im vorgeheizten Backofen backen. Ist ein schnell zubereitetes Kaffeegebäck.
VARIATION: Pflaumen-Pie (Rezept S. 178)

SCHOKO-HASELNUSS-STANGEN

ZUTATEN: 180 g Butter, 100 g Puderzucker, 300 g Mehl, 1 Ei, 80 g Zartbitter-Kuvertüre, 70 g fein gemahlene Haselnüsse, Mark 1/2 Vanillestange

VORBEREITUNG: Falls nötig, Haselnüsse fein mahlen und mit dem Mehl vermischen. Kuvertüre im Wasserbad auflösen.
ZUBEREITUNG: Butter, Puderzucker und Vanillemark glatt rühren. Das Ei unterrühren und die aufgelöste Kuvertüre unterziehen. Das Mehl-Haselnuss-Gemisch löffelweise unterrühren. Sofort in einen Spritzbeutel oder Fleischwolf mit Spritzvorrichtung füllen und 6–7 cm lange Stangen auf Backfolie spritzen. 10–12 Minuten bei 190° backen. Vom Blech nehmen und auskühlen lassen

SCHOKOLADENIGEL

ZUTATEN: 75 g Butter, 1 Vanillestange, 50 Zucker, 1 Ei, 125 g Mehl, 75 g Stärkemehl, je 1 Prise Zimt, Kardamom und gemahlene Nelken, Mandelstifte zum Bespicken, 100 g dunkle Kuvertüre für Glasur

ZUBEREITUNG: Die weiche Butter mit Zucker, Vanillemark, Gewürze, Ei, Stärkemehl und 1/3 des Mehls gut verrühren. Das restliche Mehl hinzufügen und alles gut durchkneten. Den Teig in Folie wickeln und 1–2 Stunden in den Kühlschrank stellen. Dann aus dem Teig Rollen von ca. 2 cm Durchmesser formen, diese in 1 1/2 cm dicke Scheiben schneiden und Kugeln daraus formen. Die Kugeln mit drei Mandelstiften bespicken und auf ein mit Backpapier ausgelegtes Blech legen. Im vorgeheizten Ofen ca. 15–20 Minuten bei 175–200°

backen. Die Igel vom Blech nehmen und erkalten lassen. Die Kuvertüre im Wasserbad auflösen und glatt rühren und die Schokoladenigel damit überziehen.

SCHOKOLADEN-SPRITZGEBÄCK

ZUTATEN: 250 g Butter, 125 g Puderzucker, 300 g Mehl, 3 Eiweiß, 1/2 Vanillestange, 50 g gemahlene Mandeln, 50 g Kakao, 1 Messerspitze gemahlener Zimt

VORBEREITUNG: Gesiebtes Mehl, gemahlene Mandeln, Kakao und Zimt mischen. Mark aus der Vanillestange kratzen.
ZUBEREITUNG: Butter, Puderzucker und Vanille schaumig rühren, nach und nach das Eiweiß unterrühren und das Mehlgemisch unterheben. Mit einem Spritzbeutel oder einem Fleischwolf mit Spritzeinsatz Kreise, Bögen oder Stangen auf ein mit Backpapier ausgelegtes Blech spritzen und bei 190° 10–12 Minuten backen.

SCHWARZ-WEISS-GEBÄCK

ZUTATEN: 400 g Butter, 200 g Puderzucker, 550 g Mehl, 40 g Kakao, 1 Messerspitze Salz

ZUBEREITUNG: Bis auf den Kakao alle Zutaten zu einem Mürbteig kneten. Die Hälfte des Teiges mit dem Kakao vermischen und beide Teige, in Frischhaltefolie verpackt, mind. 2 Std. im Kühlschrank kalt stellen. Einen Teil des Teiges, jede Sorte für sich, ausrollen, aufeinander legen, zu einer Rolle einrollen. Einen anderen ausgerollten Teil in dünne Streifen schneiden und je einen schwarzen und weißen Streifen auf eine dünn ausgerollte Teigplatte legen, die zweite und dritte Schicht versetzt. Die Platte rundherum wickeln. Mit einem anderen Teil eine etwa 2 cm dicke Rolle herstellen und mit ausgerolltem Teig der anderen Farbe umwickeln. Alles nochmals 1–2 Stunden in den Kühlschrank stellen und danach in dünne 1/2 cm dicke Scheiben schneiden. Sie erhalten so eine zweifarbige Schnecke, ein Schachbrett und ein rundes Plätzchen mit andersfarbigem Kern. Bei 180° etwa 10–12 Minuten backen.

SHORTBREAD (Schottisches Buttergebäck)

ZUTATEN: 125 g Mehl, 25 g Reismehl, 50 g Zucker, 100 g Butter, 1 Prise Salz

VORBEREITUNG: Backform mit Backfolie auslegen. Mehl sieben.
ZUBEREITUNG: Gesiebtes Mehl und Reismehl mischen, den Zucker dazugeben und mit der Butter einkneten. Wenn alle Zutaten eine gebundene Masse ergeben, ca. 1 cm dick auf einem kl. Blech oder auf

dem Boden einer runden Form ausrollen. Mit einer Gabel einige Löcher und Muster markieren (auf dem Blech Rechtecke von 2 x 7 cm und in der runden Form Tortenstückchen). Bei 150° ca. 1–1½ Std. backen, bis das Gebäck fest und leicht gebräunt ist. Vom Blech vorsichtig auf ein Rost kippen und die Backfolie entfernen. Wieder umdrehen und nach dem Abkühlen an den Markierungen in kleine Stücke schneiden. Kann gut in einer Dose aufbewahrt werden.

SPRINGERLE

ZUTATEN: 4 Eier, 500 g Puderzucker, 1 EL Kirschwasser, 1 Prise Hirschhornsalz, abgeriebene Schale 1 naturreinen Zitrone, 1 Prise Salz, 500 g Mehl, 2 EL Anissamen

ZUBEREITUNG: Eier und Zucker mit dem Rührgerät schaumig rühren. Hirschhornsalz im Kirschwasser auflösen und Zitronenschale und Salz dazugeben. Das Mehl unterrühren und gut durchkneten. Wenn der Teig auf der Arbeitsplatte klebt, noch etwas Mehl zugeben. Den Teig in ein mit Kirschwasser befeuchtetes Tuch einschlagen und 4 Stunden an einem kühlen Ort ruhen lassen. Den Teig auf bemehlter Arbeitsplatte 1 cm dick ausrollen. Bemehlte Holzmodels darauf legen und fest andrücken. Wiederholen, bis der ganze Teig bedruckt ist. Teig um die Muster viereckig mit dem Teigrädchen oder mit einem scharfen Messer ausschneiden. Die Springerle auf ein leicht gefettetes und dünn mit Anis bestreutes Blech legen. Mit einem Küchentuch bedecken und wieder bei mäßiger Wärme 12 Stunden ruhen lassen. Im vorgeheizten Ofen bei 130° hell ausbacken. Die Springerle müssen hell bleiben und gleichmäßig hoch werden (Plätzchen evtl. nach 15 Minuten mit Pergamentpapier bedecken). Mehlrückstände mit einem trockenen Pinsel von den Springerle entfernen und diese vom Blech nehmen. Gut 4 Wochen vor Weihnachten backen und gut ausgekühlt in einer Blechdose aufbewahren.

SPRITZGEBÄCK

ZUTATEN: 250 g Butter, 125 g Puderzucker, 350 g Mehl, 2 Eier, Mark ½ Vanillestange, 1 Prise Salz, abgeriebene Schale 1 Zitrone

ZUBEREITUNG: Butter, Puderzucker, Vanille und Salz schaumig rühren, Eier nach und nach dazugeben. Das gesiebte Mehl und die Zitronenschale unterheben und mit dem Spritzbeutel kleine Häufchen, S–Formen, Kringel und Stangen auf ein mit Backpapier ausgelegtes Blech spritzen und etwa 25 Minuten bei 175° backen. Die Enden nach dem Backen in aufgelöste Kuvertüre tauchen oder vor dem Backen mit Mandeln bestreuen oder mit kandierten Kirschen verzieren.

VANILLEKIPFERL

ZUTATEN: 250 g Butter, 100 g Staubzucker, 300 g Mehl, 150 g Mandeln, Mark 1/2 Vanilleschote, 1 Prise Salz, Puderzucker mit Vanille zum Bestreuen

VORBEREITUNG: Mandeln blanchieren, schälen und mit der Mandelmühle fein mahlen.
ZUBEREITUNG: Aus allen Zutaten einen glatten Teig kneten und im Kühlschrank durchkühlen lassen. Danach fingerdicke Stränge rollen, 5 cm lange Stücke schneiden und zu Kipferl (Hörnchen) formen. Auf gefettetem Blech oder Backfolie setzen und bei 150° etwa 12 Minuten goldgelb backen. Noch warm in Puderzucker, dem Vanille beigefügt wurde, wenden.

WECKMÄNNER

ZUTATEN: 600 g Mehl, 75 g Zucker, 75 g Butter, 1 Ei, 60 g Hefe, 1 Prise Salz, 250–300 ml Milch, etwas Sahne zum Bestreichen

VORBEREITUNG: Das Mehl in eine Schüssel geben, Hefe in einer Tasse mit 1 EL Zucker und etwas warmer Milch verrühren, in die Mitte des Mehls geben und mit ein wenig Mehl bestäuben. Alles zudecken und gehen lassen. Wenn das Mehl reißt, alle Zutaten zu einem griffigen Teig kneten.
Noch einmal gehen lassen, danach 4–5 Weckmänner daraus formen. Eine flach gedrückte Kugel gibt den Kopf, 2 Rosinen die Augen und eine Mandel den Mund. 2 längere Rollen ergeben nebeneinander gelegt den Körper und weiter unten auseinander gespreizt die Beine. 2 kürzere Rollen sind die Arme, die wieder an den Körper angewinkelt werden. Mit Sahne bepinseln und bei 200° hellbraun backen.
Die Weckmänner können anschließend mit Zuckerguss überzogen werden. Man kann vor dem Backen gehobelte Mandeln darauf streuen.

ZIMTRINGE

ZUTATEN: 200 g Butter, 150 g Puderzucker, 3 Eigelb, 300 g Mehl, 1/2 TL gemahlener Zimt, Saft und Schale 1/2 Zitrone, 150 g Zartbitterschokolade oder Weihnachtsschokolade

VORBEREITUNG: Mehl mit dem Zimt mischen und Zitronenschale dazu reiben. Schokolade im Wasserbad auflösen.
ZUBEREITUNG: Butter, Puderzucker und Eigelb schaumig rühren. Den Zitronensaft und nach und nach das mit dem Zimt vermischte Mehl darunter rühren. Ringe auf ein mit Backpapier ausgelegtes Blech spritzen und 10–12 Minuten bei 190° backen.

Die abgekühlten Ringe halb in 150 g aufgelöste, glatt gerührte Zartbitterschokolade oder Weihnachtsschokolade tauchen und auf einem Rost abtrocknen lassen.

ZIMTSTERNE

ZUTATEN: 3 Eiweiß, 250 g Puderzucker, 250 g Mandeln, 2 EL Zimt, 1/2 naturreine Zitrone (abgeriebene Schale)
ZUTATEN Guss: 150 g Puderzucker, 1 TL Wasser, 1 Messerspitze Zimt

VORBEREITUNG: Mandeln blanchieren, abziehen und mit der Mandelmühle reiben. Zutaten für den Guss zusammen verrühren.
ZUBEREITUNG: Das Eiweiß zu steifem Schnee schlagen und den Puderzucker und Zimt nach und nach dazuschlagen. Die geriebenen Mandeln unterheben und die Masse etwas ruhen lassen. Auf einem mit Puderzucker bestreuten Arbeitsbrett etwa 1/2 cm dick ausrollen und Sterne ausstechen. Auf ein mit Backpapier ausgelegtes Blech legen und mit dem nicht zu dünnen Zuckerguss bestreichen. Im vorgeheizten Ofen 5–10 Minuten bei 160° backen. Die Zimtsterne sollten weiß bleiben. Vom Blech nehmen und erkalten lassen.

Kuchen und Torten

BAUMKUCHENTORTE

ZUTATEN: 250 g Butter, 250 g Zucker, 1/2 Stange Vanille, 2 Eier, 4 Eigelb, 2 Gläschen Rum, 150 g Mehl, 100 g Speisestärke, 3 TL Backpulver, 4 Eiweiß
ZUTATEN Guss: 175 g Puderzucker, 1 EL Zitronensaft, 2 EL heißes Wasser, 10 g Kokosfett

VORBEREITUNG: Eiweiß mit etwas Zucker steif schlagen.
ZUBEREITUNG: Butter und Zucker mit Vanille schaumig rühren, nach und nach die Eier, das Eigelb und den Rum unterrühren. Mehl, Speisestärke und Backpulver darüber sieben und unterrühren. Zuletzt den Eischnee vorsichtig unterziehen. Eine Springform mit 24 cm Durchmesser einfetten, 2–3 EL Teig dünn auf dem Boden verstreichen und bei Oberhitze goldgelb backen. Im Umluftofen auf eine tiefere Schiene stellen, damit mehr heiße Luft von oben kommt. Kuchenform herausnehmen, wieder eine dünne Schicht Teig darauf streichen und wieder goldgelb backen. Wiederholen, bis der ganze Teig verbraucht ist. Je dünner die Schichten sind, um so besser ist die ganze Torte. Darauf achten, dass jede Schicht auch richtig durchgebacken ist. Die Torte stürzen und abkühlen lassen. Alle Zutaten für den Guss mitein-

ander vermischen, das Kokosfett erhitzen und unter den Guss rühren. Den Kuchen mit dem Guss bestreichen. Wenn eine größere Springform genommen wird, entweder das Rezept $1^1/_2$ -mal oder doppelt nehmen.

DÄNISCHER HONIGKUCHEN

ZUTATEN: 250 g Honig, 150 g brauner Zucker, 80 g Butter, 3 EL Wasser, je 1 TL Zimt, Ingwer und geriebene Muskatnuss, 500 g Mehl, 1 Päckchen Backpulver, 2 Eier, 1 Prise Salz, 150 g Mandeln

VORBEREITUNG: Mandeln blanchieren und abziehen.
ZUBEREITUNG: Honig, Zucker, Butter und Wasser erhitzen, gut verrühren und abkühlen lassen. Mehl, Backpulver und Gewürze vermischen und mit der Honigmasse verrühren. Zuletzt die Eier unterrühren und in eine gefettete Kastenform füllen. Mit den abgezogenen Mandeln verzieren und im vorgeheizten Backofen ca. 45 Minuten bei 180° backen (Nadelprobe). Kuchen in der Form abkühlen lassen. Erst am nächsten Tag anschneiden.

DRESDNER CHRISTSTOLLEN

ZUTATEN: 1 kg Mehl, 120 g Hefe, 400 g Butter, 300 g Zucker, Mandelöl, $^1/_2$ Stange Vanille, Salz, 0,4 l Milch, 300 g gehackte Mandeln, 250 g Rosinen, 250 g Sultaninen, 125 g Zitronat, 125 g Orangeat, naturreine Zitronenschale, etwas Rum, Butter zum Bestreichen und Puderzucker zum Bestreuen

VORBEREITUNG: Von den Rosinen und Sultaninen die Stiele entfernen, Orangeat und Zitronat klein schneiden, Mandeln schälen und hacken. Alles mit Rum vermischen und in einem Behälter verschlossen stehen lassen.
ZUBEREITUNG: Mehl in eine Schüssel geben, Hefe in einer Tasse mit 2 EL Zucker und etwas warmer Milch verrühren, in die Mitte des Mehls geben und mit ein wenig Mehl bestäuben. Alles zudecken und gehen lassen. Wenn das Mehl reißt, Butter, Zucker, Mandelöl, Vanillemark, Salz und mit so viel warmer Milch wie nötig zu einem griffigen Teig kneten. Alle weiteren in Rum getränkten Zutaten unterkneten und den Teig zugedeckt gehen lassen. Man formt ein Oval, bestreicht eine Hälfte dick mit Butter und klappt die andere Hälfte darüber. Der untere Teil muss etwas überstehen, dann hat man die übliche Stollenform. Nach neuerlichem Gehen den Stollen bei Mittelhitze ausbacken, dabei zweimal mit Butter bestreichen. Nach dem Backen den noch heißen Stollen so lange mit Butter bestreichen, bis er keine mehr aufnimmt. Nach dem Erkalten dick mit Puderzucker bestreuen.

Man kann aus diesem Teig entweder einen ganz großen, zwei mittelgroße oder vier kleine Stollen backen.
VARIATION: Vor dem Zuklappen des Teiges eine Marzipanrolle in die Mitte legen. So bekommt man einen mit Marzipan gefüllten Stollen.

DRESDNER QUARKSTOLLEN

ZUTATEN: 600 g Mehl, $1^1/_2$ Päckchen Backpulver, je 1 Messerspitze Zimt, Kardamom, Piment, 2 Eier, 200 g Zucker, $^1/_2$ Stange Vanille, geriebene Zitronenschale, 200 g Butter, 250 g Quark, 100 g Rosinen, 100 g Sultaninen, 50 g Korinthen, 65 g Orangeat, 70 g Zitronat, 125 g gehackte Mandeln, 2–3 EL Rum

VORBEREITUNG: Von den Rosinen, Sultaninen und Korinthen die Stiele entfernen, Orangeat und Zitronat klein schneiden, Mandeln schälen und hacken. Alles mit dem Rum vermischen und in einem Behälter verschlossen stehen lassen.
ZUBEREITUNG: Mehl und Backpulver in eine Schüssel sieben, Gewürze, Eier, Zucker, Butter und Quark dazugeben und alles wie einen Mürbteig mit Knethaken verrühren. Die in Rum getränkten Früchte mit dem glatt verarbeiteten Teig vermischen, zu einem Stollen formen. Auf einem gefetteten, mit Mehl bestäubten Backblech im vorgeheizten Ofen 70–80 Minuten backen (180°–190°). Dick mit Butter bestreichen und mit Puderzucker bestäuben.

DUNDEE-KUCHEN

ZUTATEN: 100 g Korinthen, 100 g Rosinen, 100 g Sultaninen, 100 g kandierte Schale (Zitronat, Orangeat, Kirschen), 50 g ganze, geschälte Mandeln, Schale einer naturreinen Zitrone und einer naturreinen Orange, 250 g Mehl, 200 g Butter, 200 g brauner Zucker, 4 Eier, etwas Cognac

VORBEREITUNG: Von den Korinthen, Rosinen und Sultaninen die Stiele entfernen, Zitronat, Orangeat, kandierte Kirschen klein schneiden, Mandeln schälen, Schale der Zitrone und Orange abreiben und alles in einer verschließbaren Schüssel mit Cognac tränken.
ZUBEREITUNG: Zuerst die Butter, dann Butter und Zucker schaumig rühren. Eier nach und nach unterrühren und zum Schluss das Mehl darüber sieben. Zu einem glatten Teig verrühren und mit den in Cognac getränkten Zutaten vermischen. In eine gefettete Kastenform geben, evtl. mit ganzen Mandeln und Zitronatscheiben verzieren und $2^1/_2$ Stunden bei 150° backen. Aus der Form stürzen und kalt werden lassen. In die Risse auf der Oberfläche noch etwas Cognac einträufeln, mit Folie verschließen und einige Tage ziehen lassen. Hält auch bis zum Januar.

EIWEISSKUCHEN

ZUTATEN: 8 Eiweiß, 380 g Zucker, 210 g Butter, 210 g Mehl, abgeriebene Schale ½ naturreinen Zitrone

ZUTATEN Guss: 150 g Puderzucker, 2–3 EL Zitronensaft

ZUBEREITUNG: Eiweiß steif schlagen und den Zucker nach und nach darunter schlagen. Die Butter bei geringer Hitze auflösen und zusammen mit dem Mehl und der Zitronenschale unterrühren. In eine gefettete Kastenform füllen und ca. 40 Minuten bei 180–200° backen. Nach dem Erkalten mit einem Guss aus Puderzucker und Zitronensaft überziehen.

FRANKFURTER KRANZ

ZUTATEN: 185 g Butter, 185 g Zucker, 6 Eier, 100 g Mehl, 80 g Speisestärke, 1 Päckchen Backpulver, abgeriebene Schale 1 naturreinen Zitrone

ZUTATEN Vanillecreme: 450 ml Milch, 3 EL Zucker, 1 Päckchen Vanillepudding, 300 g Butter

ZUTATEN Krokant: 2 EL Zucker, 1 EL Wasser, 100 g gehobelte Mandeln

Belegkirschen und Pistazien als Garnitur, etwas Johannisbeergelee

ZUBEREITUNG: Butter und Zucker schaumig rühren und nach und nach die Eier unterrühren. Das Mehl mit dem Backpulver und der Speisestärke darüber sieben, die abgeriebene Zitronenschale zufügen und alles zu einem cremigen Teig verarbeiten. In eine gebutterte und mit Semmelmehl bestreute Kranz- oder Gugelhupfform füllen und ca. 40 Minuten bei 180° backen (Nadelprobe). Aus der Form stürzen und erkalten lassen.
Für den Krokant Zucker und Wasser in einem Topf erhitzen. Wenn der Zucker beginnt zu karamellisieren, die gehobelten Mandeln hineinrühren. Auf eine Marmorplatte oder -brett schütten, abkühlen lassen und mit dem Nudelholz zu Krokant zermahlen.
Für die Creme den Vanillepudding mit etwas weniger Milch kochen. Unter gelegentlichem Rühren erkalten lassen. Die Butter schaumig schlagen und den erkalteten Pudding löffelweise unterrühren. Den Kuchen zweimal quer durchschneiden. Die untere Schicht mit Johannisbeergelee bestreichen, einen Teil Creme darüber streichen und die 2. Kuchenschicht darüber legen. Eine weitere Schicht Creme aufstreichen und die letzte Kuchenschicht darüber legen. Den Kranz rundherum mit Creme bestreichen (2–3 EL Creme für Garnitur zurückhalten). Ganz mit Krokant bestreuen und mit einem kl. Spritzbeutel Rosetten auf den Kranz spritzen. Auf jede Rosette eine Beleg-

kirsche legen und nach innen und außen eine Pistazie unter die Kirsche stecken.

HASELNUSSCREMETORTE

ZUTATEN Biskuit: 125 g Puderzucker, 100 g Mehl, 75 g Zucker, 4 Eier

ZUTATEN Haselnusscreme: 200 g geriebene Haselnüsse, 6 EL Milch, 250 g Butter, 140 g Zucker, 1/2 Vanillestange, 100 g gehobelte Haselnüsse oder Mandeln und 16 ganze Haselnüsse als Garnitur

VORBEREITUNG Biskuit: Eigelb vom Eiweiß trennen und das Eiweiß zu einem steifen Schnee schlagen. Die Butter zerlassen und abkühlen lassen. Eine runde Tortenform ausbuttern und mit Mehl bestäuben oder mit Backfolie auslegen. Dabei den Rand nicht vergessen. Den Zucker mit dem Eigelb schaumig rühren, bis die doppelte Menge entstanden ist. Das Mehl darüber sieben und mit 5 EL Eischnee unter die Masse rühren. Danach den restlichen Eischnee locker unterziehen. Die abgekühlte, lauwarme Butter ganz leicht unterheben. In die Backform füllen und bei mäßiger Hitze ca. 40 Min. backen. Aus dem Ofen nehmen und auf ein Kuchengitter gleiten lassen und auskühlen. (Kann bereits am Vortag gebacken werden.)
VORBEREITUNG Haselnusscreme: Die gehobelten Haselnüsse einige Minuten in den heißen Backofen stellen, damit sie etwas anrösten. Haselnüsse mit der Mandelmühle reiben. Die geriebenen Nüsse mit dem Mark der Vanillestange in der Milch aufkochen und abkühlen lassen. Butter und Zucker schaumig rühren und mit der abgekühlten Haselnussmasse vermischen.
ZUBEREITUNG: Den Biskuitboden waagerecht in 2–3 Scheiben schneiden. Jede Scheibe mit der Haselnusscreme bestreichen und wieder aufeinander legen. Den Rand und die Oberfläche ebenfalls mit Creme bestreichen und 2 EL Creme für Dekoration zurückbehalten. Den Rand mit den kalten, angerösteten, gehobelten Haselnüssen garnieren und oben auf den Rand mit dem Spritzbeutel Cremetupfen spritzen. Auf jeden Tupfen eine ganze Haselnuss legen. In der Mitte evtl. die Tortenstücke mit gehobelten Haselnüssen markieren.

INGWERKUCHEN

ZUTATEN: 500 g Mehl, 1 EL Backpulver, 1 TL Natron, 1/2 TL Salz, 1 EL Ingwerpulver, 250 g brauner Zucker, 150 g Butter, 375 g Sirup, 1/4 l Milch, 1 Ei

ZUBEREITUNG: Mehl, Backpulver, Natron, Salz und Ingwerpulver mischen. Zucker, Butter und Sirup erwärmen, ohne dass die Masse zu heiß wird. Die Milch erwärmen, mit dem Ei verquirlen und dem Mehlgemisch verrühren. Die Butter-Sirup-Masse dazugeben und unterrühren. In eine gebutterte Kastenform füllen und ca. $1^1/_2$ Std. bei 160–170° backen (Nadelprobe). Aus der Form stürzen und erkalten lassen.

MOHNSTOLLEN

ZUTATEN: 500 g Mehl, 40 g Hefe, $^1/_8$ l Milch, 175 g Butter, 70 g Zucker, 1 Prise Salz, Mark 1 Stange Vanille, 125 g Mandeln, 125 g Zitronat

ZUTATEN Füllung: 125 g gemahlener Mohn, 35 g Zucker, $^1/_4$ l Sahne, 50 g Sultaninen, 25 g Zitronat, abgeriebene Schale $^1/_2$ naturreinen Zitrone, $^1/_2$ TL Zimt, 10 g Semmelmehl

Zum Bestreichen und Bestreuen: ca. 100 g Butter, 75 g Puderzucker

VORBEREITUNG: Mandeln blanchieren, abziehen und durch die Mandelmühle drehen. Zitronat in feine Würfel schneiden. Milch erwärmen.

ZUBEREITUNG: Die zerbröselte Hefe mit 1 EL Zucker und wenig warmer Milch in einer Tasse glatt rühren. Mehl in eine Schüssel geben und in die Mitte eine Mulde drücken. Die aufgelöste Hefe hineingeben und etwas Mehl dazurühren. Schüssel mit Deckel oder Tuch bedecken und 15 Minuten gehen lassen. Falls Trockenhefe verwendet wird, diese mit dem Mehl vermischen und wie folgt weiterarbeiten. Nun die weiche Butter, restliche Milch, Zucker mit dem Mark der Vanilleschote und das Salz dazugeben und zu einem festen Teig verarbeiten. Den Teig nochmals 20 Minuten gehen lassen. Die gemahlenen Mandeln und Zitronatwürfel einkneten und wieder 20 Minuten gehen lassen. Während der Teig geht, die Sahne mit dem Zucker aufkochen und den Mohn und die Zitronenschale einrühren. Zu einem dicken Brei einkochen und die übrigen Zutaten für die Füllung einrühren. Die Mohnmasse abkühlen lassen.

Den Teig auf einer bemehlten Arbeitsplatte zu einem Oval von ca. 30 x 30 cm ausrollen. Die Mitte etwas vertiefen und mit der Mohnmasse füllen. Eine Hälfte nicht ganz über die andere klappen, damit die typische Stollenform entsteht. Den Teig an den Enden gut zusammendrücken. Nochmals 30 Minuten gehen lassen und im vorgeheizten Ofen ca. 50–60 Minuten bei 220° backen. Den noch warmen Stollen mehrmals mit Butter bestreichen und dick mit Puderzucker besieben.

NUSSBISKUITTORTE

ZUTATEN: 7 Eier, 280 g Zucker, 240 g geriebene Nüsse, 60 g Biskuit-

PETITS FOURS

ZUTATEN: 150 g Zucker, 150 g Mehl, 30 g Stärkemehl, 90 g Butter, 5 Eier, 2 Eigelb, $^1/_2$ TL geriebene Zitronenschale
ZUTATEN Füllung: 250 g Butter, 450 ml Milch, 1 Beutel Puddingpulver Vanille, Schokolade oder anderes, 3 EL Zucker
ZUTATEN Überzug: 300 g Fondant, 2 EL Rum, Kirschwasser, Amaretto etc., evtl. einige Spritzer Fruchtmark zum Färben, 4–5 EL Konfitüre

VORBEREITUNG: Butter erhitzen, die Molke abgießen und die geschmolzene Butter etwas abkühlen lassen.
Die Eier mit dem Zucker, der geriebenen Zitronenschale und einigen Tropfen Wasser im Schneekessel über Wasserdampf schaumig schlagen, bis die Masse lauwarm ist und sich die Masse verdreifacht hat. Vom Wasser nehmen und kalt schlagen. Mehl und Stärkemehl unterheben und die lauwarme Butter unterziehen. Den Teig dünn auf die mit Backfolie ausgelegten Bleche streichen und im vorgeheizten Ofen 8–10 Minuten bei 190° backen. Vorsicht, den Teig nicht zu lange backen, da er sonst trocken wird. Den Kuchenteig auf ein feuchtes Küchentuch stürzen und die Backfolie entfernen.
ZUBEREITUNG Buttercreme: Pudding mit etwas weniger Milch als im Rezept angegeben kochen und durch ein Sieb streichen. Die Butter schaumig rühren und den kalten Pudding löffelweise unterrühren.
ZUBEREITUNG Überzug: Den Fondant im Wasserbad nur ganz leicht erwärmen, mit Rum oder Likör nach Wahl aromatisieren. Evtl. mit einigen Tropfen Fruchtmark oder Kaffee färben. Der Fondant soll eine cremige Konsistenz haben.
ZUBEREITUNG: Jeden Kuchenboden in 3 gleichmäßige Rechtecke schneiden. Von $^2/_3$ der Streifen je 2 mit Konfitüre zusammenkleben. Auf die oberen Böden Buttercreme oder Pariser Creme (Füllung Weihnachtströffel-Schnitten S. 179) streichen und den 3. Streifen darauf legen, mit einem Brettchen etwas beschweren (ohne dass die Creme herausgedrückt wird) und gut durchkühlen lassen. Jetzt in 3–4 cm große Vierecke oder entsprechende Rechtecke schneiden und mit dem Fondant überziehen. Die Petits fours bis zum Boden eintunken und auf ein Kuchengitter setzen. Mit kandiderten Früchten, Pistazien, Liebesperlen oder gespritzten Mustern aus andersfarbigem Fondant garnieren.

brösel, 40 g Mehl, 1/2 TL Zimt, abgeriebene Schale 1 naturreinen Zitrone, Mark 1/2 Vanillestange

VORBEREITUNG: Nüsse durch die Mandelmühle drehen, Biskuit zerbröseln und beides mit Mehl, Zitronenschale, Vanillemark und Zimt vermischen. Von 6 Eiern das Eiweiß vom Eigelb trennen.
ZUBEREITUNG: 6 Eigelb und das ganze Ei mit der Hälfte Zucker schaumig rühren. Die 6 Eiweiß zu einem steifen Schnee schlagen, den restlichen Zucker löffelweise darunter schlagen. Den Eischnee vorsichtig unter die schaumige Eigelbmasse heben und die Nussmischung unterziehen. In eine mit Backpapier ausgelegte Springform füllen und ca. 40 Minuten bei 180° im vorgeheizten Ofen backen (Nadelprobe). Aus dem Ofen nehmen und stürzen, das Backpapier entfernen und wieder herumdrehen. Abgekühlt mit vanilliertem Puderzucker bestreuen. Aus Papier weihnachtliche Motive schneiden und vor dem Bepudern mit dem Puderzucker um den Rand legen. Vorsichtig entfernen, die Muster kommen jetzt ohne Puderzucker hervor.

NUSSKUCHEN

ZUTATEN: 250 g Butter, 200 g Zucker, 3 Eier, 100 g Stärkemehl, 200 g Mehl, 1 gestr. TL Backpulver, 2–3 EL Kakao, 1/2 TL gemahlener Zimt, 1 Messerspitze Kardamom, 1 Messerspitze gemahlene Nelken
ZUTATEN BELAG: 3 EL Butter, 250 g Zucker, 1 EL Honig, 200 g gehackte Haselnüsse, 4 EL Orangensaft, geriebene Schale 1/2 naturreinen Orange (oder 5 g natürliches Aroma), 100 g dunkle Kuchenglasur (Kuvertüre)

VORBEREITUNG: Stärkemehl, Mehl, Backpulver, Kakao und Gewürze mischen.
ZUBEREITUNG: Butter schaumig rühren. Abwechselnd Zucker, Eier und Mehl-Kakao-Gemisch darunter rühren. Den Teig gleichmäßig auf ein gut gefettetes Backblech streichen und im vorgeheizten Backofen ca. 15 Minuten bei 200–225° vorbacken.
ZUBEREITUNG Belag: Fett, Zucker, Honig, gehackte Haselnüsse, Orangensaft und geriebene Orangenschale verrühren. Die Masse auf den vorgebackenen Kuchen verstreichen und alles ca. 15 Minuten bei 200–223° fertig backen. Nach dem Backen die aufgelöste Kuchenglasur über den Kuchen verteilen.

NUSSTORTE

ZUTATEN: 300 g Butter, 300 g Zucker, 8 Eigelb, 200 g Haselnüsse, 200 g Blockschokolade, 150 g Mehl, 50 g Stärkemehl, 2 TL Backpulver, 1 Messerspitze Zimt, 8 Eiweiß

250 g Marzipan-Rohmasse für den Überzug, ca. 24 ganze Haselnüsse, etwas Aprikosenmarmelade

VORBEREITUNG: Haselnüsse durch die Mandelmühle drehen und Schokolade reiben. Mehl, Stärkemehl und Backpulver zusammensieben. Eiweiß steif schlagen.
ZUBEREITUNG: Butter schaumig rühren, Zucker zufügen und nochmals schaumig rühren. Eigelb nach und nach unterrühren. Haselnüsse, Schokolade, Zimt und Mehlgemisch darüber geben und unterrühren. Das steife Eiweiß unterziehen und den Teig in eine mit Backpapier ausgelegte Springform füllen. Im vorgeheizten Backofen ca. 45–60 Minuten bei 180–200° backen (Nadelprobe). Aus dem Ofen nehmen, stürzen und das Backpapier entfernen. Den Kuchen wieder umdrehen und auskühlen lassen. Mit etwas vorher verrührter Aprikosenmarmelade bestreichen. Die Marzipan-Rohmasse mit Puderzucker (evtl. zwischen Klarsichtfolie) dünn ausrollen und den Kuchen damit umhüllen. Fest andrücken und die überstehenden Ränder abschneiden. Um den Rand die Haselnüsse mit etwas Zuckerglasur ankleben. Man kann auch Schablonen mit weihnachtlichen Motiven schneiden und mit Kakao, der durch ein Sieb geschüttelt wird, Muster auf den Marzipanüberzug machen.

PFLAUMEN-PIE

ZUTATEN: Grundrezept Quarkteigsterne (Rezept S. 166), 250 g Pflaumenmus, etwas Sahne zum Bestreichen

ZUBEREITUNG: Den Teig wie im Rezept Quarkteigsterne zubereiten. Eine runde Form buttern und mit der Hälfte des Teiges, mit einem 1 cm hohen Rand, auslegen. Dick mit Plaumenmus bestreichen. Von der anderen Hälfte Teig 1 cm breite Streifen schneiden und als Gitter über das Pflaumenmus legen. Mit Sahne einpinseln und im vorgeheizten Ofen 20–30 Minuten bei 175–200° backen.

STERNCHENTORTE

ZUTATEN: 200 g Butter, 175 g Zucker, 4 Eier, 75 g Stärkemehl, 125 g Mehl, 1 gestr. TL Backpulver, 60 g geriebene Schokolade, 100 g Mandeln, Mark 1 Stange Vanille, abgeriebene Schale 1 naturreinen Orange, 1 gestr. TL Zimt, 1 Messerspitze gemahlene Nelken
ZUTATEN Glasur: 200 g dunkle Kuvertüre, 100 g Marzipan-Rohmasse, etwas Puderzucker

VORBEREITUNG: Mandeln blanchieren, abziehen und mit der Mandelmühle fein mahlen. Schokolade reiben. Marzipan-Rohmasse mit Puderzucker vermischen, dünn ausrollen und Sternchenformen ausstechen.

ZUBEREITUNG: Die weiche Butter mit Zucker schaumig rühren, Eier nach und nach zufügen und den Rest der Zutaten unterrühren. Den Teig in eine mit Backpapier ausgelegte Springform füllen und im vorgeheizten Backofen bei 175–200° ca. 60–70 Minuten backen (Nadelprobe). Nach dem Backen den Kuchen aus der Form nehmen und stürzen. Das Backpapier entfernen, wieder umdrehen und auskühlen lassen. Den Kuchen mit der im Wasserbad aufgelösten Kuvertüre überziehen und die Marzipansterne kreisförmig um den Rand legen.

WEIHNACHTSTRÜFFEL-SCHNITTEN

ZUTATEN: 80 g Butter, 50 g Puderzucker, 5 Eier, 50 g Kuvertüre, 80 g Kristallzucker, 100 g Mehl

ZUTATEN Trüffelcreme: 400 g dunkle Kuvertüre, 400 g Sahne, je 1 Messerspitze Zimt, Kardamom und gemahlene Nelke, 1 EL Rum, etwas Orangenmarmelade, gehackte Pistazien als Garnitur

VORBEREITUNG: Die Kuvertüre für den Teig im Wasserbad auflösen. Das Eiweiß von dem Eigelb trennen.

ZUBEREITUNG: Butter und Puderzucker schaumig rühren. Eigelb nach und nach unterrühren und die weiche Kuvertüre zugeben. Das Eiweiß steif schlagen und den Kristallzucker löffelweise unterschlagen. Zum Schluss das Mehl darüber sieben und unterheben. Auf ein mit Backpapier ausgelegtes Blech streichen und im vorgeheizten Backofen ca. 12 Minuten bei 200° backen. Sofort auf gezuckertes Pergamentpapier stürzen und vorsichtig die Backfolie entfernen (evtl. mit etwas kaltem Wasser einpinseln). Auskühlen lassen und in vier ca. 10 cm breite Streifen schneiden.

ZUBEREITUNG Trüffelcreme: Die Sahne aufkochen und die gehackte Kuvertüre darin auflösen. Die Gewürze und den Rum zufügen und auskühlen lassen. Fast kalt schaumig schlagen (die Creme wird dabei etwas heller).

Einen Biskuitstreifen mit der Orangenmarmelade bestreichen und den nächsten Streifen darauf legen. Jetzt eine dicke Schicht Creme darauf streichen und den nächsten Streifen auflegen. Wieder eine Schicht Creme und den letzten Streifen darüber. Alles mit Creme überziehen. Mit etwas Creme einen Rosetten-Streifen in die Mitte spritzen und mit Pistazien bestreuen. Gut durchkühlen und quer in Tortenschnitten schneiden.

VARIATION: Gut durchgekühlt kann der Tortenstreifen mit aufgelöster Kuvertüre überzogen werden. Hier muss schnell gearbeitet werden, damit die Creme nicht wegläuft.

TRÜFFEL UND KONFEKT

FRUCHTHÄUFCHEN

ZUTATEN: 100 g Trockenfrüchte (Aprikosen, Pflaumen, Feigen etc.), 100 g Kuvertüre

VORBEREITUNG: Tockenfrüchte klein schneiden.
ZUBEREITUNG: Kuvertüre im Wasserbad auflösen und glatt rühren. Die Trockenfrüchte in die Kuvertüre geben und gut vermischen, Mit zwei Gabeln kleine Häufchen auf Pergamentpapier setzen und kalt stellen. Wenn sie fest sind, vom Papier entfernen.
VARIATION: Mit dunkler, heller oder weißer Kuvertüre zubereiten.

MANDELSPLITTER

ZUTATEN: 100 g Mandelstifte, 100 g dunkle Kuvertüre

VORBEREITUNG: Mandelstifte im Backofen kurz anrösten.
ZUBEREITUNG: Kuvertüre im Wasserbad auflösen und glatt rühren. Die Mandelstifte in die Kuvertüre geben und gut vermischen. Mit zwei Gabeln kleine Häufchen auf Pergamentpapier setzen und kalt stellen, damit sie fest werden.
VARIATION: Man bekommt drei verschiedene Sorten, wenn man auch Vollmilch und weiße Kuvertüre nimmt.

NUSSHÄUFCHEN

ZUTATEN: 100 g verschiedene Nusskerne, 100 g Kuvertüre

ZUBEREITUNG: Kuvertüre im Wasserbad auflösen und glatt rühren. Die Nüsse in die Kuvertüre geben und gut vermischen, Mit zwei Gabeln kleine Häufchen auf Pergamentpapier setzen und kalt stellen. Wenn sie fest sind, vom Papier entfernen.
VARIATION: Mit dunkler, heller oder weißer Kuvertüre zubereiten. Man kann auch jede Nusssorte für sich mit der Kuvertüre vermischen.

ORANGENSCHALEN IN SCHOKOLADE

ZUTATEN: 6 mittelgroße, naturreine Orangen, 300 g Zucker, 300 ml Wasser, 1 TL Zitronensaft, 400 g Zartbitter-Kuvertüre

VORBEREITUNG: Orangen halbieren und den Saft zum Trinken auspressen. Schale in 1 cm breite Streifen schneiden. Die Orangenstreifen flach auf ein Brett legen und mit einem scharfen Messer die weiße Innenhaut von der Außenhaut trennen. Die dünnen Orangenschalen in einem Topf mit kaltem Wasser bedecken und zum Kochen bringen. In ein Sieb schütten und abtropfen lassen. Diesen Vorgang noch zweimal wiederholen. Zucker im Wasser und Zitronensaft bei mäßiger Hitze auflösen, ohne zu kochen. Die gut abgetropften Orangenschalen hineingeben und aufkochen. Bei geringer Hitze ca.15 Minuten kochen, ohne zu rühren. Wenn die Schale glasig ist, den Topf vom Herd nehmen und die Schalen abtropfen lassen. Auf einer flachen Schale ausbreiten und über Nacht bei Zimmertemperatur trocknen lassen. Die Kuvertüre im Wasserbad auflösen und glatt rühren. Die getrockneten Orangenschalen hineingeben und mit zwei Gabeln herausnehmen und auf Pergamentpapier fest werden lassen. Man kann sie 4–5 Wochen kühl und trocken aufbewahren.

SAHNETRÜFFEL

ZUTATEN: 300 g Sahne, 300 g dunkle Kuvertüre, Cognac, Whisky oder Rum

VORBEREITUNG: Kuvertüre raspeln oder klein hacken.
ZUBEREITUNG: Sahne mit der Kuvertüre aufkochen, Kuvertüre gut verrühren, damit sie sich vollständig auflöst. Abkühlen lassen und in 2 oder 3 verschiedene Schüsseln geben. Mit einem Schuss des entsprechenden Alkohols versehen und mit dem Handmixer schaumig rühren. Kalt werden lassen und zu Kugeln formen. In Kakao oder Schokoladeraspeln wälzen oder mit flüssiger Kuvertüre überziehen. Hier kann man dunkle, helle oder weiße Kuvertüre nehmen. Nimmt man vorgefertigte Pralinenkapseln, sofort die schaumig geschlagene Masse mit einer Spritztülle in Hülsen füllen, kalt werden lassen und mit flüssiger heller und dunkler Kuvertüre überziehen.

TEE-KONFEKT

ZUTATEN: 50 g Butter, 2 Eigelb, 100 g Puderzucker, 3 gehäufte EL schwarzer Tee, 1/2 naturreine Orange, 300 g Blockschokolade, Kakaopulver

VORBEREITUNG: Den Tee mit 1/4 l kochendem Wasser überbrühen, 5–6 Minuten ziehen lassen und durch ein feines Sieb oder Filter abgießen. Die Blockschokolade klein schneiden und in einer Schüssel über Wasserdampf, unter ständigem Rühren, auflösen.
ZUBEREITUNG: Butter, Eigelb und Puderzucker schaumig rühren, bis die Masse weiß wird. Den heißen Tee und die geriebene Orangenschale unterrühren. Zuletzt die aufgelöste Blockschokolade unter die Creme ziehen. Die Masse etwa 1 cm dick auf Alufolie streichen und kalt werden lassen. Wenn sie fest ist, in Würfel schneiden und in Kakaopulver wälzen. 3–4 Tage haltbar, kühl aufbewahren.

ZITRONENSCHALEN IN WEISSER SCHOKOLADE

ZUTATEN: 6 naturreine Zitronen, 300 g Zucker, 300 ml Wasser, 1 TL Zitronensaft, 400 g weiße Kuvertüre

ZUBEREITUNG: Wie im Rezept Orangenschalen in Schokolade (S. 180). Die Zitronenschalen müssen allerdings 20–25 Minuten im Sirup kochen. Dann in der Zubereitung wie bei den Orangenschalen fortfahren.

ADVENTS-, WEINACHTS- UND SILVESTERMENÜS AUS DER PRAXIS

Adventsmenü I

Terrine vom Feldhasen
in Portweingelee
*
Zanderfilet auf Sauerkraut
mit Speckstreifen
*
Entenbrust mit Honig-Ingwer-Soße und Schalotten
Chicoréesalat mit Zwergorangen
Maisplätzchen
*
Lebkuchenauflauf
mit Rumsabayone

Adventsmenü II

Feldsalat in Kartoffeldressing
mit gebratenen Speckstreifen
*
Gebratener Saibling auf Mangold
mit grünen und schwarzen Oliven
*
Rheinischer Sauerbraten vom Wildschwein
mit Mandeln und Rosinen
Apfelkompott
Serviettenkloß
*
Teecreme mit Adventsgebäck

Weihnachtsmenü I

Rindercarpaccio mit Pesto
*
Rote-Beete-Kraftbrühe
mit saurer Sahne
*
Pochiertes Seezungenfilet auf Safransoße
mit Gemüsesprossen
*
Knusprig gebratene Weihnachtsgans
mit Apfel-Maronen-Füllung
Rotkohl
Serviettenkloß
*
Eisparfait Grand Marnier
in Orangenkörbchen
*
Weihnachtsgebäck

Weihnachtsmenü II

Gefüllte Poulardenbrust
mit Apfelsalat
Soße Cumberland
*
Creme von Petersilienwurzeln
mit Zanderklößchen
*
Zanderfilet auf Sauerkraut
mit Speckstreifen
*
Hirschrückenfilet in Mangold gebraten
mit Holundersoße
Flan von Pilzen auf Schnittlauchcreme
Navettengratin
*
Glasierte Früchte mit Eisparfait Grand Marnier
im Orangenkörbchen
*
Weihnachtsgebäck

Vegetarisches Weihnachtsmenü

Feldsalat in Moutarde-de-Meaux-Dressing
mit Croûtons
*
Passierte Kartoffelsuppe mit Porreestreifen
*
Schwarzwurzeln in Bierteig gebacken mit Soße Choron
*
Apfelsorbet
*
Variation von gefülltem Gemüse auf Paprikaschaum
Plätzchen von wildem Reis
*
Rucolasalat mit Walnussdressing
*
Potpourri von Orangen und Pampelmusen mit Vanilleeis
*
Mandelplätzchen

Silvestermenü I

Carpaccio vom Saibling
mit Kaviar
*
Austern im Spinatmantel
auf Schalottenvinaigrette
*
Wachtelbrust auf Artischockenboden mit Gemüseperlen
*
Champagnersorbet
*
Kalbsfilet mit Morcheln à la Creme
Schwarzwurzeln
Maisplätzchen
*
Roquefortrüffel
*
Weiße Mokkacreme mit Früchten
*
Gebäck

Silvestermenü II

Kartoffeln „Petersburger Art"
mit Kaviar
*
Hummersuppe
mit Gemüseperlen
*
Gänseleberauflauf auf
Trüffelsoße
*
Orangensorbet mit Basilikum
*
Rehrücken mit Pilzen in Blätterteig
Wacholdersahne
Flan von Petersilienwurzeln
Kartoffelplätzchen
*
Überbackener Crottin de Chavignol
*
Pflaumensoufflé mit Ingwer
*
Gebäck

REGISTER

Reihenfolge der Abbildungen im Buch mit den dazugehörigen Rezepten:

Abbildungen auf der Rückseite des Buches: